现代农业职业技能提升数字图解丛书

●总主编　潘永圣　王龙俊　颜志明

科学种粮
数字图解一本通

主编　潘永圣　赵艳岭

江苏凤凰科学技术出版社 · 南京

图书在版编目（CIP）数据

科学种粮数字图解一本通 / 潘永圣，赵艳岭主编. 南京 : 江苏凤凰科学技术出版社，2025. 7. -- (现代农业职业技能提升数字图解丛书). -- ISBN 978-7-5713-4842-7

Ⅰ. F326.11-64

中国国家版本馆 CIP 数据核字第 2024R1J445 号

现代农业职业技能提升数字图解丛书

科学种粮数字图解一本通

主　　编	潘永圣　赵艳岭
策划编辑	沈燕燕
责任编辑	沈燕燕　严　琪
责任校对	罗章莉
责任监制	刘文洋
责任设计	孙达铭
出版发行	江苏凤凰科学技术出版社
出版社地址	南京市湖南路1号A楼，邮编：210009
出版社网址	http: //www.pspress.cn
照　　排	南京紫藤制版印务中心
印　　刷	江苏凤凰新华印务集团有限公司
开　　本	787 mm × 1 092 mm　1/16
印　　张	13.25
字　　数	360 000
版　　次	2025年7月第1版
印　　次	2025年7月第1次印刷
标准书号	ISBN 978-7-5713-4842-7
定　　价	66.00元

序

强国必先强农，农强方能国强。农业强国是社会主义现代化强国的根基，推进农业现代化是实现高质量发展的必然要求。党的二十大在擘画全面建成社会主义现代化强国宏伟蓝图时，对农业农村工作进行了总体部署，到2035年基本实现农业现代化，到21世纪中叶建成农业强国。这是党中央着眼全面建成社会主义现代化强国作出的战略部署。

农业现代化关键在科技，在人才。要把发展农业科技放在更加突出的位置，大力推进农业机械化、智能化，给农业现代化插上科技的翅膀。随着农业劳动力逐步转移，全社会对农产品质量安全重视程度不断提高，我们必须比以往任何时候都更加重视和依靠农业科技进步，化解耕地资源不足、水资源短缺、气候变化异常、农业劳动力老龄化等突出矛盾。截至2023年，全国农业科技进步贡献率超过63.2%，农作物耕种收综合机械化率达到74%，走出了一条产出高效、产品安全、资源节约、环境友好的农业现代化道路。

民为国基，谷为民命。“菜篮子”“米袋子”“果盘子”都是事关民生的大事。习近平总书记在中央农村工作会议上指出，“要牢牢把住粮食安全主动权，粮食生产年年要抓紧”“要坚持农业科技自立自强，加快推进农业关键核心技术攻关”。这些重要指示再次表明，粮食安全这根弦任何时候都不能松，保障粮食安全必须落实“藏粮于地、藏粮于技”战略，持续提高农业质量效益和竞争力。落实“藏粮于技”关键在人，关键在于加强农业科技创新。据测算，在生产条件相同、投入不变的情况下，仅通过提高农业技术到户率，粮食单产提高幅度便可达10%以上。因此，要通过农业技术推广、技术培训等方式，把实验室搬到地头，把论文写在田间，加快农业科技成果转化应用，推动新品种、新农艺落地生根，让大家学得会、用得上、真管用，打通科技创新和农业技术推广的“最后一公里”。

现代农业科技的应用，需要一大批新时代的农业从业者，他们应具有先进的发展理念，掌握先进的科学技术。目前的从业者在知识能力、年龄结构等方面存在很大的不平衡性，相当一部分存在知识老化、现代农业科技能力缺乏等问题。随着社会经济的发展，农业从业者来源逐渐广泛、专业基础不一等现象也更加普遍，迫切需要有一套适应新型农业从业者特点、便于他们快速学习现代农业科技的培训教材。但是目前针对他们的培训多以短期专项培训为主，培训不系统、不全面，而且也缺乏一套相适应的培训材料。虽然农作物种植技术方面的培训书籍已经非常丰富，但以文字为主，在高效率、快节奏的当今时代，难以有效满足需求。

本套丛书的编者，在大量新型职业农民培训实践的基础上，总结经验和成果，编写了“现代农业职业技能提升数字图解丛书”，以创新、融合、协同为目标，为职业农民培训提供有用、实用的读物。该丛书在实用的基础上力求创新，以产业链的视角，立足江苏，兼顾全国，既有系统化的理念，又包含先进的种植模式，既兼顾科技性，又具有系统性，能够满足新型从业者专项技术培训和综合能力提升之需求。

丛书内容覆盖了粮食、油料、蔬菜、果树等主要的农作物栽培技术，编写中呈现了以下特点：体例一致，丛书中针对不同的作物种类采用相对一致的编写体例，结构相对统一，便于理解和融会贯通；内容与时俱进，体现最新的科技成果，融合了新品种、新技术、新装备，兼顾了机械化、智能化以及绿色生产等内容；表述精炼，针对培训对象来源广泛的问题，采用通俗易懂、精练的语言；呈现形式图文并茂，针对关键生产环节配以照片、动画资源，可读性强。

振兴乡村人才，使命崇高、任务艰巨。该丛书的出版发行，为农业行政管理人员、农业技术推广人员、农业生产经营人员提供了很好的阅读和参考资料，也为高素质农民培训提供了优质的培训教材。谨表祝贺，并以为序。

张洪程

2025年6月24日

前言

乡村要振兴，人才是关键，农民是主体。习近平总书记强调，要就地培养更多懂农业、爱农村、善经营、会管理的新型职业农民。在新型职业农民培训中，农作物种植技术是一项重要的培训内容，此类培训能够帮助新型职业农民掌握现代农业技术，提高农业生产技能和管理能力，带动农村经济发展，实现增收致富，从而推动乡村全面振兴。

由于农业生产方式发生变化，围绕传统栽培技术的培训已不能满足现在培训的需要。而且，随着投入农业生产的人群数量不断增加，各类人群的学历结构复杂，农业知识的基础不同，对于知识的理解能力也不一。虽然现在农作物种植技术方面的培训书籍种类较多，但以文字为主，针对性、可读性、操作性有待加强，难以满足最新培训需求。为了能够兼顾各类读者的需要，主创人员有了创作“现代农业职业技能提升数字图解丛书”的想法，丛书力求简洁明了、通俗易懂，在内容上实现传统与现代结合，既能满足各类人群的需要，又能够帮助广大新型农业经营主体快速掌握相关知识和技术。

经多次研讨，本丛书在编写方式上进行了以下创新：一是内容上通俗易懂，高度集成。在通过对与主要农作物种植相关的科学、技术、产品等知识消化吸收的基础上，进行再创作，以图表结合、图文并茂的形式全面反映了主要农作物栽培的最新技术。二是编排上逻辑清晰，与时俱进。编排体例既考虑了科学性、逻辑性，又考虑了可读性，按照逻辑体系由浅入深对应编排，并且在每种作物中增加了一些新的种植模式（以水稻为例，包含水稻概述、水稻的一生、水稻生长发育规律、水稻高产优质管理技术措施、稻谷仓储与加工及新型技术模式），方便读者阅读、理解、掌握和应用。三是形式上加入丰富的数字资源。由于农作物种植培训的时间有限，许多关键栽培技术可能来不及现场演示，许多农作物的典型特征不能随时展现，丛书编写过程中拍摄和绘制了许多相关的图片，制作了视频，并且将视频以二维码的形式放在书中，让读者可直接观看具体的作物生长形态及操作技术，增强直观感，提高本书的易读性和吸引力。

该丛书以产业链的视角，覆盖主要农作物，首期共推出包括《科学种粮数字图解一本通》《科学种油数字图解一本通》《科学种果数字图解一本通》《科学种菜数字图解一本通》4 本分册，编写过程力求贴近生产实际。《科学种粮数字图解一本通》包含水稻、小麦、玉米、甘薯 4 种主要粮食作物；《科学种油数字图解一本通》包含油菜、大豆、花生 3 种主要油料作物；《科学种果数字图解一本通》包含葡萄、梨、桃、草莓、蓝莓、无花果、枇杷 7 种主要果树；《科学种菜数字图解一本通》包含番茄、辣椒、茄子等茄果类蔬菜，黄瓜、西瓜、甜瓜等瓜类蔬菜，豇豆、蚕豆等豆类蔬菜，大白菜、甘蓝、西蓝花等叶菜类蔬菜。从书由潘永圣、王龙俊、颜志明担任总主编，并邀请江苏省内相关领域的部分专家进行审稿。

本册为《科学种粮数字图解一本通》，水稻部分由赵艳岭、张建祥负责编写，小麦部分由王龙俊、余海波、郑雪娇负责编写，玉米部分由吉彪、殷从飞负责编写，甘薯部分由余海波负责编写，全书得到了江苏省农业技术推广总站王龙俊、南京农业大学李刚华、扬州大学陆大雷、江苏徐淮地区徐州农业学院研究所刘亚菊、江苏省作物协会杨宝林等专家的修改与指导。潘永圣、赵艳岭对全书进行统稿修改并负责编创协调工作。

本套丛书适合农业生产人员、农业行政管理人员、农业技术推广指导人员等阅读和参考，也可作为农业院校教学及农业农村培训的辅助教材。衷心感谢所有参编人员精心编撰或提供图文、视频资料，感谢江苏凤凰科学技术出版社有限公司和江苏省作物协会的大力支持和帮助！编创过程中，除参考文献附录列出的公开出版物外，还参考了一些其他资料和研究成果，同致谢意！真诚地希望“现代农业职业技能提升数字图解丛书”能成为广大读者喜爱的读物！受编者水平和能力的限制，书中错漏之处在所难免，欢迎广大读者批评指正！

编者
2024 年 7 月

目录

水稻篇

小麦篇

玉米篇

甘薯篇

水稻篇

第一章 水稻优质高产高效生产

水稻是世界上最主要的粮食作物之一，在全球粮食生产和消费中具有举足轻重的作用。据国家统计局数据显示，2024 年我国水稻种植面积 4.35 亿亩*，占国内粮食作物总面积的 24.33%；稻谷总产量 2.07 亿 t，占国内粮食总产的 29.71%。作为世界上最大的稻米生产国和消费国，我国 60% 以上的人以稻米为主食，水稻生产为我国十几亿人口的粮食供给提供了重要保障。

稻米含有蛋白质、氨基酸等多种营养物质，容易消化。米糠是鸡、猪等家禽家畜的精饲料；稻壳可作为酒精、醋精等工业原料；稻草除了可以作为家畜饲料，还可以作为蘑菇生产原料。因此，发展水稻生产，提高稻谷的产量和稻米的品质，对我国国民经济的发展具有十分重要的意义。

一、水稻概述

栽培稻的起源与类型

（一）起源与传播

水稻家族有 3 种类型：栽培稻、野生稻和杂草稻。栽培稻是由野生稻在长期的自然选择和人工选择的共同作用下演变而来的，包括普通栽培稻和光稃栽培稻两种。普通栽培稻又叫亚洲栽培稻，起源于亚洲，分布于世界各地，占栽培稻的 99% 以上。

经现代科学和考古研究证实，我国是世界上稻作历史最悠久、水稻遗传资源最丰富的国家之一，已有 1.4 万年以上的稻作栽培历史，是普通栽培稻的起源地。湖南省道县玉蟾岩、江西省万年县仙人洞、浙江省浦江县上山等遗址中都遗存了年代超万年的水稻。这些遗址的发现充分证明了普通栽培稻起源于我国南方和长江中下游地区（图 1–1–1 至图 1–1–3）。

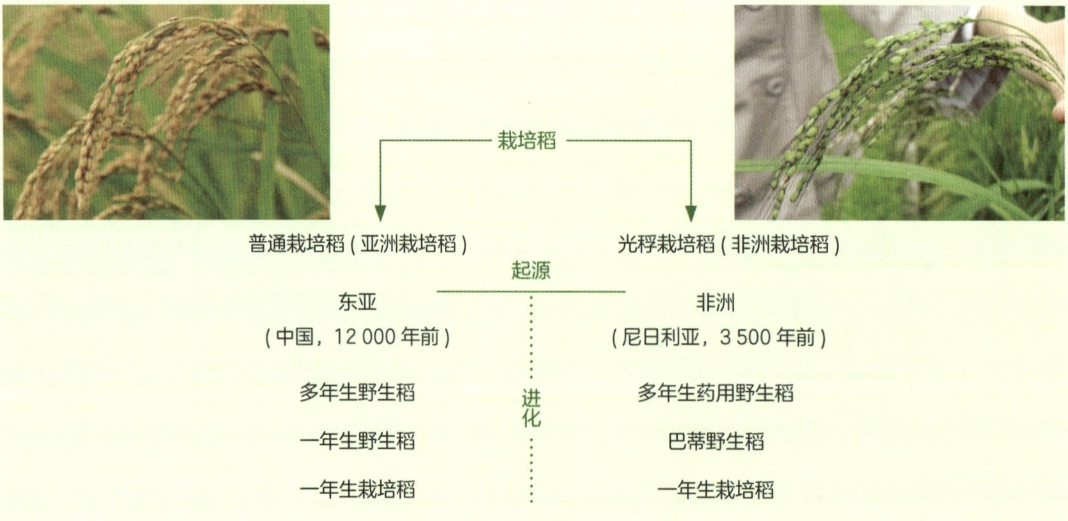

图 1–1–1　栽培稻的起源与进化

*“亩”是我国农业生产中常用的面积单位（1亩≈666.7 m^2）。为便于统计计算，后文部分内容仍用“亩”作单位。

图 1-1-2　湖南玉蟾岩遗址中的炭化稻米

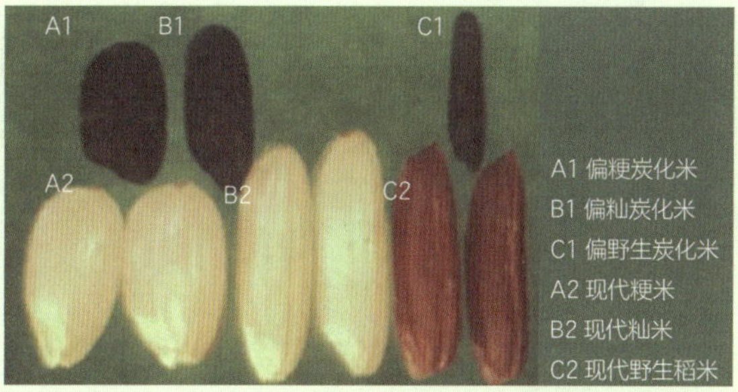

图 1-1-3　河南贾湖炭化稻米与现代稻米比较

随着跨大陆文化互动关系的增强，水稻逐渐传播至世界各地，成为当今世界最重要的食物资源之一。根据当前的研究，学界普遍认为水稻传播路线可能有 3 条：一是从山东半岛或辽东半岛传往朝鲜和日本；二是从东南沿海经中国台湾，到菲律宾、马来西亚、印度尼西亚、东帝汶等地；三是自西南或华南往东南亚大陆。

（二）分布与分类

1. 世界水稻分布与分类

水稻在世界上分布非常广泛。据统计，全世界有 120 多个国家种植水稻，栽培面积常年在 21.00 亿~23.55 亿亩。十大水稻生产国分别是中国、印度、印度尼西亚、孟加拉国、泰国、越南、缅甸、菲律宾、日本和巴基斯坦，约占世界水稻总产的 86%。大米的消费国主要在亚洲，中国、印度是全球大米消费量最大的两个国家。

2. 中国水稻分布与分类

（1）**中国水稻分布**　作为我国三大主粮之一，水稻产区遍及全国各地。南自海南省三亚市，北至黑龙江省漠河市，东至台湾省，西达新疆维吾尔自治区塔里木盆地，低至海平面以下的东南沿海潮田，高达海拔 2 700 m 以上的云贵高原，除青海省外，各省、自治区、直辖市均有水稻种植。中国水稻产区主要分布在长江中下游的湖南省、湖北省、江西省、安徽省、江苏省，西南地区的四川省，华南地区的广东省、广西壮族自治区和台湾省，以及东北三省。

（2）**中国水稻分类**　我国栽培稻由于分布区域辽阔，栽培历史悠久，生态环境多样，在长期自然选择和人工培育下，出现了繁多的适应各稻区和各栽培季节的品种。丁颖曾根据它们的起源、演变和栽培发展过程，对水稻进行系统分类(图 1-1-4 至图 1-1-11、表 1-1-1)。

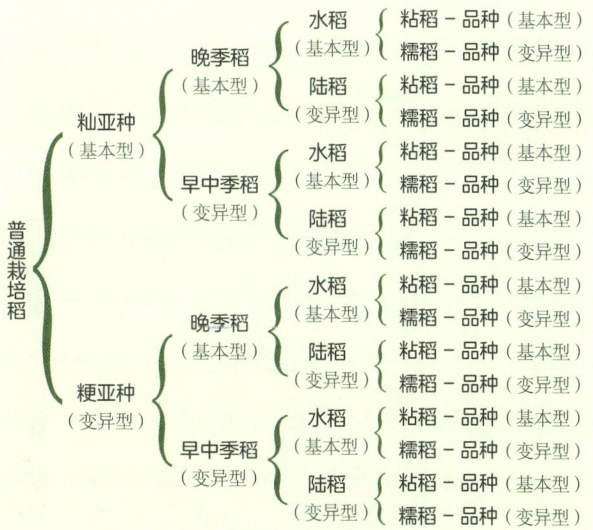

图 1-1-4　普通栽培稻的分类

图 1-1-5　籼稻和粳稻

表 1-1-1　籼稻和粳稻的形态特征和生理特性比较

指标	项目	籼稻	粳稻
形态特征	叶形，叶色	叶片宽，叶色淡	叶片窄，叶色深绿
	粒型，株型	粒细长略扁，株型较散	粒短圆，株型较竖
	芒的有无	多无芒，或有短芒	有长芒，无芒
	颖毛状况	颖毛短而稀，散生颖面	颖毛长而密，集生颖棱上
	吸水发芽	较快	较慢
生理特性	抗性，适应性	抗寒性弱，抗稻瘟病性较强	抗寒性较强，抗稻瘟病性较弱
	分蘖力	较强	较弱
	耐肥抗倒	一般	较强
	脱粒性	较易	较难
	米质	出米率低，碎米多，胀性大	出米率高，碎米少，胀性小

图 1-1-6　晚稻

图 1-1-7　早稻

图 1-1-8 水稻

图 1-1-9 陆稻

图 1-1-10 粘稻

图 1-1-11 糯稻

彩色水稻　　南粳 3908 品种介绍　　南粳 5718 品种介绍

（三）品种与技术

1. 水稻品种发展

中国是稻作文明古国、稻种资源富国，悠久的稻作历史和丰富的稻种资源为中国成为水稻科技强国奠定了文化和物质基础。中国现代水稻育种起步于民国初期。百年来，水稻育种技术不断得到创新和发展，水稻新品种对增产的贡献率超过了 60%，推动了中国水稻生产跃上了世界先进水平。

归纳起来，我国水稻育种经历了图 1-1-12 所示的几个时期。

2. 稻作技术历程

我国水稻人工驯化和稻作技术的发展历经万年，尤其近代以来，我国稻作技术在以丁颖先生为代表的老一辈农学家的不懈努力下，取得了长足的发展。回顾我国 70 余年来水稻生产发展及栽培技术创新发展历程，可将之分为 4 个阶段（表 1-1-2）。

稻种传承

↓ 农家高秆种传承

在漫长的水稻驯化历程中，逐渐形成了一批适合当地气候和种植条件的农家品种，并产生出各地特色的风味和特色优质稻米。

1919 年

↓ 农家高秆品种改良

1919 年，建立多个水稻品种改良和栽培试验机构，开展地方品种的改良。1926 年，我国有“稻作之父”美誉的丁颖通过杂交育种培育出著名的‘中山 1 号’。中华人民共和国成立后，水稻育种进入快车道。

1956 年

↓ 矮化育种

1956 年，广东省洪春利、洪群英选出‘矮脚南特’，黄耀祥育成矮秆品种‘广场矮’。1957 年，台湾省育成‘台中在来 1 号’，我国水稻矮化育种由此开始，也引起了世界性的水稻育种方向的转变。

1973 年

↓ 三系杂交水稻育种

1970 年 11 月 23 日，发现败育野生稻；1971 年 2 月，江西颜龙安培育出野败型雄性不育系‘珍汕 97A’；1973 年，杂交组合‘南优 1 号’育成，掀起水稻杂种优势利用的高潮。1984 年育成至今种植面积最大的三系杂交水稻‘汕优 63’。

1994 年

↓ 两系杂交水稻育种

1973 年，湖北省石明松发现光敏感核不育水稻；1991 年，育成第一个籼型光温敏核不育系‘培矮 64S’；1994 年，育成第一个两系法杂交中籼组合。

1996 年

↓ 超级稻育种

启动“中国超级稻育种”项目，育成了一批超级稻品种；袁隆平院士领衔的“超级稻百亩方”于 2014 年实现亩产超过 1 000 千克。

2000 年

↓ 水稻分子育种等

2000 年，水稻基因组框架序列测定完成；2005 年，中国水稻研究所正式上线“国家水稻数据中心”；2015 年，中国农业科学院等联合启动“云之稻”项目。分子育种方兴未艾。同时，传统育种与分子育种不断融合，开创了育种新时代。

……

图 1-1-12　水稻品种发展图

泗洪稻作历史

表 1-1-2　中国不同时期水稻总产增减量及其来源

年份	阶段（栽培技术）	总产年均增减量 / 万 t	总量增减贡献率 /%	
			面积	单产
1949—1961	波动阶段（水稻传统经验栽培）	41.66	22.3	77.7
1962—1997	快速发展阶段（水稻叶龄模式栽培）	408.59	14.6	84.4
1998—2003	调整下降阶段（水稻群体质量栽培）	−668.02	−81.2	−18.8
2004—2020	恢复提高阶段（水稻精确定量栽培）	288	45.7	54.3

资料来源：数据引自朱德峰《中国水稻栽培技术发展与展望》，2021 年。

二、水稻的一生

水稻的一生

在栽培上通常将种子萌发到新种子成熟的生长发育过程，称为水稻的一生。针对传统教科书对作物生育期划分不统一、特征描述抽象难理解的状况，借鉴和参考国外 Zadoks-scale 和 BBCH-scale 命名方法，与国内主要农作物叶龄模式及生育期归纳有机结合，统一细化作物生长发育的全过程为 0~9 主要生育期及 00~99 生育时点，形成中国特色的水稻生育时序划分与命名系统。

（一）水稻的生育时期

根据器官形成的顺序及便于认知和生产管理，可以把水稻生育期分为播种期、苗期、分蘖期、拔节期、孕穗期、抽穗期、开花期、灌浆期、成熟期和枯熟期等 10 个生育时期。

小贴士

水稻的生长发育特征诊断

0 播种期

00 干种子；

03 湿种子膨胀直至结束；

05 胚根从种子伸出；

07 胚芽鞘从种子伸出；

09 根长1粒谷，芽长半粒谷。

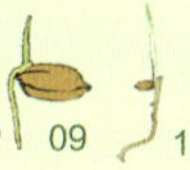

1 苗期

10 不完全叶抽出；

11 【1叶期】第1叶抽出；

12 【2叶期】第2叶抽出；

13 【3叶期】第3叶抽出；

……

一旦发生分蘖则按21计。

2 分蘖期

21 第1分蘖可见，分蘖开始；

22 第2分蘖可见；

23 第3分蘖可见；

……

如果拔节开始，则按31计。

3 拔节长穗期

31 基部（下同）第1节间开始伸长；

32 第2节间长2 cm，倒4叶抽出；

33 第3节间长2 cm，倒3叶抽出；

34 第4节间长2 cm，倒3叶末；

35 倒2叶抽出期，幼穗长约5 mm；

37 剑叶可见，仍卷曲，幼穗伸长（上移）；

39 剑叶全展。

4 孕穗期

41 【孕穗早期】茎上部加粗，剑叶从倒2叶叶鞘抽出约5 cm；

43 【孕穗中期】剑叶叶鞘抽出5~10 cm；

45 【孕穗末期】剑叶叶鞘膨胀；

49 剑叶叶鞘打开。

5 抽穗期

50 【破口期】始穗，穗尖露出叶鞘；

51 【始穗期】全田10%稻穗露出叶鞘；

55 【抽穗期】全田50%稻穗抽出；

59 【齐穗期】全田90%稻穗抽出。

6 开花期

61【始花期】穗顶部颖花花药可见；

65【盛花期】大部分颖花花药可见；

69【终花期】全穗开花，可见脱水花药。

7 灌浆期

71【籽粒伸长期】第1批籽粒约达最终长50%；

73【籽粒增宽期】达最终宽度，开始灌浆；

75【籽粒增厚期】达最终厚度，灌浆中期；

77【乳熟期】籽粒内含物乳白色；

79【乳熟末期】籽粒内含物乳状渐稠。

8 成熟期

83【蜡熟初期】籽粒软、渐干，手指压变形；

85【蜡熟中期】籽粒渐硬，手指压不易变形；

89【完熟期（最佳收获期）】籽粒坚硬，颖壳不易剥离。

9 枯熟期

92【过熟期】籽粒很硬，枝梗干枯，颖壳暗淡；

97【植株死亡期】植株死亡、倒塌；

99 后熟，储藏及种子处理（回到00期）。

（二）水稻的生育阶段

水稻的一生，可分为营养生长和生殖生长 2 个阶段。这 2 个生育阶段不能截然分开，常以稻幼穗开始分化为界限（图 1-2-1）。

图 1-2-1　水稻不同生育阶段划分

1. 营养生长阶段

水稻营养生长阶段是从稻种种子开始萌动到稻穗开始分化前的一段时期。从种子萌动开始至稻苗 3 叶期，称为幼苗期；从第 4 叶出生开始发生分蘖至稻穗分化为止，称为分蘖期。秧苗移栽后到秧苗恢复生长为止，称为返青期；返青后分蘖不断发生，至拔节前 15 d 的一段时间，称为有效分蘖期；以后至拔节期间，再发生的分蘖一般不能正常成穗，称为无效分蘖期。

这一阶段主要是稻株形成营养器官，包括种子发芽和根、茎、叶、蘖的生长。它是稻株体内积累有机物质，为生殖生长奠定物质基础的阶段。

2. 生殖生长阶段

水稻生殖生长阶段是从稻穗开始分化（拔节）到稻谷成熟的一段时期，主要是生殖器官的形成、长大和开花结实。从稻穗分化（拔节）开始至抽穗前为止为拔节长穗期，此期经历的时间一般较为稳定，为 30 d 左右；从抽穗开始到谷粒成熟为结实期。结实期经历的时间，因不同的品种特性和气候条件而有差异。气温高，结实成熟期短；气温低，结实成熟期延长。一般早稻为 25~30 d，晚稻为 35~40 d。

三、水稻生长发育规律

（一）水稻“三性”

1. 感光性

水稻品种因受日照长短的影响而改变其生育期的特性，称为感光性。

水稻品种感光性强弱的趋势：早稻感光性弱，中稻感光性弱至中，晚稻感光性强。因此，早稻对光照反应迟钝，在短日、长日下都可正常抽穗；而晚稻品种对光照反应敏感，短日能促进抽穗，长日则延迟抽穗。中稻介于两者之间。

2. 感温性

水稻品种因受温度高低的影响而改变其生育期的特性，称为感温性。

早稻、中稻、晚稻的感温性比较：以晚稻最强，早稻次之，中稻最弱。感温性强的品种，高温可促进发育，而低温则延缓发育；品种感温性弱的，高温、低温对发育速度的影响均较小。

3. 基本营养生长性

在最适的短日、高温条件下，水稻品种仍需经过一个最短的营养生长期，才能转入生殖生长，这个最短的营养生长期，称为短日高温生育期或基本营养生长期。不同水稻品种基本营养期长短的差异特性，称为品种的基本营养性。

一般感光性强的晚稻品种，其基本营养期最短，基本营养生长性也小；感光性较弱的早稻品种，基本营养生长性较晚稻稍大；中稻品种则介于早稻、晚稻之间。

4. 水稻“三性”在生产中的应用

（1）*在栽培方面的应用*　水稻“三性”是确定种植制度、品种搭配以及栽培措施的重要依据。如我国南方稻区小麦、油菜三熟制双季稻面积较大，其早稻品种应选用感光性弱、感温性中等、短日高温生育期稍长的迟熟早稻品种。因这类品种全生育期要求的有效积温较多，所以较耐迟播迟栽。

（2）*在引种方面的应用*　纬度和海拔相近的地区，东西方向相互引种，因日长和温度条件相近，所以易于成功。北种南引，由于生育期间日长变短，温度提高，故生育期缩短，生长量减少，产量降低。南种北引则生育期延长。海拔变化引起生育期变化的规律与纬度相似。高海拔品种引至低海拔时与北种南引的情况类似，低海拔品种引至高海拔时与南种北引情况相似。

（3）*在育种方面的应用*　应用发育特性理论，可解决育种中花期不遇、缩短世代周期等问题。如对感光性弱的亲本可以适当迟播，或者对感光性强的亲本进行人工短日处理，促使提早出穗、开花。同样也可采用延长光照时间，使出穗、开花延迟，借以调节两亲本的花期。另外，为了缩短育种进程，或加速种子繁殖，育种工作者多利用海南省秋冬季节的短日高温条件进行“南繁”。

水稻种子萌发

水稻的器官建成

(二)器官建成

1. 营养器官建成

（1）**种子发芽与幼苗生长** 水稻颖花受精结实后成为谷粒，在农业上称为种子。谷粒的外部是谷壳，内有一粒糙米。谷壳包括内颖和外颖，糙米包括果皮、种皮、糊粉层、胚乳和胚（图1-3-1）。水稻种子萌发需要适宜的水分、温度和氧气等外界环境条件。种子萌发要求吸水量达种子本身风干质量的 25%~40%，发芽的最适生长温度为 28~36 ℃，最高温度为 40 ℃。稻种萌发和幼苗生长，还要有充足的氧气（图 1-3-2）。

水稻种子发芽过程

图 1-3-1 水稻种子的结构

图 1-3-2 种子发芽与幼苗生长

发芽的种子播种后，地上部首先长出白色、圆筒状的芽鞘，接着从芽鞘中长出只有叶鞘而无叶片的不完全叶，秧苗呈现绿色，之后依次长出第 1、第 2、第 3 等完全叶。当第 4 完全叶抽出时，就可能出现分蘖。第 3 叶抽出时胚乳的养分基本耗尽，此时秧苗抗寒力下降，抵御不良环境的能力减弱，是防止死苗的关键时期。

（2）**根系生长** 水稻的根系属于须根系，由种子根和不定根组成（图 1-3-3）。从种子根和不定根上长出的支根为第 1 次支根，从第 1 次支根上长出的支根为第 2 次支根，以此类推，条件好时最多可发生 5~6 次分支根。秧苗变青时，先后长出 5 条不定根，因其形似鸡爪，故称为“鸡爪根”。它对扎根立苗、培育壮秧起着重要作用。不定根和支根组成发达的根系，在整个生育期中起吸收、固定和支持作用。

水稻根的结构

（3）**叶的生长** 稻叶分为芽鞘、不完全叶和完全叶 3 种形态，发芽时最先出现的是无色薄膜状的芽鞘，从芽鞘中长出的第 1 片绿叶只有叶鞘，一般成为不完全叶。自第 2 片绿叶起，叶片、叶鞘清晰可见，习惯上称为完全叶。水稻的完全叶由叶鞘和叶片两部分组成，其交界处还有叶枕、叶耳和叶舌（图 1-3-4）。稗草没有叶耳，这是区别稻和稗草的主要特征。但也有极个别无叶耳的水稻品种，称为筒稻。

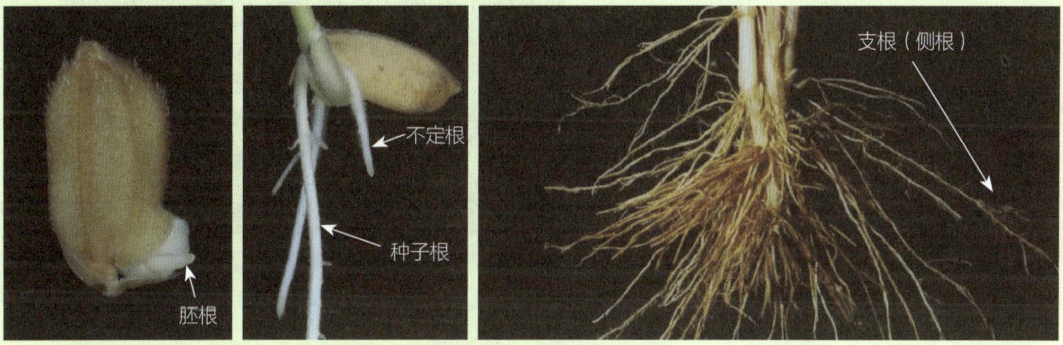

图 1-3-3 水稻的根系

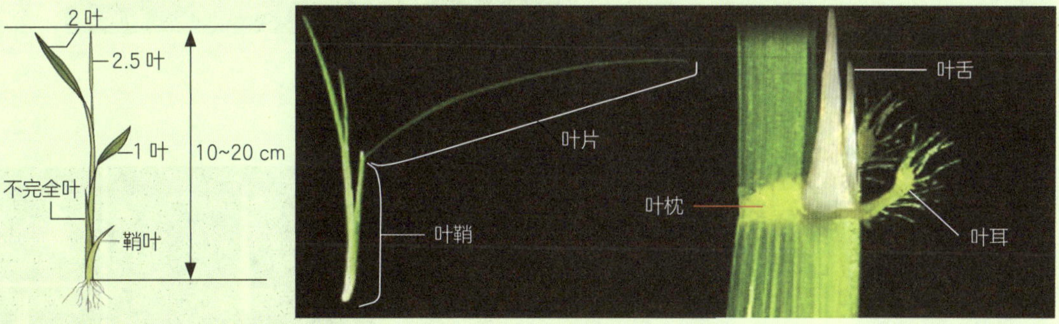

图 1-3-4 水稻的叶

我国栽培稻的主茎总叶数指的是完全叶数量，大多为11~19叶。主茎的总叶数与茎节数一致，与品种生育期有直接关系（表1-3-1）。

表 1-3-1 水稻总叶数与品种生育期的关系

品种	生育期 /d	主茎总叶数 / 叶
早稻	95~120	10~13
中稻	121~150	14~16
晚稻	>150	>16

（4）**分蘖生长** 分蘖是由稻株分蘖节上各叶的腋芽，在适宜条件下生长形成的（图 1-3-5）。从主茎上长出的分蘖为第 1 次分蘖，从第 1 次分蘖上长出的分蘖成为第 2 次分蘖，生育期长的品种可能有第 3 次、第 4 次分蘖。分蘖在母茎上所处的叶位称分蘖叶位。凡分蘖叶位数多的品种，分蘖期长，生育期一般也较长。一般情况下，籼稻的分蘖发生率较高，粳稻较低。

水稻分蘖

水稻分蘖发生

水稻分蘖生长

水稻分蘖的调控及成穗特性

图 1-3-5 水稻分蘖发生

水稻分蘖的形成规律及理论模型

（5）**茎的生长** 稻株的叶、分蘖和不定根都是由茎上长出来的，茎有支持、运输和储藏的功能。稻茎一般中空，呈圆筒形，着生叶的部位是节，上、下两节之间为节间。稻茎由节和节间两部分组成。稻茎基部的节间不伸长，发生根和分蘖的节，习惯上称为分蘖节（图 1-3-6）。茎上部由若干伸长的节间形成茎秆。基部节间伸长 1~2 cm 时称为拔节。伸长期后，节与节间物质不断充实，硬度增加。一般抽穗后 21 d 左右，茎秆的质

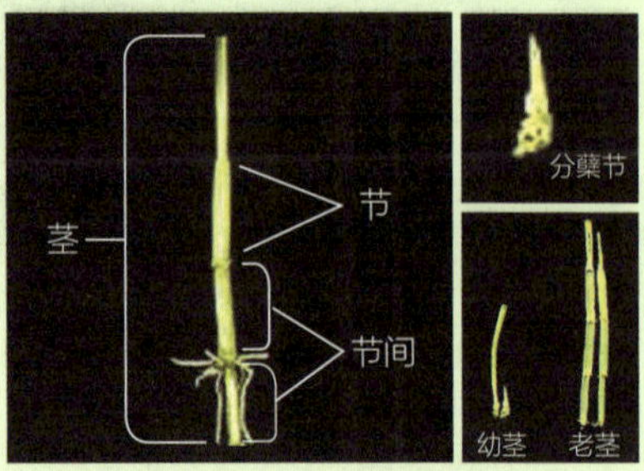

图 1-3-6 水稻茎的组成

量下降到最低水平。

2. 生殖器官建成

（1）**稻穗发育**　稻穗为复总状花序，由穗轴、一次枝梗、二次枝梗、小穗梗和小穗组成（图1-3-7）。从穗颈节到穗顶端退化生长点是穗轴，穗轴上一般有8~15个穗节，每个穗节上着生1个枝梗。直接着生在穗节上的枝梗，称为一次枝梗；由一次枝梗上再分出的枝梗，称为二次枝梗。每个一次枝梗上直接着生4~7个小穗梗，每个二次枝梗上着生2~4个小穗梗，小穗梗的末端着生1个小穗，每个小穗分化3朵颖花，其中2朵在发育过程中退化，因此每个小穗只有1朵正常颖花。

图1-3-7　水稻的穗

（2）**开花授粉**　开花授粉过程。穗顶露出剑叶叶鞘，称为抽穗。从穗顶露出到全穗抽出约需5 d。温度高，抽出快；温度低，抽出慢。一般情况下，穗顶端的颖花露出剑叶叶鞘的当天或露出后1~2 d即开始开花，全穗开花过程需5~7 d，而第3天前后开花最盛。一天中水稻开花的时间主要受当日温度的制约，气温高开花早，盛花期在午前；气温低开花迟，盛花期会推迟，甚至推迟到午后，一天中开花就相对分散（图1-3-8）。

水稻的花

水稻开花过程

图1-3-8　水稻的花及颖花开花过程

水稻颖花开放

（3）**米粒形成** 米粒形成过程。根据米粒充实程度和谷壳颜色的变化，将米粒的形成过程分为 4 个时期，即乳熟期、蜡熟期、黄熟期和完熟期。乳熟期在开花后 3~5 d 开始（晚稻为开花后 5~9 d），其米粒中充满白色淀粉浆乳。随着时间的推移，浆乳由稀变稠，颖壳外表为绿色，乳熟期持续时间为 7~10 d。蜡熟期胚乳由乳状变硬，但手指压仍可变形，颖壳绿色消退，逐步转为黄色。黄熟期的穗轴与谷壳全部变为黄色，米质透明硬实，是收获的合适时期。完熟期的颖壳及枝梗大部分枯死，谷粒易脱落，易断穗、折秆，色泽灰暗（图 1-3-9）。

水稻籽粒
灌浆结实

图 1-3-9 米粒的形成

（三）肥料吸收规律

水稻营养生长阶段以氮素旺盛吸收和同化作用为主导，即以扩大型代谢为主，施肥目标在于促进分蘖，形成壮苗，确保单位面积有足够的穗数。水稻生殖生长阶段以碳素同化作用为主，即扩大型代谢逐渐减弱，储藏型代谢逐渐增强至旺盛，施肥应以促穗大、粒多、粒饱为中心。

1. 水稻需肥的特性

水稻一生需肥量为每 100 kg 稻谷需要吸收纯氮（N）1.7~2.5 kg、磷（五氧化二磷，P_2O_5）0.9~1.4 kg、钾（氧化钾，K_2O）2.5~2.9 kg。养分吸收量因产量水平及生长环境不同而有所差异，高产田略低，低产田略高。

2. 水稻吸肥规律

水稻不同生育期对氮、磷、钾的吸收规律：分蘖期由于苗小，因而吸收养分数量也较少。这一时期，N 的吸收量约占全生育期吸氮量的 30%，P_2O_5 的吸收量为 16%~18%，K_2O 的吸收量为 20% 左右。水稻拔节至抽穗期，是水稻一生中吸收养分数量最多和强度最大的时期。此期吸收氮、磷、钾养分的百分率几乎占水稻全生育期养分吸收总量的一半。水稻抽穗以后直至成熟，由于根系吸收能力减弱，吸收养分的数量显著减少，N 的吸收量为 16%~19%，P_2O_5 的吸收量为 24%~36%，K_2O 的吸收量为 16%~27%（表 1-3-2）。

表 1-3-2 水稻对氮、磷、钾的吸收规律

生育时期	氮元素	磷元素	钾元素
苗期	少量	吸收高峰	少量
分蘖期	吸收高峰	吸收高峰	吸收高峰
幼穗发育期	吸收高峰	—	吸收高峰
抽穗开花期	—	少量	少量
灌浆结实期	—	少量	少量

在生产上，早稻在分蘖期的吸收量要比晚稻高，所以早稻生产上强调重施基肥，早施分蘖肥。一般晚稻在后期养分吸收量高于早稻，生产上常采取合理施用穗肥和酌情施用粒肥的措施，满足晚稻后期对养分的需要；早稻由于生育期短，对氮、磷、钾的吸收量在移栽后 2~3 周形成一个高峰。单季稻由于生育期较长，对氮、磷、钾三元素的吸收量一般分别在分蘖盛期和幼穗分化后期形成 2 个吸肥高峰。因此，施肥必须根据水稻营养规律和吸肥特性，充分满足水稻吸肥高峰对各种营养元素的需要。

（四）水分吸收规律

水对作物生长发育的意义大致可分为 2 个方面：一是直接满足作物进行正常生理活动的需要，称为生理需水，主要包括植株蒸腾与生理代谢；二是作为生态因子，营造适于作物生长发育的良好环境，以水调温、调气、调肥等，间接地对作物发生影响，称为生态需水，主要指棵间土壤蒸发耗水，是对作物制定合理灌溉的重要依据。

1. 水稻需水规律

水稻对水分的要求有生理需水和生态需水 2 个方面，二者密切相关，缺一不可。稻田需水是稻株叶面的蒸腾量、株间蒸发量、渗透量和地表流失 4 个部分的总和。稻田因有田埂，地表水分流失量较少，所以稻田的需水量主要由前 3 个方面组成。移栽后蒸腾量不断增加，孕穗至抽穗期出现高峰，每日 5~6 mm，而后下降。棵间土壤蒸发量在移栽后最大，随着稻株对田面覆盖的增加而不断减少，约在分蘖末期之后大体稳定在每日 2 mm 左右，不再有很大变化；稻田渗透量变化很大，因条件不同变化量可在 0~10 mm 之间。

2. 水稻不同生育阶段对水分的需求特性

（1）**返青阶段** 水稻返青期间稻田应保持一定水层，给秧苗创造一个温湿度较为稳定的环境，促进早发新根，加速返青。但水层不能超过最上面全出叶的叶耳，大致以不超过苗高的 2/3 为原则，否则影响生长的恢复。早栽的秧苗，因气温较低，应白天灌浅水，夜间灌深水，寒潮来时适当深灌防寒护苗。返青期遇阴雨应浅水或湿润灌溉。

（2）**分蘖阶段** 适合水稻分蘖的田间水分状况是土壤含水高度饱和到有浅水之间，以促进分蘖早生快发，随着水层加深分蘖会受到抑制。生产上多采用排水晒田的方法来抑制无效分蘖。对于盐碱地可通过深水淹蘖的方法控制无效分蘖的形成。

（3）**幼穗发育阶段** 稻穗发育过程是水稻一生中生理需水的临界期。加之晒田复水后稻田渗漏量有所增大，一般此时需水量占全生育期的 30%~40%。此期一般宜采用水层灌溉，淹

水深度不宜超过 10 cm，维持深水层的时间也不宜过长。

（4）**抽穗开花阶段** 抽穗开花期对稻田缺水的敏感程度仅次于孕穗期。受旱时，重则出穗、开花困难，轻则影响花粉和柱头的活力，导致空秕率增加。一般要求水层灌溉。在出穗开花期遇高温危害时，稻田保持水层，可明显减轻高温的影响。

（5）**灌浆结实阶段** 后期断水过早，会影响稻株对养分的吸收和运输，秕粒增加。此期最适的水分是间隙灌水。

（五）高产群体形成规律

水稻产量是由单位面积上的穗数、每穗粒数（每穗颖花数）、结实率和千粒重 4 个基本因素构成（图 1–3–10），这 4 个产量因素是在不同的生育时期形成的（图 1–3–11）。

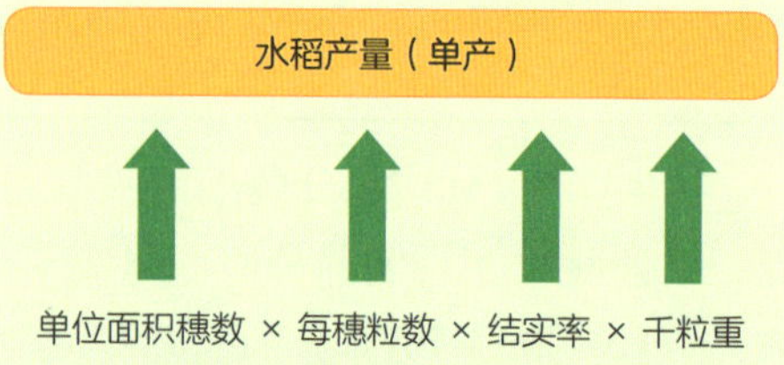

图 1–3–10 水稻产量构成因素示意图

营养生长期					营养与生殖生长并进期			生殖生长期		
幼苗期	秧田分蘖期	分蘖期			拔节长穗期			结实期		
		返青期	有效分蘖期	无效分蘖期	分化期	形成期	完成期	乳熟期	蜡熟期	完熟期
		穗数决定阶段			穗数巩固阶段					
		粒数奠定阶段			粒数决定阶段					
					粒重奠定阶段			粒重决定阶段		

图 1–3–11 水稻产量决定时期

1. 穗数的形成

单位面积上的穗数是由株数、单株分蘖数、分蘖成穗率三者组成的。株数取决于插秧的密度及移栽成活率，但其基础是在秧田期。必须育好足够数量的健壮秧苗，才能保证插足计划密度的株数，并在插后返青快、分蘖早。决定单位面积穗数的关键时期是在分蘖期。在壮秧、适宜密度的基础上，单位面积穗数的多少便取决于单株分蘖数和分蘖成穗率。

2. 粒数的形成

决定每穗粒数的关键时期是在拔节长穗期。穗子大小主要取决于幼穗分化过程中形成的小穗数目及小穗发育程度。在幼穗分化时，如果养分不足，则每穗粒数减少；在幼穗形成后体积迅速膨大的过程中，如果养分不足，那么中途会停止发育，形成败育小穗。所以，培育壮秆大穗，防止小穗败育是长穗期管理的主攻目标。

3. 结实率和粒重的形成

决定结实率、粒重的时期是灌浆结实期。水稻的结实率和粒重是由谷粒大小和成熟度构成的。籽粒大小受谷壳大小的约束，成熟度取决于灌浆物质的供应状况。水稻谷粒中的灌浆物质主要来源于抽穗后的光合产物。因此，提高成熟度，促进粒大粒饱，防止空壳秕粒，实现高产和优质，是结实期栽培的主攻目标。

水稻高产群体生育基本规律包括“叶龄模式”“群体质量指标”“生育各期诊断指标”等3个部分。

（1）**叶龄模式** 用水稻出叶和分蘖、根、茎、穗各部器官形成及生长的同伸同步原理，将所有品种的一生都分为有效分蘖叶龄期、无效分蘖和拔节叶龄期、穗分化叶龄期和抽穗结实期，将生育进程按叶龄“模式化”。可以用出叶叶龄准确诊断已经定型、正在生长、即将生长和正在分化的是哪些部分，为措施的适时应用、调控器官和群体提供精准化依据。

叶龄模式指标体系的基础是将所有品种按主茎总叶数（N）和伸长节间数（n）分类，同类型的不同品种在同一叶龄期的各部器官的分化、生长的生育进程完全相同。特别是明确了栽培诊断上最为关键的有效分蘖临界叶龄期［一般为主茎总叶数（N）减去伸长节间数（n），即N–n叶龄期］、拔节叶龄期［第一节间开始伸长，为伸长节间数（n）减2，即n–2的倒数叶龄期］和穗分化叶龄期（一切品种开始于叶龄余数3.5左右，完成于孕穗期）。任何一个品种，只要了解它在当地播种期下的主茎总叶数和伸长节间数，就可按上述指标正确掌握它的有效分蘖发生、拔节和穗分化的具体叶龄值，将该品种的生育进程以叶龄指标加以模式化，并相应形成高产群体茎蘖动态的叶龄模式和叶色“黑黄”变化的叶龄模式，前者可据以建立基本苗公式，后者则可用于调控肥水。

（2）**群体质量指标** 所谓群体质量指标是指群体各部器官的数量增长或彼此比例关系与产量呈正相关关系的形态、生理指标。高产群体产量的80%~90%来自结实期光合产物，提高抽穗成熟期的光合产量是群体质量的核心指标。达到这一目标的形态生理质量指标：穗达到适合的叶面积指数（LAI），全茎有与节间数相等的绿叶数；在适合的LAI基础上提高总颖花量，能起“扩库强源”的增产作用；提高粒叶比是进一步高产的可靠技术途径，亦是高产育种的选择目标，并已育出了一批粒叶比高达0.9~1.0、单产在1 000 kg/亩以上的高产品种。在栽培上，发现了高（低）粒叶比施氮期；提高有效叶面积率和高效叶面积率是提高群体粒叶比必须的2个形态指标，关键是控制无效分蘖和茎基部叶片的生长，反映在茎生各叶的叶长序数为倒数2、3、1、4、5；提高单茎茎辅重；提高颖花根活量；在保证合适穗数的前提下，提高茎蘖成穗率至80%~90%（粳稻）和70%~80%（籼稻），攻取大穗，是全面优化群体质量指标的栽培途径的综合性动态指标。

（3）**生育各期的诊断指标** 经实践，图1–3–12是各地通用的模式图。各地应用当地的诊断参数，就能起指导应用作用。

形态诊断的重点：① 有效分蘖叶龄期要保证按时够苗。此期以氮代谢占主导地位，叶色应“黑”，顶4叶＞顶3叶，此期末够苗时，叶色开始褪淡，顶4叶＝顶3叶，为控制无效分蘖准备条件。② 无效分蘖至拔节期的中心是控制无效分蘖和茎基部叶片生长，碳代谢占主导地位，主要诊断指标是叶色“落黄”，顶4叶＜顶3叶。一般延续2个叶龄（1~3），把高峰苗数控制在穗数的1.2倍（粳稻）或1.3倍（籼稻）左右。株高为最后的40%~50%，叶片短而挺立，阳光能直射地面。③ 长穗期（倒4叶后半期至抽穗）增加颖花数是重点，同时要防止上3叶和茎秆生长过旺，碳氮代谢要平衡，在叶色上由前期“落黄”回升为顶4叶＝顶3叶，时间由倒 2 叶至抽穗后。上 3 叶挺立，孕穗期封行，全茎有与节间相等的绿叶数，叶长序数合理，无病虫害。④ 开花结实初期叶色顶 4 叶 = 顶 3 叶，基部叶片功能期延续到抽穗后 25 d 以上，成熟期尚存活 2 片左右绿叶。

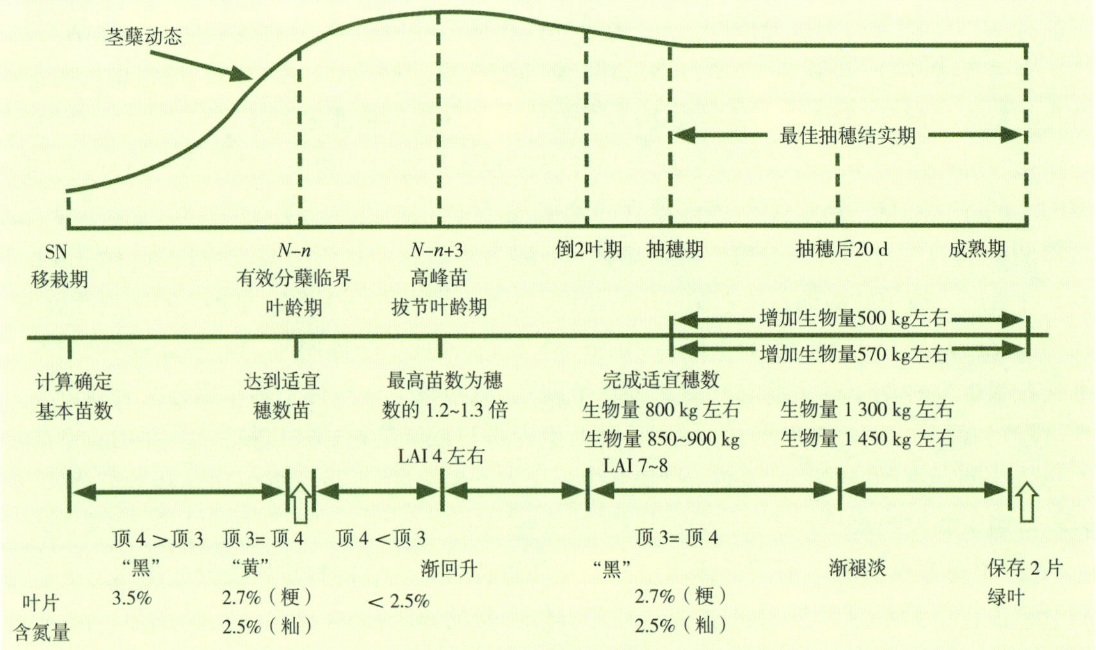

图 1-3-12　高产群体生育动态指标模式图

（六）品质形成规律

1. 品质指标及评价方法

一粒米的诞生

稻米品质是个综合性状，不同用途有不同的评价标准。就总体来看，稻米品质应从碾米品质（加工品质）、外观品质、蒸煮品质、食味品质、营养品质和卫生品质 6 个方面衡量。稻米品质的优劣取决于品种的遗传特性与环境因素影响的综合作用结果（图 1–3–13）。

食用性的优质稻米要求具备 3 个基本的特征（表 1–3–3）：一是籽粒透明无垩白（外观品质）；二是高整精米率（碾米品质）；三是食味口感好（蒸煮与食味品质）。

表 1-3-3　优质大米指标

品种			优质籼米			优质粳米		
等级			一级	二级	三级	一级	二级	三级
碎米	总量 /%	≤	10.0	12.5	15.0	5.0	7.5	10.0
	其中：小碎米含量 /%	≤	0.2	0.5	1.0	0.1	0.3	0.5
加工精度			精碾	精碾	适碾	精碾	精碾	适碾
垩白度 /%		≤	2.0	5.0	8.0	2.0	4.0	6.0

（续表）

品种		优质籼米			优质粳米		
品尝评分值 / 分	≥	90	80	70	90	80	70
直链淀粉含量 /%		13.0~22.0			13.0~20.0		
水分含量 /%	≤	14.5			15.5		
不完善粒含量 /%	≤	3.0					
杂质限量 总量 /%	≤	0.25					
杂质限量 其中：无机杂质含量 /%	≤	0.02					
黄粒米含量 /%	≤	0.5					
互混率 /%	≤	5.0					
色泽、气味		正常					

注：此表数据来源于《大米》（GB/T 1354—2018）。

图 1-3-13　稻米品质

（1）**碾米品质**　又称碾磨品质、加工品质，反映稻米对加工的适应性，主要取决于籽粒的灌浆特性、胚乳结构及糠层厚度等（图 1-3-14）。评价指标主要有糙米率、精米率、整精米率，分别为单位重量稻谷加工出的糙米、精米和完整精米的质量百分率。我国大多数品种的糙米率、精米率一般分别为 77%~85% 和 67%~80%，相对稳定。变异较大的是整精米率，跨度为 20%~75%，是加工品质的重要指标。

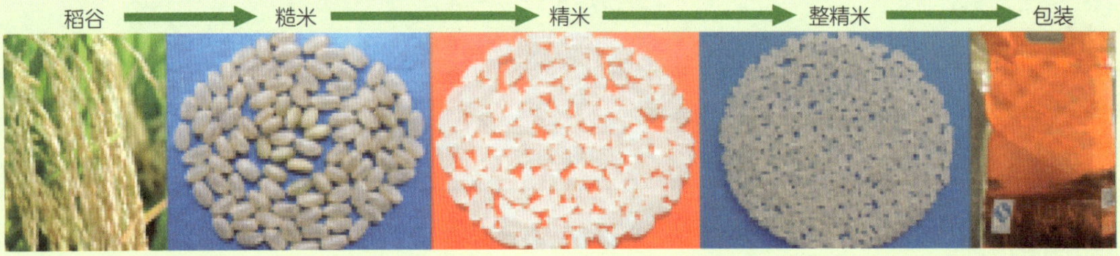

图 1-3-14　稻谷的加工

（2）**外观品质**　这是对稻米的第一感官印象，评价指标主要有垩白米率、垩白面积、垩白度、透明度、粒形等（图 1-3-15）。垩白是稻米品质改良首先要注意和优先改良的品质性状。垩白通常以垩白米率、垩白面积和垩白度表示。我国要求国际一级食用优质米的垩白米率≤ 10 %，垩白度≤ 1 %；二级米垩白米率≤ 20 %，垩白度≤ 3 %；三级米垩白米率≤ 30 %，垩白度≤ 5 %。

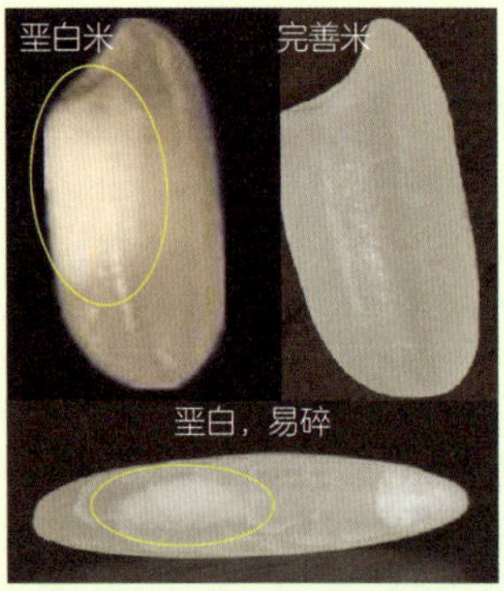

图 1-3-15　稻米的外观

（3）**蒸煮与食味品质**　指米饭的色、香、味及其适口性（如黏弹性、柔软性等），反映稻米的食用特性。评价食味的最好方法是口感品尝，但由于品尝者的差异，难以快速有效地评定，通常用较客观的理化指标来间接反映，主要有直链淀粉含量、糊化温度、胶稠度、米饭黏性、硬度、气味、色泽以及冷饭质地等。

米饭蒸煮

直链淀粉含量和分子量是决定稻米食味品质优劣的重要因素，直链淀粉含量过高，米饭质地硬，蓬松干燥；直链淀粉含量过低，米饭软而黏，弹性差。其含量可分为高（>25%）、中（21%~24%）、低（10%~20 %）和极低（<9 %）4 级，糯稻品种直链含量在 2% 以下。一般来讲，中等直链淀粉含量的品种较受欢迎。

（4）**营养品质**　指精米中蛋白质及氨基酸的含量与组成，以及脂肪、维生素和矿物质含量等。蛋白质含量和质量常作为衡量稻米营养品质的主要指标（图 1-3-16）。一般认为，蛋白质含量高于 9 % 的米比较硬，米饭口感变差，影响食味品质，但又因其中含有谷蛋白及多种人体必需的氨基酸，易消化吸收，故营养价值较高，所以有“食味与营养不可兼得”的说法。

蛋白质含量较高　　蛋白质含量较低　　营养成分发生质变

图 1-3-16　稻米的营养品质

2. 品质形成的生理机制

糙米的 90% 以上为胚乳，因此米质的优劣取决于胚乳性质，与胚乳的发育和充实密切相关。胚乳由大量的薄型胚乳细胞构成，淀粉含量为 76.7%~78.4%，包括直链淀粉和支链淀粉。蛋白质的总量占 6.3%~7.8%，胚乳细胞中谷蛋白、醇溶蛋白较多，球蛋白、白蛋白多分布于糊粉层。糙米中脂肪占 0.3%~0.5%，会影响米饭的光泽与适口性（图 1–3–17）。此外，稻米中还含有极少量影响气味的挥发性物质。胚乳细胞的多少与籽粒发育、淀粉积累显著正相关，也决定了籽粒的重量与品质。垩白与籽粒灌浆动态有密切关系，灌浆较平缓时垩白较小，而灌浆大起大落时垩白往往较大。淀粉的合成与积累是在一系列酶的作用下完成的，直接关系到稻米的品质（图 1–3–18）。

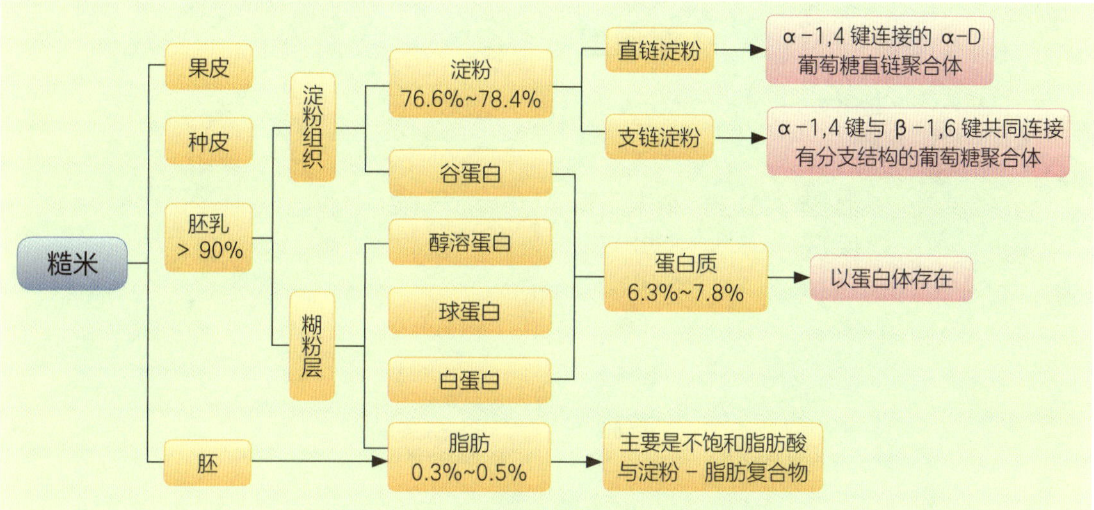

图 1–3–17 糙米的组成成分与稻米品质的关系

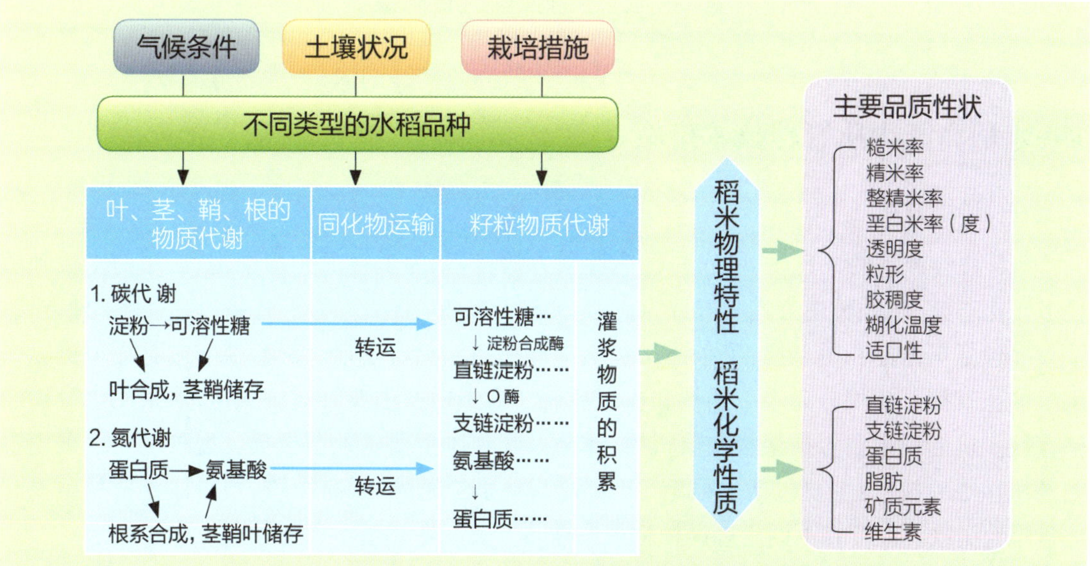

图 1–3–18 影响稻米品质的物质基础

3. 品质形成的影响因素

稻米的品质既与品种遗传特性有关，又受气候条件、土壤状况、栽培措施和加工方法等影响（图 1-3-19）。品种基因型是决定稻米各项品质指标的关键因素，种植优质米品种是生产优质稻米的前提条件。稻米碾磨品质和外观品质受灌浆期温度和平均灌浆速率的影响较大，粳稻灌浆期适宜日平均温度是 21~24 ℃。如果籽粒灌浆成熟期温度过高，灌浆速度过快，灌浆时间缩短，籽粒充实度不良，导致千粒重降低，会降低糙米率、精米率和整精米率，增加垩白米率、垩白面积和垩白度。因此，应通过栽培措施使水稻在适当的时期抽穗，保证籽粒灌浆初期遇到适宜的气候条件。

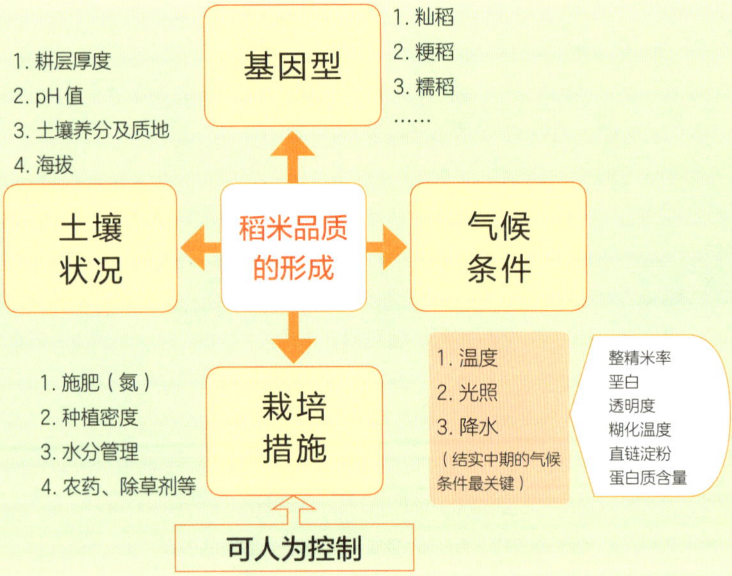

图 1-3-19 影响稻米品质形成的因素

四、水稻高产优质管理技术措施

（一）种植方式

随着社会经济的快速发展，农村优质劳动力的转移，为了轻简化水稻生产，当前水稻种植呈多元化态势。水稻种植方式一般分为直播、插秧及抛秧。直播分为水直播和旱直播 2 种方式。旱直播包括旱撒播和旱条播，旱条播又包括常规条播和免耕条播。旱直播与水直播都可以采用机械化直播。插秧分为手工插秧和机械插秧。人工插秧主要针对中大苗，可采用水育秧或旱育秧。机插秧主要包括毯状秧苗机插、钵苗摆栽和钵型毯状秧苗机插。抛秧也可以采用手工及机械 2 项技术，主要包括水稻免（少）耕抛秧、小苗抛秧、纸筒抛秧、塑料钵盘育秧抛秧和无盘旱育抛秧。江苏省不同生态区粳稻最适播栽方式及适宜基本苗数如表 1-4-1 所示。

表 1-4-1　江苏不同生态区粳稻最适播栽方式及适宜基本苗数

生态区		播栽方式	每亩基本苗数 / 株
苏北	首选	钵育机摆栽（旱育抛秧）	4 万 ~6 万
	次选	机插秧	6 万 ~8 万
苏中	首选	机插秧	6 万 ~8 万
	次选	旱育抛秧	4 万 ~6 万
苏南	首选	机插秧	4 万 ~6 万
	次选	机直播	5 万 ~6 万（常规粳稻）
			2.5 万 ~3.0 万（杂交粳稻）

省工程度：机械直播＞机插＞抛秧＞手插。

产量潜力与稳产性：手插＞抛秧≈机插＞直播。

适应性：小面积经营都能高产，规模经营或大面积机插优势明显。

水稻机插秧

目前，机插秧是水稻生产上主推的种植方式，是水稻生产现代化的方向（图 1-4-1）。它是靠双膜育秧或软盘育秧技术所培育出带土毯 / 钵状秧苗，由插秧机对带土的秧苗切块来实现分秧与插秧，即标准化育秧 + 精细化整地 + 机械化插秧。特点：机械作业效率高、标准化程度高、密度有保证。

图 1-4-1　水稻种植方式（机插秧）

笔者团队通过有关专题试验研究和大面积高产栽培攻关示范，把机插稻高产栽培关键技术概括为“十二字”：“标秧、精插、稳发、早搁、优中、强后”。

“标秧”：培育适于机插的标准化壮秧。培育标秧应严格实施成套的技术，其中适当稀播匀播、掌握秧苗适龄尤为关键。

“精插”：精确定量机械栽插，建立大田高质量的群体起点。它包括基本苗数的精确计算、栽插深度的调节，以及提高栽插质量的其他配套措施。

“稳发”：在精确化高质量栽培适宜基本苗后的基础上，通过适时定量肥水管理使分蘖早生快发，在有效分蘖临界叶龄前 1 个叶龄期达到群体预期适宜穗数。

“早搁”：与常规栽培相比，可提前 1 个叶龄期左右进行搁田，控制无效分蘖。

“优中”：通过及时有效控制高峰苗过后，在群体叶色褪淡落黄的基础上，因苗及早施用好穗肥来主攻壮秆大穗的形成，优化中期的生育，优化群体结构。

“强后”：通过后期合理的水浆管理、病虫害防治，养根保叶，增强根系活力与地上部光合生产能力，提高后期物质积累量与群体库容充实度。

（二）播前准备

1. 种子准备

（1）**选对良种** 在播种前，应根据茬口、种植方式及安全齐穗期，因地制宜购买适合当地种植的中等偏上、抗倒抗病性强、穗型较大的高产稳产优质品种，力求同一品种、同一栽培方式连片种植。江苏不同生态区粳稻品种布局及优质粳稻品种见表 1–4–2。

分批播种

表 1–4–2 江苏省不同生态区优良食味粳稻品种推介

品种类型	品种名称
苏北（中熟中粳）	徐稻 9 号、京粳 1 号、南粳 5055、圣稻 22、南粳 2728 等
苏中（迟熟中粳）	南粳 9108、扬粳 805、宁粳 8 号、扬育粳 2 号等
沿江苏南（早熟晚粳）	南粳 5055、宁香粳 9 号等
苏南南部（中熟晚粳）	南粳 46、苏香粳 100、常优 5 号、武香粳 5245、沪选 1212 等

（2）**种子处理** 晾晒选种：播种前晒种 2~3 d，并通过机选、液体比重法去杂去劣，减少菌源，以增加种子活力，提高发芽率、发芽势。盐水比重法选种，50 kg 水加入 12 kg 盐，使水溶液比重达到 1.11~1.13（生鸡蛋露出水面一个硬币大小），将晾晒好的种子倒入盐水中，搅拌均匀，捞出秕种，每次盐水选种后必须用清水洗 2 次以上，否则会造成不出苗或严重影响出芽率的不良后果（图 1–4–2）。

机器初筛　　盐水比重法选种　　去除空秕粒

图 1–4–2 种子清选

浸种催芽：选用氰烯菌脂或 20% 氰烯 · 杀螟丹可湿性粉剂 600~800 倍液浸种，粳稻 48 h，籼稻 24 h。药液高出种子层面 10 cm，在室内浸种，每天早晚各搅拌 1 次；浸种后淋去药液，在室内适温条件下催芽至 90% 破胸露白时摊凉待播（图 1–4–3 至图 1–4–6）。

药剂浸种

催芽

浸种后清水洗种

图 1-4-3 晾晒

图 1-4-4 浸种

图 1-4-5 催芽

露白

种子包衣

种子入箱

有氧浸种催芽

图 1-4-6 工厂化浸种催芽流程

2. 材料准备

准备好水稻育秧基质、毯苗育秧硬盘（58 cm × 28 cm × 2.5 cm）或钵苗育秧盘（61.8 cm × 31.5 cm × 2.5 cm，每盘 448 孔，孔径 1.6 cm），如图 1-4-7 所示。

育秧基质

毯苗育秧盘

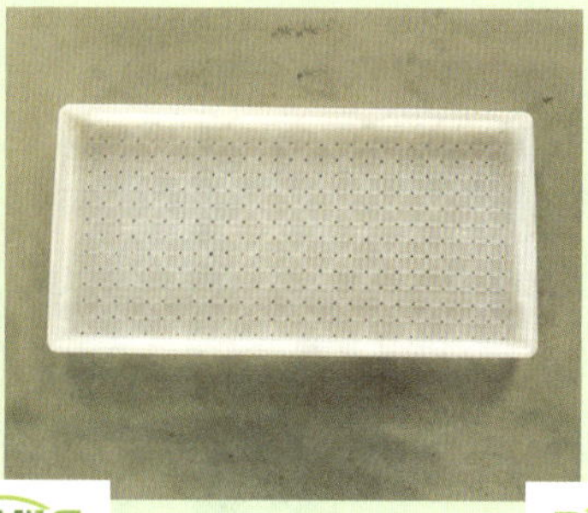

钵苗育秧盘

图 1-4-7 育秧材料

机插水稻微喷灌旱地硬盘基质育秧技术

机插水稻硬盘微喷灌育秧新技术

葡萄架下喷灌育秧技术

（三）培育壮秧

育秧的作用：育秧是决定秧苗品质好坏的关键环节，俗话说“秧好半熟稻，壮秧产量高”。

育秧的目标：培育出既符合高产要求，又满足机械作业要求的秧苗。

育秧的形式：根据灌溉水的管理方式不同，水稻育秧可分为水育秧、湿润育秧、旱育秧、两

稻硬地硬盘微

灌育秧技术

段育秧、塑料软盘育秧、硬地硬盘（微喷）育秧等多种形式。

1. 壮秧标准

育毯苗壮秧标准见图 1–4–8、图 1–4–9，具体要求如下：① 秧龄不超过 3 叶 1 心；② 株高 12~17 cm；③ 苗基粗大于 2.5 mm，有弹性；④ 不定根数大于 11 条；⑤ 根部盘结牢固，提起不散；⑥ 盘根带土厚度 2.0~2.5 cm，厚薄一致；⑦ 叶长大于叶鞘；⑧ 叶色鲜绿，无黄叶；⑨ 无病虫害。

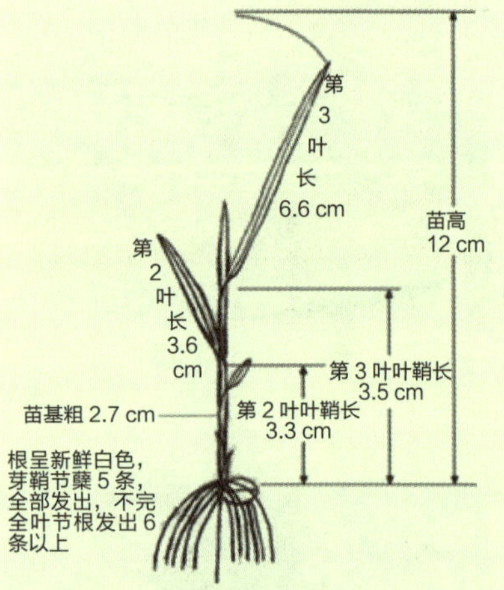

图 1–4–8　机插常规粳稻壮秧形态模式图

钵苗壮秧标准见图 1–4–10、图 1–4–11，具体要求如下：① 秧龄 30 d 左右，叶龄 4.5~5.5；② 苗高 15~20 cm，单株茎基宽 0.3~0.4 cm；③ 平均单株带蘖 0.3~0.5 个；④ 单株白根数 13~16 条，发根力 5~10 条；⑤ 百株干重 8.0 g 以上；⑥ 钵体重 5 g 左右；⑦ 成苗孔率（常规稻 ≥ 95%，杂交稻 ≥ 90%）；⑧ 平均每孔苗数（常规粳稻 3~5 苗，杂交粳稻 2~3 苗，杂交籼稻 2 苗左右）；⑨ 植株带蘖率（常规稻 ≥ 30%，杂交稻 ≥ 50%）。

水稻盘育秧苗的出苗

图 1–4–9　机插毯苗常规粳稻壮秧形态

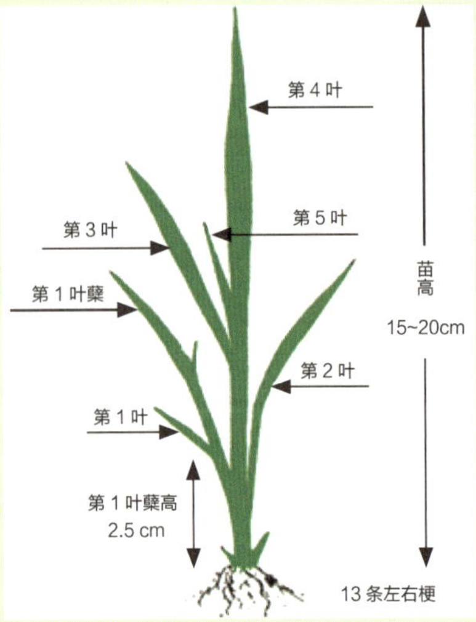

图 1–4–10　机插钵苗常规粳稻壮秧形态模式图

图 1–4–11　机插钵苗常规粳稻壮秧形态

2. 集中育秧

目前，水稻生产上应用较多的育秧方式为集中育秧，即以精量、半精量播种技术为基础，采用温室、大棚或秧田进行集约化育秧。为推动机插水稻规模化集中育秧技术集成创新，生产上进行了 5 次“改动”，如图 1-4-12 所示。

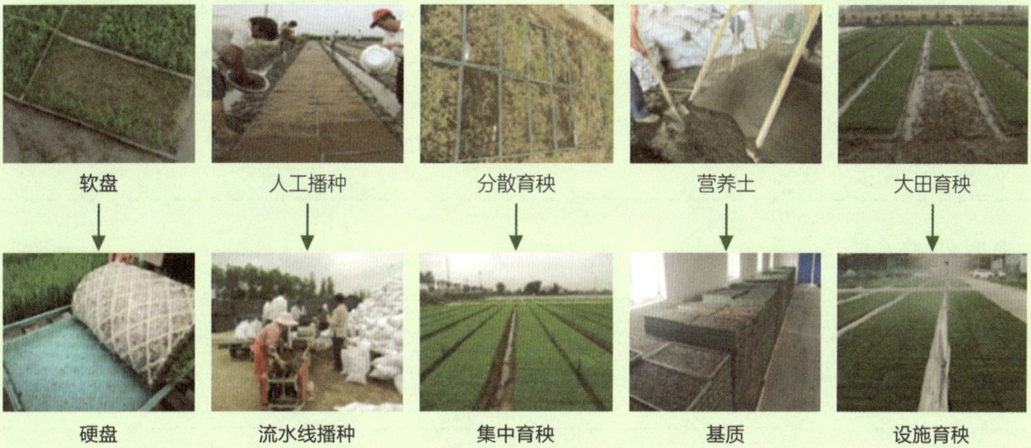

图 1-4-12　机插水稻规模化集中育秧技术的集成创新（“五改”）

水稻工厂化育秧技术

水稻集中育秧，以育秧工厂为例，一般分为播种车间和育秧车间（大棚绿化室）。

（1）**播种车间**　主要进行浸种、催芽等工作，较大规模的育秧工厂设有浸种池、催芽暗室，并安装育秧播种联合作业机。其功能是完成水稻种子的浸种、消毒和育秧播种的程序。播种生产线由撒土机、喷水机、播种机、覆土机及传动带组成。播种使用与播种机相配套的特制塑料硬盘或塑料软盘加托盘（图 1-4-13）。

图 1-4-13　播种车间

（2）**育秧车间**　该车间是大型的独立（或连栋）塑料大棚或玻璃温室，主要是利用自然光温条件保温、保湿并进行秧苗绿化。有条件的地方可以实现整个秧苗期不出温室，条件一般的可在秧苗立针绿化后转入预先制好的秧板田中露天育秧。温室规格可因地制宜。室内可设多层立体苗架，层间距 0.5 m，每层都装有喷灌设备，架间距为 1 m（图 1-4-14）。

图 1-4-14　育秧车间

◎**典型案例**

以工厂化育秧建设较为成功的江苏省太仓市为例，从2009年以来，经过实践探索，开发应用了包括播种系统、补水系统、降温系统、防虫系统、炼苗系统和运输系统在内的水稻智能化温室立体育秧工厂（图1-4-15）。

太仓市水稻工厂化育秧

播种系统

补水系统

降温系统

炼苗系统

运输系统

图 1-4-15　水稻智能化温室立体育秧工厂

3. 确定播种期

确定播种期，要做到播种期、适宜秧龄和移栽期三对口。机插育秧与常规育秧有明显的区别：一是播种密度高，二是秧苗根系集中在厚度仅为 2.0~2.5 cm 的薄土层中交织生长，因而秧龄弹性小，必须根据茬口安排，既要抢时播种，争农时争季节，更要执行“宁可田等秧，决不能秧等田”留有余地的原则。

将常年平均气温稳定通过10℃和12℃的初日，作为粳稻和籼稻早播界限期。按早稻秧龄18~24 d、中晚稻18~21 d推算播种期。机插面积大的，要根据插秧机工作效率和机手技术熟练程度，安排好插秧进度，合理分批浸种，顺次播种，确保秧苗适龄移栽。江苏目前以稻 /（大、小）麦、稻 / 油茬口为主。不同的茬口条件下，适宜播种期大致见表1-4-3。

用的底土

表1-4-3　江苏省不同茬口机插水稻适宜播种期

地区	茬口	适宜移栽期	3叶期移栽的适宜播种期	4叶期移栽的适宜播种期
苏南	油菜（大麦）	6月1—10日	5月10—20日	5月5—15日
	小麦	6月5—15日	5月15—25日	5月10—20日
苏中	油菜（大麦）	6月5—15日	5月15—25日	5月10—20日
	小麦	6月10—20日	5月20—30日	5月15—25日
苏北	油菜（大麦）	6月10—20日	5月20—30日	5月15—25日
	小麦	6月15—25日	5月25—6月5日	5月20—30日

中加入水
用育秧肥

4. 毯苗育秧流程

k线播量
调试

（1）**流水线精量播种**　播前要调试好播种机，使盘内底土厚度稳定在2.0~2.5 cm；精确调整好播种量，每盘播杂交稻80~100 g芽谷（干谷60~75 g）、常规稻130~150 g芽谷（干谷100~115 g），杂交稻每亩15~20盘，常规稻每亩25~28盘；覆土厚度0.3~0.5 cm，以看不见芽谷为宜；洒水量控制在底土水分达饱和状态，覆土后10 min内盘面干土应自然吸湿无白面（图1-4-16）。

k线装土

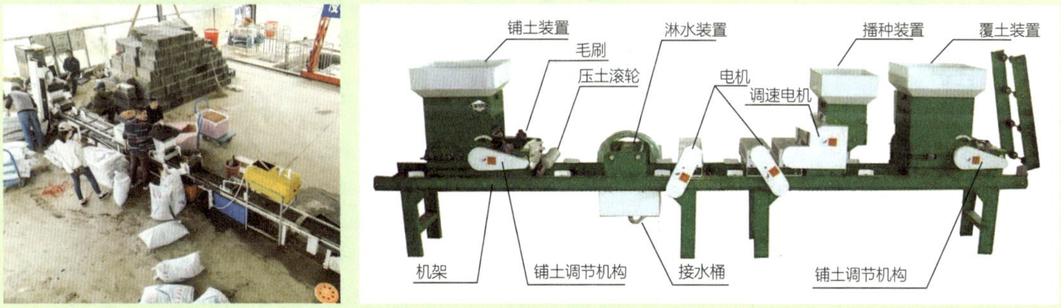

图1-4-16　流水线精量播种

k线浇水

（2）**叠盘暗化**　播种作业全部结束后，立即叠盘于室内暗化出苗，每叠20~25盘，顶部放一只有土、无种盘封顶。秧盘的排放务必做到垂直、整齐，盘堆要大小适中。

k线播后
覆土

堆放完毕，顶部和四周用黑色农膜封闭，不可有漏缝和漏洞，做到保温、保湿、不见光，防止盘间与盘内温湿度不一致，影响齐苗。叠盘（图1-4-17）36~48 h，80%的芽苗露出土面1.0~1.5 cm，暗化（图1-4-18）结束，即摆盘入秧田绿化。

（3）**摆盘**　育秧架摆盘：种子80%立针（图1-4-19）后即可将秧盘摆放至育秧架（图1-4-20），摆放整齐，不留空隙。

盘暗化

暗化后立针　摆盘

图 1-4-17　叠盘

图 1-4-18　暗化

图 1-4-19　立针

图 1-4-20　摆盘（温室）

苗床摆盘：整齐横放 2 张暗化的硬盘，形成秧畦，畦间留 25~30 cm 宽的行走道（图 1-4-21）。覆盖无纺布，可起到保温、保湿、防冲刷等作用（图 1-4-22）。

图 1-4-21　苗床摆盘

图 1-4-22　覆盖无纺布（硬地）

（4）苗床管理

秧苗水分管理

1）水分管理。以喷灌为主，若秧苗叶尖早晨正常吐水，则不宜补水，反之及时补水。秧苗见青前，基质要有充足水分；见青后，适当控制水分，保持基质湿润即可，即含水量在 65%~70%；移栽前 5~7 d 控水炼苗，移栽前 1d 应浇 1 次透水（图 1-4-23）。

2）温度管理。保持温室温度 20~30 ℃，白天不高于 35 ℃、夜间不低于 15 ℃。秧苗见青前，大棚棚膜关闭；见青后，视天气情况，棚温高于 35 ℃，及时掀棚，防止高温烧苗；夜间只要不低于 15 ℃，尽量不闭棚，以防秧苗徒长。做到 1 叶 1 心小通风，2 叶 1 心中通风，3 叶 1 心大通风。

温室喷灌　　田间喷灌

图 1-4-23　水分管理

秧苗出叶与发根

移栽前秧苗

3）肥料管理。视苗情施肥，叶色浓绿且叶片下披秧苗，切勿施肥；叶色褪淡的秧苗，适当追肥。一般在 2 叶期要施好“断奶肥”，每平方米用尿素 15~20 g，加少许磷、钾肥，兑水配成营养液进行肥水混浇。起秧前 3~5 d 施好“送嫁肥”，每平方米用尿素 20~25 g。

4）光照管理。适温、适度水分下，尽可能让秧苗多见光。中晚稻避免暴晒，必要时采用遮阴网遮光。

5）化控管理。早稻一般不进行化控处理，中晚稻视情况进行化控处理。可在 1 叶 1 心期喷施 100 mg/kg 多效唑进行化控，以控制苗高，防止秧苗过高，不利机插。

6）病虫防治。出苗前注意防治蝼蛄、田鼠、麻雀等；出苗后注意预防青枯病、立枯病，防治稻蓟马、稻飞虱。

5. 钵苗育秧流程

钵苗机插具有超高产优势，一是可以培育相对长秧龄带土球的钵育壮秧，二是无植伤地机插于大田，有突出的壮苗早发优势。

培育标准化壮秧是钵苗机插超高产的重中之重，是最前提的核心技术。

（1）精确播种

1）精选种子。

2）严格调试播种机，精播匀播（图 1-4-24）。

图 1-4-24　流水线播种

3）钵内营养底土厚度稳定在 2/3 孔深，盖表土厚度不超过盘面，以不见芽谷为宜。

4）因品种类型确定每孔每盘播种量。每亩大田用盘：常规粳稻 35~40 张；杂交粳稻 30~35 张；杂交籼稻 25~30 张。

5）常规稻每孔播种 3~5 粒，确保每孔 3~5 苗。

6）杂交稻 3 粒左右，每孔确保 2 苗。

（2）**暗化出苗** 暗化出苗见图 1-4-25。

图 1-4-25 暗化出苗

（3）**播后管理**

1）水分管理。1~3 叶期，晴天早晨叶尖露水少及时补水；3 叶期后，秧苗发生卷叶于当天傍晚补水；4 叶期后，注意控水，以促盘根；移栽前 1 d，适度浇好起秧水。

2）化控管理。每 100 kg 土混入壮秧剂 0.5 kg；严格控制用量，充分拌匀，以防壮秧剂伤苗；2 叶期，每百张秧盘用 15% 多效唑粉剂 4 g，兑水喷施，均匀喷施（图 1-4-26）。

图 1-4-26 化控苗高

其他管理措施与毯苗相同。

机插水稻移栽技术

（四）高质移栽

1. 精细整地与沉实土壤

机械插秧对大田的总体要求：旋耕深度 10~15 cm，犁耕深度 12~15 cm，不重不漏；田块平整无残茬，高低差不超过 3 cm，表土软硬度适中，泥脚深度小于 30 cm；泥浆沉实达到泥水分清，泥浆深度 5~8 cm，田面水深 1~3 cm。

机插水稻的大田整地质量要做到田平、泥软、均匀。机插水稻田前作留茬不宜过多，施用腐熟的有机肥时撒肥要均匀，否则易造成漂秧。

麦秸秆还田情况下，更要强调提高整地质量，还田秸秆不露出田面。全田高低差不超过 3 cm，表土上烂下实（图 1–4–27）。具体做法：前茬小麦收割时，留低桩 10~15 cm，开动切碎装置，切碎麦秸，麦秸长度 5~10 cm，并均匀分散于田面；选用大马力*（80 马力）旋耕机干旋秸秆全量还田，中马力（50 马力）上水泡水 2~3 d 表土回软后，浅水旋耕还田；再用水田埋茬起浆整地机淀浆整平。秸秆还田要点：切得碎，分得开，埋得深。

图 1–4–27 麦秸秆还田

为防止壅泥，水田整平后需沉实，沙质土沉实 1 d 左右，壤土沉实 2~3 d，黏土沉实 3~4 d，待泥浆沉淀、表土软硬适中、作业时不陷机，保持薄水机插，一般水层深度保持 1~2 cm。

2. 起秧装秧

起秧和装秧会直接影响机插秧的质量和作业效率。起秧和运秧时，确保秧块完整无伤；装秧时，秧块与秧箱配套，不宽不窄，不重不缺，以免漏插。

运秧装秧

起秧、运秧最好备托盘和秧架，将秧片平摊在托盘中，再连盘装在分层的秧架上，运到田头（图 1–4–28）。这样有利于防止秧片变形和减轻秧苗植伤。现在大面积都用卷秧，先起盘，后卷苗运秧。在运秧过程中，堆放层数一般以 2~3 层为宜，切勿过多而加大底层压力，避免秧块变形和折断秧苗；运至田头应随即卸下平放，让其秧苗自然舒展，利于机插。总之，在起秧、运秧时要尽量减少搬动次数，防止秧苗受伤和秧片变形、破碎。

图 1–4–28 起运秧

* "马力"是工程技术上常用的一种计量功率的单位，农业机械中常使用，1马力约为735 W。

小贴士

起秧时，先起盘后起秧，盘土绝对湿度控制在35%~40%；当天起秧当天插完，不插隔夜秧。

3. 机插移栽

机插移栽

机插作业要求：一是行走要直，接行宽窄一致。二是田边要留出一行插幅，便于出入稻田，插后整齐，不用补插边行。三是秧片接口要整齐，减少漏插。四是若秧片水分少，则要在秧箱中加水保持下滑顺利，防止漏插。五是漏插行段要注意抛足补苗秧片，随漏随补；减少漏插、漂秧和勾伤秧，把缺棵（穴）率控制在 5% 以内。机插毯苗和钵苗田间作业如图 1-4-29 至图 1-4-31 所示。

图 1-4-29　机插移栽技术（毯苗）

单人乘坐式高速插秧机插秧

双人乘坐式高速插秧机插秧

图 1-4-30　机插移栽技术（钵苗）

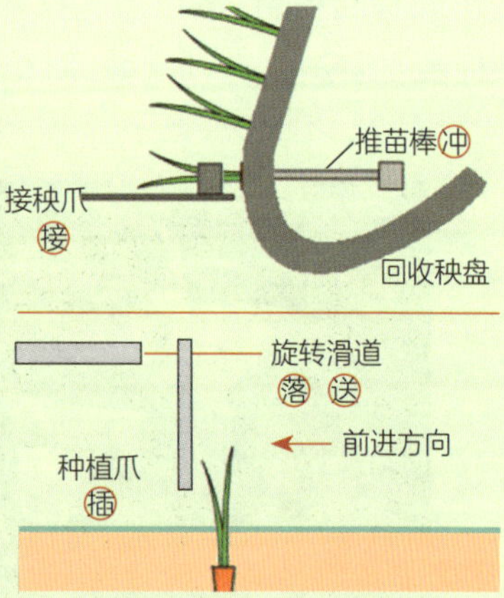

图 1-4-31　钵苗插秧机工作原理

（1）**确定移栽期**　参考表 1-4-3 适宜移栽期，在茬口、气候等条件允许的前提下，尽早移栽。

（2）**栽插密度**　根据水稻品种、栽插季节、插秧机选择合适种植密度。北方稻区常规粳稻，30 cm 行距插秧机株距为 11~14 cm，密度 1.6 万 ~2.0 万穴 / 亩；25 cm 窄行插秧机密度为

1.9 万 ~2.2 万穴 / 亩；适时调节取秧量，每穴插栽 4~6 株秧苗。南方稻区单季杂交稻机插行距 30 cm，株距 17~20 cm，每穴 2~3 株，每亩 1.1 万 ~1.3 万穴；单季常规稻株距 11~16 cm，每穴 3~5 株，每亩 1.4 万 ~1.9 万穴。南方双季稻区机插提倡用窄行插秧机，常规稻株距 12~16 cm，每穴 3~5 株，种植密度 1.7 万 ~2.2 万穴 / 亩；杂交稻株距 14~17 cm，每穴 2~3 株，种植密度 1.6 万 ~2.0 万穴 / 亩。南方稻区超级稻机插每穴 1~2 株。

（3）**栽插深度**　栽插过深，活棵慢，分蘖发生推迟，分蘖节位升高，地下节间伸长，群体穗数严重不足；栽插过浅，容易造成漂秧。专题试验和高产栽培实践表明，机插稻栽插深度调节控制在 2.0 cm 左右有利于高产。

（4）**机械准备**

1）调整株行距，使栽插密度符合设计的合理密度要求。

2）调节秧爪取秧面积，使栽插穴苗数符合计划栽插苗数。

3）提高安装链箱质量，放松挂链，船头贴地，插深合理均一。

4）培训机手，熟练操作。行走规范，接行准确，减少漏插，提高均匀度，做到不漂秧、不淤秧、不勾秧、不伤秧。

小贴士

机插作业宜在晴天、多云、阴天或风力小于4级时进行；水田泥脚深度应小于30 cm，如泥脚过深，则会导致插秧机打滑，甚至无法行走；栽插时要强调农机与农艺的密切配合，严防漂秧、伤秧、重插、漏插。

（五）肥料运筹

1. 施肥原则

水稻的施肥原则：施足基肥，早施分蘖肥，施好穗肥，巧施粒肥。结合水稻需肥规律，水稻施肥在技术上应该把握：有机肥与无机肥相结合，氮、磷、钾三要素相搭配，因地制宜补施硅肥。

下文重点介绍精确施肥技术，解决施多少、何时施、如何施的问题（图 1-4-32）。

人工施肥　　无人机施肥

图 1-4-32　施肥

无人机施分蘖肥

2. 施肥时期（何时施）

（1）**移栽前** 水稻移栽前将基肥施入土壤，结合最后一次耙田施用，既能供给作物整个生育期所需的养分，又有改良土壤的作用。生产上目前也在推广水稻机插侧深施肥技术，实现基肥、插秧一体化完成。

（2）**分蘖期** 为保证水稻分蘖期苗体的含氮水平，在分蘖初期追施分蘖肥（氮肥），促进早发。一般栽后 5~7 d 施第 1 次分蘖肥，用量占分蘖肥总量的 70% 左右；施后 7~10 d，再施第 2 次分蘖肥，用量占分蘖肥总量的 30% 左右。切忌在分蘖中后期施肥，以免导致无效分蘖期旺长，群体不能正常落“黄”。如果遇分蘖后期群体不足，那么宁可通过穗肥补救，也不能在分蘖后期补肥。

（3）**长穗期** 在水稻长穗期间追施的肥料称穗肥，依其施用时间和作用可分为促花肥和保花肥。促花肥是促使枝梗和颖花分化的肥料，在穗轴分化期至颖花分化期施用（叶龄余数 3.5~3.1）。保花肥具有防止颖花退化和增加茎鞘储藏物积累的作用，在花粉细胞减数分裂期稍前施用（叶龄余数 1.5~1.0），同时还需施用钾肥。

（4）**抽穗期** 水稻抽穗前后追施的肥料称粒肥，也叫破口肥、齐穗肥。粒肥的作用在于增加上部叶氮素浓度，提高籽粒蛋白质含量，延缓叶片衰老，提高根系活力，从而增加灌浆物质，提高粒重。粒肥应掌握“因苗施用”的原则，长势正常的田块，粒肥可以少施或不施；有缺肥迹象的田块可适当追施粒肥，可用 1% 尿素与 0.2% 磷酸二氢钾混合溶液进行叶面喷施 1~2 次，既补充肥料，又避免贪青迟熟，从而达到增加粒重的目的。

3. 肥料用量（施多少）

综合考虑土壤供应能力、肥料利用效率以及生产水平等因素，在土壤养分中等的情况下，施用肥料中氮、磷、钾配比应为 1.0∶0.5∶1.2 左右。水稻对氮、磷、钾三要素的吸收必须平衡协调，才能取得最大肥效和最高产量。

生产中以亩产 700 kg 水稻为例，需亩施纯氮 18 kg 左右。机插小苗氮肥的比例在基肥∶分蘖肥∶穗肥＝1.5∶4.5∶4.0 时有利于提高产量。磷肥全作为基肥，一次性施用；钾肥作为基肥和穗肥，比例各占 50%。

4. 精确定氮（如何施）

氮肥的精确定量要解决施氮总量的确定、基蘖肥和穗肥比例的确定，以及根据苗情对穗肥施用作合理调节等 3 个问题。前 2 个问题已经在上文中说过，不再赘述。下面着重分情况介绍穗肥的精确施用与调节（图 1–4–33）。

图 1–4–33 穗肥施用时间

（1）**群体苗情正常** 有效分蘖临界叶龄期（$N-n$）够苗后叶色开始褪淡落黄，顶 4 叶叶色淡于顶 3 叶，可按原设计的穗肥总量，分促花肥（倒 4 叶露尖）、保花肥

（倒 2 叶露尖）2 次施用。促花肥占穗肥总量的 60%~70%，保花肥占 30%~40%。

4 个伸长节间的品种，穗肥以倒 3 叶露尖 1 次施用为宜。

施用穗肥，田间不宜保持水层，以湿润或浅水为好，施后第 2 天，肥料即被土壤吸收，再灌浅水层，有利于提高肥效。

（2）**群体不足，或叶色落黄较早** 在 $N-n$（4 个节间品种 $N-n+1$）叶龄期不够苗，或群体落黄早，出现在 $N-n$ 叶龄期（或 $N-n+1$ 叶龄期）。在此情况下，5 个伸长节间的品种应提早在倒 5 叶露尖开始施穗肥，并于倒 4 叶、倒 2 叶分 3 次施用，氮肥数量比原计划增加 10% 左右，3 次的比例为 3∶4∶3。

4 个伸长节间的品种遇此情况，可提前在倒 4 叶施用穗肥，倒 2 叶施保花肥；施穗肥总量可增加 5%~10%，促花、保花肥的比例以 7∶3 为宜。

（3）**群体过大，叶色过深** 如 $N-n$ 叶龄期以后顶 4 叶 > 顶 3 叶，则穗肥一定要推迟到群体叶色落黄后才能施用，只要施一次，数量要减少。

（六）精准灌溉

在机插稻一生中，对水分胁迫最敏感的时期为分蘖盛期和减数分裂期前后。除了这两个敏感期外，分蘖末期、长穗、抽穗期和灌浆期均以土壤水势为 -15 000 kPa 的产量最高。说明高产机插水稻并非要长时间地进行水层灌溉，全生育期进行干湿交替灌溉更有利于产量形成。

1. 秧田阶段

见毯苗和钵苗育秧流程，不再赘述。

2. 返青 — 分蘖阶段

机插小苗移栽的，水分管理应以通氧促根为主。一般不宜建立水层，宜采用湿润灌溉方式。机插钵苗移栽的发根力强，移栽后阴天可不上水，晴天上薄水。2~3 d 后断水落干促进扎根，活棵后浅水勤灌。秸秆全量还田条件下在活棵期间多次露田以增氧解毒，促根防僵苗（图 1-4-34、图 1-4-35）。

图 1-4-34 机插小苗返青阶段水分管理（保持薄水层，湿润护苗）

薄水机插 寸水活棵 浅水促蘖

图 1-4-35 钵苗移栽水分管理

3. 无效分蘖阶段

机插稻始蘖后发苗势强，群体茎蘖增加迅速，高峰苗来势猛，群体高峰苗数控制不当易发过头，因而应该适时早搁田，以控制无效分蘖，提高群体质量。与常规栽培相比，够苗期、高峰苗期可提前 1 个叶龄期左右。

一般在 $N-n-1$ 叶龄期，群体茎蘖数达到预计穗数 80% 左右（70%~90%）时开始自然断水落干搁田，遵循“早、轻、多”原则。搁田前应做到栽时留行、栽后扒沟、挖沟搁田。搁田应采取轻搁、多次搁的方式，搁到田中土壤沉实，以“泥不陷脚、土不发白、叶片挺直、叶色稍褪淡”为度，既可抑制无效分蘖的大量发生，高峰苗数控制在适宜穗数 1.4~1.5 倍，又可控制基部节间伸长，增强群体抗倒伏力（图 1–4–36）。

正常搁田　　搁田过重

图 1–4–36　搁田

4. 拔节长穗阶段

拔节长穗阶段是水稻一生中需水最多的时期，特别在花粉母细胞减数分裂期，对水分尤为敏感，是需水临界期。因此，在花粉母细胞减数分裂期间，田间应保持浅水层。其他时间可采取干干湿湿，以湿为主的办法，防止复水后群体反弹和土壤回软。

5. 抽穗 — 结实阶段

抽穗开花阶段应以水层灌溉为宜，抽穗后应采取浅水间歇灌溉，以达到田间水气协调，以气养根，以根保叶，以叶增粒重的目的。蜡熟期可采取灌“跑马水”的方式进行灌溉。一般在收获前 5~7 d 停止灌溉。

水稻灌浆期水分管理

依据试验和各地大面积的实践，制成高产机插水稻全生育期精确灌溉模式（图 1–4–37）。

（七）看苗诊断

1. 分蘖阶段

（1）看叶色　高产水稻分蘖阶段的叶色变化规律是移栽后要求返青快，叶片迅速上色变深。连作早、晚稻在分蘖盛期出现“一黑”，如“一黑”不显或不足，则出叶慢，分蘖少，难以保证穗数；如“一黑”过头，则分蘖过多，茎秆软弱，叶片下垂，不利于壮秆大穗 。一季中稻分蘖始期到分蘖盛期出现“一黑”，拔节前到第一节间开始伸长出现“一黄”；单季晚稻分蘖期出现“一黑”，分蘖末期出现“一黄”，圆秆拔节前出现“二黑”，稻穗开始分化前出现“二黄”。

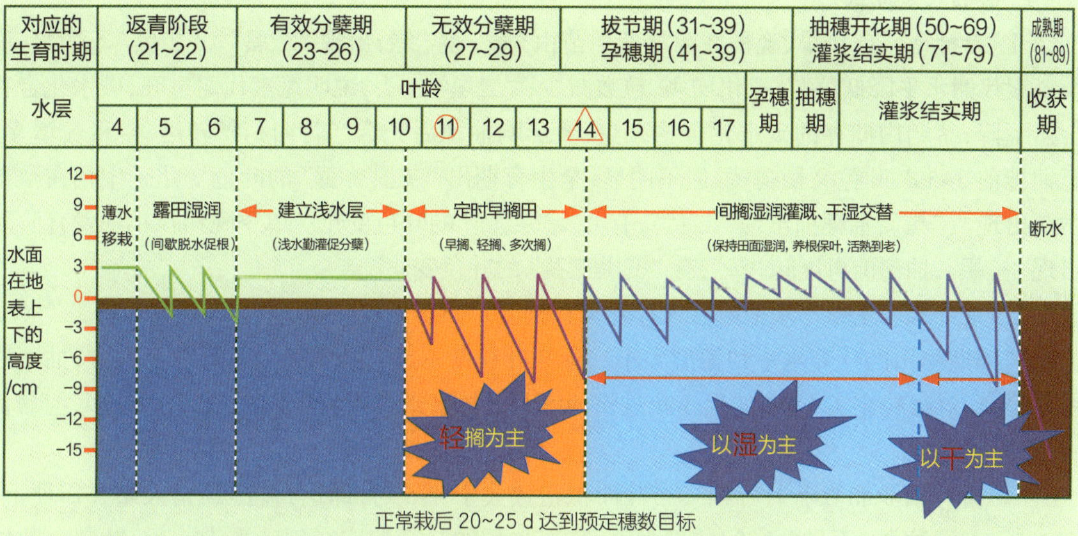

⑪表示有效分蘖临界叶龄期为 11（*N*–*n*=17–6=11）；△14 表示拔节叶龄期为 14（*N*–*n*+3=17–6+3=14），机插秧可提前 1 个叶龄搁田，即 10 叶期就可以搁田了。

图 1-4-37　高产机插水稻全生育期精确灌溉模式

（2）**看长势**　主要指稻苗的生长数量和速度。水稻拔节以前，各叶着生节位极密，相邻 2 张定型叶片的叶尖距离，即为两叶长度之差。如上下两叶叶尖距离很小，呈“平头叶”时，表示稻苗生长差；反之，上下两叶叶尖距离很大，呈“抢头叶”时，则表示生长旺盛。

（3）**看根系**　分蘖期是不定根大量发生的时期，鲜白粗短的不定根数多，是稻株生长健壮、早生快发的标志。要求移栽后 1~2 d 内就能发生数条甚至十多条新根，以后发根更快；到分蘖末期，每株根数达到数十条，而且白根多。

（4）**看株形**　秧苗移栽返青后，植株渐趋直立，称为竖苑。竖苑快，表示活棵返青早。进入分蘖期后，随着新叶和分蘖的发生，株形形状逐渐散开，称为散苑。散苑快，表示生长旺盛，形状似“水仙花”，上大下小。如移栽后，不散苑，形状似“一柱香”，这是迟发或僵苗的长相；如叶色墨绿，形状“披头散发”，叶色一路青，则是旺苗徒长的长相。

小贴士

分蘖阶段壮苗的形态特征

◎ 早发。一般要求*n*叶移栽，*n*+1期返青活棵；栽后3~5 d，*n*+2叶露尖时产生分蘖。

◎ 分蘖壮。栽后7 d始蘖，在有效分蘖期末，总茎蘖数达到预期适宜穗数。

◎ 叶面积指数适宜。分蘖始期为2，分蘖盛期为3.0~3.5，分蘖高峰期为3.5~4.0，抽穗前为6~8，达到最大值。

◎ 叶色深。功能叶（顶3叶）的叶色深于叶鞘色，顶4叶深于顶3叶，叶片披弯。

◎ 根系发达。白根多，有根毛，根基部橙黄色，无黑根。

2. 拔节长穗阶段

（1）**看叶色** 连作早、晚稻在孕穗期稻苗由“黄”变“绿，出现“二黑”。“二黑”不明显，说明氮素代谢水平降低，颖花退化增多，粒数减少；“二黑”过头，说明氮素代谢过旺，碳水化合物含量下降，茎鞘内储存的碳水化合物减少，要影响抽穗后光合产物向稻穗转运，空秕粒增多。至抽穗前 3~5 d，叶色又稍褪黄，但不明显，全生育期出“二黑二黄”的叶色变化。中稻在孕穗中期出现“二黑”，抽穗前出现“二黄”，有“二黑二黄”的叶色变化。单季晚稻在稻穗发育阶段出现“三黑”，抽穗前再度转“黄”，有“三黑三黄”的叶色变化。

（2）**看叶长和茎粗** 水稻最后 3 片叶与稻穗发育同步进行。因此，生产上常以顶部 3 叶来诊断长穗期稻田的营养水平和穗型大小。顶 3 叶长度不足，说明长势不旺，穗小粒少，抽穗后容易早衰，对籽粒充实不利；如顶 3 叶过长，叶面积过大，则表明长势过旺，虽穗大粒多，但易贪青倒伏。

（3）**看叶面积指数和封行期** 当叶面积指数大于 4~5 时，即达封行期（指人站在田埂上，在 1.5~2.0 m 之外，不见两行间的田面）。高产水稻的封行期应在剑叶露尖前后，叶龄余数以 1.0 左右为宜。封行过早，下部透光差，枯叶增多，不利穗粒发育；封行过迟或封行不足，则群体生长量偏小，不能充分利用光能，降低产量。

（4）**看根系** 支根多少和根端白色部分长短，是诊断根系好坏的主要形态指标。支根数量多，根端白色部分长，根系深扎，拔起困难，表示根系生长健壮；反之，则根系衰弱。抽穗期剑叶越直立，根系活力越强。此外，叶尖吐水也是根系活力的诊断指标，在晴天清晨或傍晚，常见稻苗叶尖有吐水现象，根系活力强的，吐水早，水珠大；反之，根系活力弱的，吐水迟，水珠小；根系衰老，则不能吐水。

小贴士

拔节长穗阶段壮苗、旺苗和弱苗的形态特征

◎ 壮苗形态特征。拔节初期，叶色青绿，倒3叶叶鞘色与叶片色相近，叶片不披垂、有弹性，节间短，白根多。

◎ 旺苗形态特征。叶片长而披软，叶色过深，叶鞘色比叶色淡，后生小分蘖多，稻脚不清爽，茎秆柔软。

◎ 弱苗形态特征。叶色过早落黄，叶片直立，分蘖少而小，封行推迟，影响成穗数。

3. 灌溉结实阶段

（1）**看稻株绿叶数** 抽穗后稻株绿叶数多少，直接影响籽粒充实程度。高产水稻要求抽穗后到灌浆期单株能保持 3~4 片绿叶，以后随谷粒成熟，下部叶片逐渐枯黄，到黄熟期仍有 1~2 片绿叶。

（2）**看稻株落色状况** 正常稻株在开花灌浆阶段，茎、叶都应保持青绿色，这表明氮代谢正常，光合效率高，有利于籽粒充实。灌浆后，茎色逐渐褪淡，绿中带黄，但枝梗仍要保持青色，以利于碳水化合物向籽粒转运。成熟时全田呈现出“青枝绿叶、黄丝亮秆、谷粒金黄”的长相。

（3）**看根系活力** 结实期保持根系活力，以根养秆，以秆保叶，以叶饱粒。田间诊断根系活力的方法：一是看白根、褐根的多少。若这两类根占总根数一半以上，则表示根系活力较强；若黑根、腐根占总根数一半以上，则表示根系活力衰退。二是用手拔稻株，若不易拔起或拔起后稻根带泥土多，则表示根系活力良好；若一拔即起，根秆分开，则表示根系活力衰退。

（4）**看产量因素组成与穗部性状** 调查分析各项产量因素和穗部性状的情况，可以检查技术措施和环境条件的优缺点，为以后制订栽培措施提供依据。

水稻田间穗数调查

小贴士

结实阶段壮株和早衰植株的形态特征

◎ 壮株的形态特征。抽穗整齐一致，主茎穗和分蘖穗比较齐平，叶色正常，比抽穗前略深一些。单茎或主茎绿叶数较多，齐穗期早稻应有4张绿叶，中稻应有5张绿叶；乳熟期早稻应有3张绿叶，中晚稻应有4张绿叶；黄熟期早稻应有1.5张绿叶，中晚稻应有3张绿叶。最后3张功能叶直立挺拔。茎秆粗壮，穗型大，枝梗数多，退化枝梗少，根系发达，上层根较多，抗倒能力强。植株病虫害较轻，田间清秀一致。

◎ 早衰植株的形态特征。叶色呈棕褐色，叶片初为纵向微卷，然后叶片顶端出现污白色的枯死状态，叶片薄而弯曲，远看一片枯焦。根系生长衰弱，软绵无力，甚至有少数黑根发生。穗型偏小，穗基部结实率很低，粒色呈淡白色，翘头穗增多。

（八）绿色防控

水稻理论产量测定

水稻产量性状考查

优质栽培采取“预防为主，综合防治”的植保方针；有针对性地选用抗病品种，利用合理的农艺方法，实施健身栽培；选择合理茬口、轮作倒茬等措施，减轻或控制有害生物；协调农业防治、生物防治和无害化化学防治等治理措施，并强调化学防控上对病虫及时预测预报且准确施药。

打好水稻病虫害防治“主体战”和“攻坚战”（图 1-4-38）。选择当地主攻病虫防治对象兼治（图 1-4-39）。

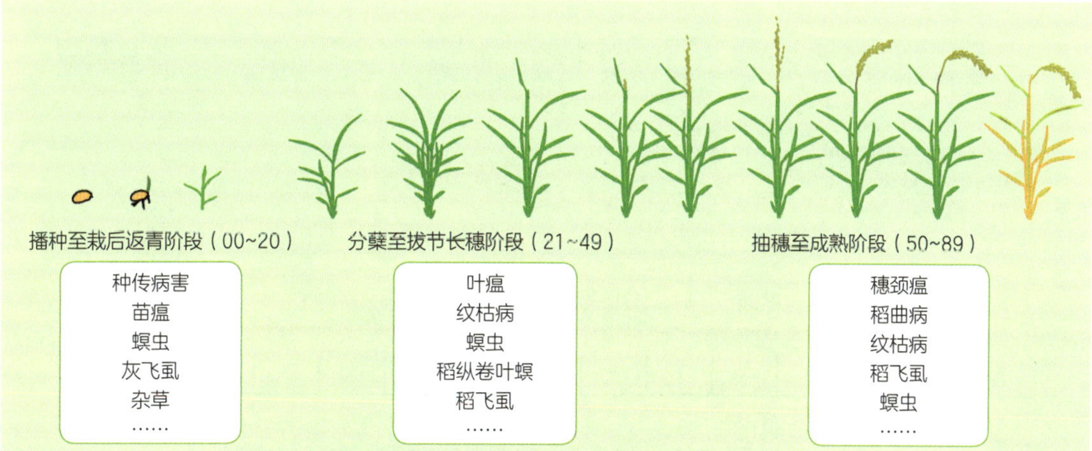

图 1-4-38 打好水稻病虫害防治“主体战”和“攻坚战”

图 1-4-39　水稻重要害虫及发生的生态位

“主体战”：抓好水稻拔节长穗期病虫害防治，主攻螟虫、白背飞虱、纹枯病等。

“攻坚战”：抓好穗期病虫害防治关键时期，主攻 4 代稻飞虱、3~4 代稻纵卷叶螟、3 代螟虫及穗期病害。

对局部地区某一种病虫害重发时，有针对性地选择好恰当的药剂，单独突击防治。注意选择高效、低毒、低残留的农药，优先选用生物农药。

播种前，用药剂浸种防治恶苗病、线虫病等种传病害。生育期间，根据当地植保部门预测预报及时防治病虫害。生育前期防治灰飞虱、稻蓟马；生育中后期防治二化螟、三化螟、稻纵卷叶螟、稻飞虱、纹枯病等，特别要注意穗期穗颈瘟、稻曲病防治（图 1-4-40）。

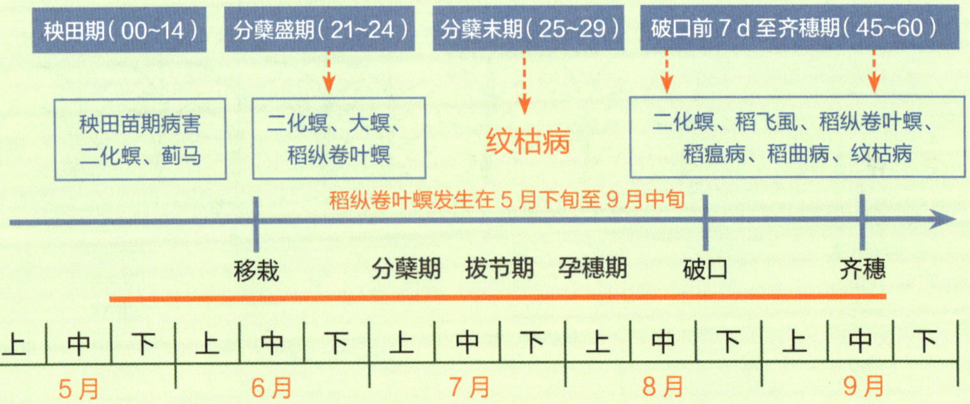

图 1-4-40　不同生育阶段需要重点防治的病虫害类型（抓好防治适期）

抓好防治适期，防治适期以稻纵卷叶螟、螟虫为主，兼顾穗期病害。注意水稻破口期前后科学用药（图 1-4-41、图 1-4-42）。

图 1-4-41　破口前 5~7 d 的标准

图 1-4-42　破口期

提高防治质量，水稻后期病虫防治注意用足水量。手动喷雾器每亩 60 kg 水，机动弥雾机每亩 30 kg 水，喷药均匀周到。

提倡统防统治、专业化服务防治。充分发挥农村合作社、专业服务队的作用，统一组织、统一用药防治，病虫发生重的地块切勿漏治，防治当天若遇大风雨，则注意及时补治。推广自走式喷雾机，逐步推广无人机防治。

根据当地植保部门预测预报，选准高效安全对路药种（可结合当地植保部门推荐的药剂、剂量使用，切勿乱用药剂），有针对性地开展适期防治，提高防治效果。当某一种病虫重发生时尽量选用单剂，及时防治。

（九）适期收获

1. 确定合适收获时间

水稻秸秆收集

适时收获对实现水稻优质高产十分重要。水稻过早收获时未熟粒、青死米较多，出米率低，蛋白质含量也较低，米饭因淀粉膨胀受限制而变硬，使加工、食味等品质下降。延迟收获时稻米光泽度差、脆裂多，碎米增加，垩白趋多，黏度和香味均下降。

通常以在水稻蜡熟末期到完熟初期（稻谷含水量为 20%~25%）收获较为适宜。这时，全田有 95% 的谷粒黄熟，仅剩基部少数谷粒带青，穗上部 1/3 枝梗已经干枯。对不易落粒的粳稻类型品种，如在茬口安排上没有矛盾，则可适当“养老稻”，以增加粒重。

一般南方早籼稻适宜收获期为齐穗后 25~30 d，中籼稻为齐穗后 30~35 d，晚籼稻为齐穗后 35~40 d，晚粳稻为齐穗后 40~45 d。不同品种和气候条件下，水稻适宜收获期略有差异。

2. 采取合适的收获方法

人工收获或机械收获均可。目前,主要以机械收获(联合收获)为主。

联合收获具有作业率高、收获损失小,收割、脱粒、清选、集粮(装袋)一次完成,可实现水稻提前上市等特点。收割机可分为全喂入式和半喂入式 2 种类型(图 1-4-43)。

全喂入式收割机作业

半喂入式收割机作业

图 1-4-43 收割

全喂入式收割机是将切割下来的水稻茎穗全部进入滚筒脱粒的联合收割机,其缺点是茎秆不完整,动力消耗大。半喂入式收割机是将切割下来的水稻穗头部分输送入脱粒滚筒脱粒的联合收割机,这种机型可保持茎秆的完整性,减少脱粒、清选的功率消耗,可实现茎秆(稻草)的再利用,其缺点是输送茎秆的传动机构复杂,制造成本高;还有一种摘穗式联合收割机(又称梳脱式联合收割机),这种机型收获作业时只收稻穗,先脱粒后切割作物茎秆,这种结构作业效率高,消耗功率少,但损失率相对较高,稻草需二次收割或直接埋草作业。

此外,对于零散的小田块,主要采用割晒收获(分段收获)(图 1-4-44)。水稻分段收割铺放在稻田里,能够充分利用风和阳光等自然阴干,可保证稻谷的充分后熟和水分达到自然水分安全值。由于这一方式完全遵循自然规律,可最大限度地保证大米的品质及口感。当分段收割后的水稻水分达到自然水分安全值时,就可进行脱粒。脱粒有人工捡拾、打捆、运输、堆垛、人工喂入式机械脱粒和机械自动捡拾脱粒等环节(图 1-4-45)。

人工作业

割晒机作业

图 1-4-44 割晒

人工喂入式机械脱粒

机械自动捡拾脱粒

图 1-4-45 脱粒

3. 运用合理的干燥技术

干燥手段主要有阳光下摊晒自然干燥和机械加热干燥。

（1）**自然干燥法** 一般采用席子垫晒、室内阴干或晒谷层加厚晒干，其稻谷的整精米率较水泥场薄层曝晒高，因为高温曝晒使稻谷裂纹率或爆腰率相应增大，整精米率及米饭黏度和食味也下降（图 1-4-46）。

人工晾晒

机械晾晒

图 1-4-46 自然晾晒

（2）**机械加热干燥** 水稻收获后适时干燥并控制好干燥结束时含水量是机械加热干燥的技术关键（图 1-4-47），其要点如下：

一是适时干燥收获后的稻谷。刚收获的稻谷含水量并不均匀，立即加热干燥易引起含水多的米质变差，故先在常温下通风预备干燥 1 h，以降低稻谷水分及其偏差。但稻谷若长期贮放，又易使微生物繁殖而产生斑点且形成火焦米。

二是正确设置干燥时温度。温度宜控制在 35~40 ℃范围以内，先用低温干燥，并随水分下降逐渐升温，干燥速率宜控制在每小时稻谷含水量下降 0.7 个百分点以内。

移动式小型烘干机

烘干车间

图 1-4-47 机械加热干燥

三是控制好干燥结束时含水量，一般以 15% 为干燥结束时的标准含水率。由于干燥后稻壳和糙米间有 5% 的水分差，为防止过度干燥，应事先设置干燥停止时的糙米含水率（15%），达到设定值时停止加热，利用余热干燥达到最适合的含水量。

小贴士

水稻高产优质高效生产全程技术要点：① 谋好局，机械种植开好头；② 选好种，精选高产优质种；③ 育好秧，适时精量稀播种；④ 精播栽，群体生长起好步；⑤ 施好肥，促进生长壮个体；⑥ 调好水，调气促根促生长；⑦ 准植保，绿色生产减农药；⑧ 抗灾害，保驾护航有保证；⑨ 适时收，丰产丰收利下茬；⑩ 搞品牌，做大产业增效益。

五、稻谷仓储与加工

（一）稻谷仓储

1. 储存环境要求

（1）**温度控制** 储存稻谷时应将温度控制在较低的水平，以避免变质和虫害的发生。一般来说，20℃以下的温度可以保证稻谷的品质稳定。

（2）**湿度控制** 稻谷的吸湿性使得其在储存过程中需要控制湿度。过高的湿度会导致稻谷出现吸湿、发霉等问题，而过低的湿度则会导致稻谷失去水分、干燥变质。因此，储存稻谷时应将湿度控制在适宜的水平，一般为 50%~60% 的相对湿度。

（3）**通风换气** 由于稻谷具有多孔性，需要定期进行通风换气，以避免内部水分的积聚和温度的升高。通风换气的时间和频率应根据实际情况进行调整。

2. 常规储存技术

（1）**自然干燥法** 利用自然气候条件进行干燥，使稻谷水分降低到安全标准以下，达到长期储存的目的。稻谷含水率籼稻应在 13.5% 以下，粳稻应在 14.5% 以下，储存时间不宜超过 1 年。

（2）**储存设施** 通常使用仓库、晒场、钢板房等设施进行储存（图 1–5–1）。

图 1–5–1 稻谷的常规储存

3. 科学储存技术

（1）**低温储存** 利用制冷设备降低储存温度，抑制稻谷的呼吸作用，延长稻谷的储存期。储存于 15 ℃或 10 ℃以下的冷库内，则在 2~3 年内可以保持米的新鲜度，且可减少因高温、潮湿、虫害等造成的损失。

（2）**气调储存** 通过调节储存环境的气体成分，如氧气、二氧化碳等，抑制稻谷的呼吸作用，延长稻谷的储存期。

（3）**真空包装** 将稻谷装入真空袋中，排除空气，以延长保质期。

（二）稻米加工与消费

1. 稻谷的加工

稻谷加工工艺过程按照生产程序，一般可分为稻谷清理、砻谷及砻下物分离、碾米、成品及副产品整理 4 个工序（图 1–5–2）。

图 1–5–2 稻谷加工流程

（1）**稻谷清理** 稻谷清理是整个生产过程中的第一道工序，一般包括初清、筛选、除稗、去石、磁选等。它的任务是根据稻谷与杂质物质特性的不同，采用一定的清理设备（如初清筛、平振筛、高速筛、去石机、磁筒等），有效去除夹杂在稻谷中的各种杂质，达到净谷上砻的标准。

（2）砻谷及砻下物分离　稻谷加工中脱去稻壳的工艺过程称为砻谷。稻谷砻谷后的混合物称为砻下物，砻下物主要有糙米、未脱壳的稻谷、稻壳及毛糠、碎糙米和未成熟粒等。根据脱壳时受力和脱壳方式，稻谷脱壳可分为挤压搓撕脱壳、端压搓撕脱壳和撞击脱壳 3 种。

（3）碾米　碾米机主要工作构件由进料机构、碾白室、出料机构、传动机构及机座等组成。碾白室是碾米机的心脏。碾白室由螺旋输送器、碾辊和米筛等组成。组合碾米机还有擦米室、米糠分离机构等；喷风米机还有喷风机构等。NS 型碾米机是一种混合型的横式碾米机，有碾米、擦米组合设备。

（4）成品及副产品的整理

1）擦米除糠。擦除黏附在白米表面的糠粉。擦米机均用棕毛、皮革或橡胶等柔软材料制成擦米辊。擦米辊四周围有花铁筛或不锈钢金属筛布，米粒在两者之间运动而被擦刷。也有使用铁辊擦米机将碾米和擦米组合起来的。

2）凉米降温。降低米温，以利于储藏。凉米一般在擦米的同时进行，通常使用气流与米粒进行逆向热交换，将凉米与吸糠有机地结合起来，也可以使用吸风米机使成品冷却。

3）白米分级。根据成品质量要求分离出不符合标准的碎米。大碎米：留存在直径 2 mm 的圆孔筛上，不足正常整米的 2/3 的米粒。小碎米：通过直径 2 mm 圆孔筛，留存在直径 1 mm 圆孔筛上的米粒。白米分级采用筛选设备进行。

2. 稻米消费

稻米消费主要是口粮消费、饲料消费、食品工业消费和种子消费等（图 1-5-3）；稻米的主要消费形式是食用消费，占总消费量的 85% 以上。

宿迁“籼”味稻

兴化大米好味道

图 1-5-3　稻米的消费

稻米贸易与消费利用

我国稻米消费的一般特性：

（1）占粮食消费的比重大　占粮食消费量的 35% 左右，人均占用稻谷 151 kg。

（2）口粮消费比重大　口粮消费占我国稻谷消费的 86%，除西北、华北和东北部分地区外，稻米是我国 60% 人口的主食，约占城乡居民口粮消费的 65%。

（3）南方消费比重大　南方水稻主产区的 13 个省份的稻米消费量，占消费总量的 90% 左右。目前南方稻区人均年消费稻米 160 kg 左右，而北方稻区为 18 kg 左右。

（4）农村消费比重大　农村居民消费约占 80%，城市居民约占 20%。

六、新型技术模式简介

（一）水稻机插缓混肥轻简高效施肥栽培技术

1. 技术概述

以一次性施用就能满足水稻全生育期养分需求的“专用缓混肥”为核心，结合机插侧深施肥技术、水分精确灌溉和穗肥精确诊断，达到水稻“一次轻简施肥、一生精准供肥”，实现水稻的高产、优质、高效、生态和安全生产。

水稻机插缓混一次施肥技术（图 1-6-1）在 2020 年、2021 年连续入选“农业农村部十大引领性技术”，入选江苏省、安徽省等省（市）主推技术，并入选 2022 年农业农村部“绿色生态类”主推技术，成为水稻高质高效生产的重大支撑成果。

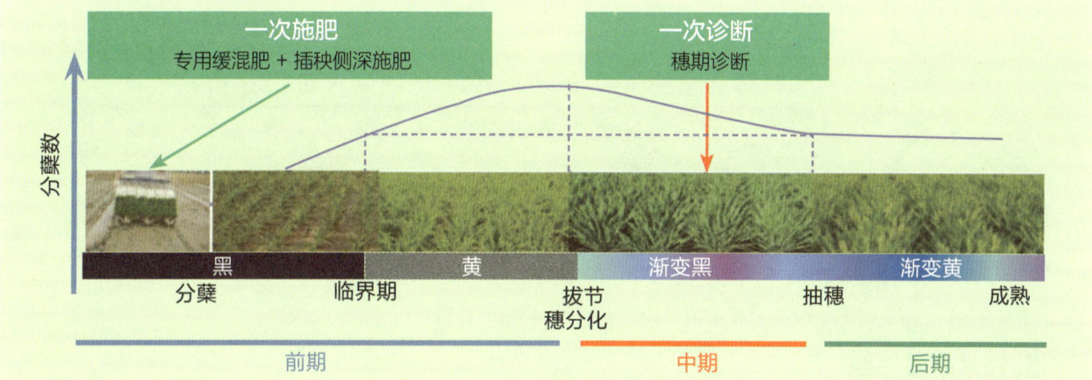

图 1-6-1　水稻机插缓混一次施肥技术

2. 技术背景

（1）**生产问题**　氮肥施用量偏大；施肥次数多，用工难；施肥方式不合理，低产低效或“一炮轰”。

（2）**科技进展**　新型缓 / 控释肥 —— 肥料品种的升级；机插侧深施肥一体化 —— 施肥方式的改进（图 1-6-2）；水稻精确定量施肥技术成果转化并形成出版物（图 1-6-3）。

图 1-6-2　水稻机插缓混一次施肥技术水稻机插秧同步侧深施肥技术
（入选“农业农村部 2020 和 2021 年十项重大引领性农业技术”）

图 1-6-3 《水稻精确定量栽培实用技术》

定量总氮量见式 1-6-1。

$$N(\text{kg/亩})=\frac{\text{目标产量的吸 N 量(kg/亩)}-\text{土壤供 N 量(kg/亩)}}{\text{N 肥当季利用率(\%)}} \quad (1\text{-}6\text{-}1)$$

氮肥运筹：以伸长节间数定量基蘖肥和穗肥比例。6 个伸长节间品种：5∶5；5 个伸长节间品种：(6∶4)~(5∶5)；4 个伸长节间品种：(7∶3)~(6∶4)。

穗肥诊断：根据顶 3 叶与顶 4 叶叶色差诊断穗肥用量。

3. 技术研发思路

水稻机插缓混一次施肥技术研发思路见图 1-6-4。

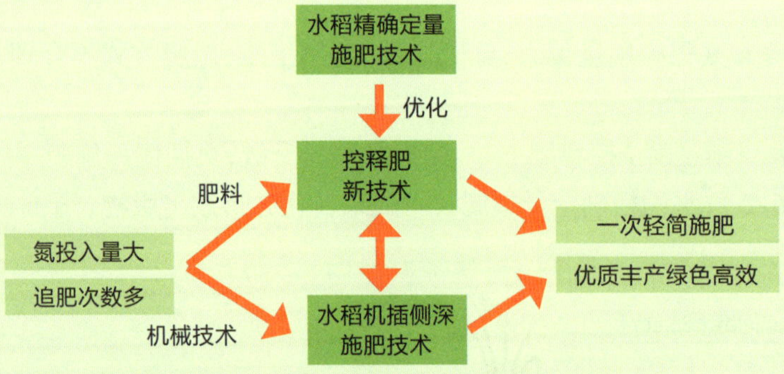

图 1-6-4 水稻机插缓混一次施肥技术研发思路

4. 技术要点

(1)缓混肥选择与施用

1)缓混肥选择。缓混肥应满足机械施肥强度要求，粒型颗粒均匀(粒径 2.0~4.0 mm)，硬度适宜(196 000 Pa 以上)，比重基本一致，表面光滑，无破碎粒或粉末，吸湿少、不漂浮、无固结的缓控释肥料。大田生育期小于 130 d(生育期相对较早的中熟中粳品种)推荐 N∶P_2O_5∶K_2O

为 27∶10∶12，肥料养分总量≥ 49 %；大田生育期大于 130 d（生育期相对较迟的中熟中粳和迟熟中粳品种）推荐 N∶P_2O_5∶K_2O 为 30∶6∶12，肥料养分总量≥ 48 %。

2）施肥方式。一是机插侧深施肥。选择具有施肥装置的水稻插秧机一次完成水稻机插秧、施肥和覆泥作业机具，机具符合《水稻插秧同步侧深施肥机》（JB/T 13855—2020）有关要求（图 1-6-5）。施肥器位于插秧机上，施肥与栽插同步，施肥位于距离水稻根侧 3~5 cm、深 5 cm 的泥中，肥料呈带状分布（图 1-6-6）。

图 1-6-5　机插侧深施肥机具选择

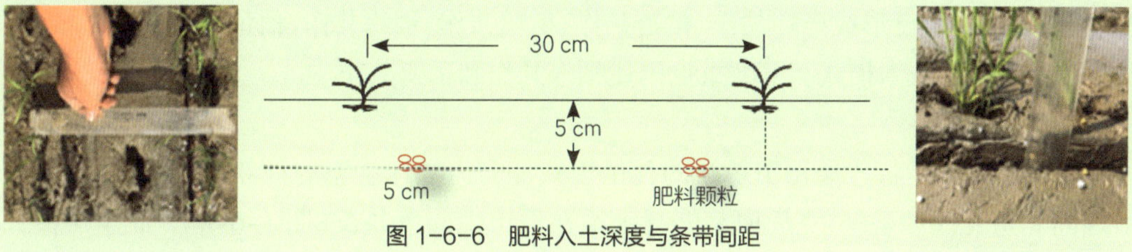

图 1-6-6　肥料入土深度与条带间距

机具：建议使用大功率柴油机，气吹式。

二是机械（人工）均匀撒施。在精细整地后田块整平前，机械或人工将缓混肥施入大田。

三是肥料用量。与常规机插施肥相比，机插侧深施缓控释肥按减氮 15%~20% 确定施肥量，推荐 N∶P_2O_5∶K_2O 为 27∶10∶12，施肥量 60~65 kg/ 亩，N∶P_2O_5∶K_2O 为 30∶6∶12，施肥量为 55~60 kg/ 亩；与常规机插施肥相比，机械（人工）撒施缓控释肥按减氮 10%~15 % 确定施肥量，推荐 N∶P_2O_5∶K_2O 为 27∶10∶12，施肥量 65~70 kg/ 亩，N∶P_2O_5∶K_2O 为 30∶6∶12，施肥量为 60~65 kg/ 亩，可达到减肥不减产的目的。

（2）**是否追施穗肥的技术诊断**　机插缓释肥一次性施肥总施肥量减少后在倒 3 叶期可通过叶色诊断是否追施 1 次穗肥。具体判断方法如下：

叶色偏深（顶 4 叶 > 顶 3 叶）不追肥，叶色正常（顶 3 叶 = 顶 4 叶）不追肥，叶色偏淡（顶 4 叶 < 顶 3 叶）追肥。具体施肥量如下：一般常规粳稻追施小于 10 kg/ 亩尿素，杂交稻追施 5 kg/ 亩尿素（图 1-6-7）。

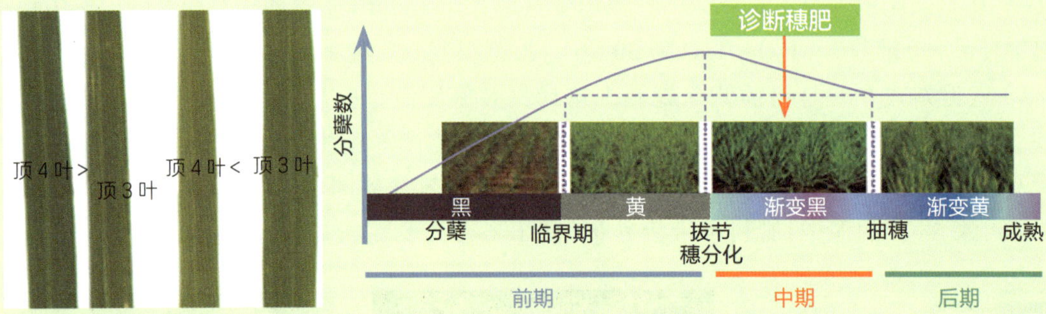

图 1-6-7　穗肥诊断技术

（二）“稻田 +”综合种养模式

稻田综合种养是指通过对稻田实施工程化改造，构建稻渔 / 鸭共生轮作互促系统，通过规模化开发、产业化经营、标准化生产、品牌化运作，能实现水稻稳产、水产品 / 鸭产量增加、经济效益提高、农药化肥施用量显著减少，是一种具有稳粮、促渔 / 鸭、提质、增效、生态、环保等多种功能的生态循环农业发展模式。

在农业农村部大力推动下，各地政府、主管部门、科技人员及广大农民积极探索实践，稻田综合种养发展取得了显著成效。一大批以水稻为中心，以特种水产品为主导，以产业化经营、规模化开发、标准化生产为特征的稻田绿色种养典型模式不断涌现，逐步构建了“以渔 / 鸭促稻、提质增效、生态环保、保渔 / 鸭增收”的稻田综合种养技术模式，在全国范围掀起了新一轮的发展热潮。目前，已形成稻虾共作、稻蟹共作、稻鸭共作、稻鳅共作、稻鱼共作、稻鳖共作等六大类稻田综合种养技术模式。下文重点阐述稻虾共作和稻鸭共作。

1. 稻虾共作

稻虾共作模式是将普通稻田单一的种植模式提升为立体生态的种养结合模式，即在水稻种植期间养殖克氏原螯虾，克氏原螯虾与水稻在稻田中同生共长（图 1-6-8）。此生产模式可以充分利用稻田的浅水环境和冬闲期，有效提高稻田单位面积经济效益，实现一地两用、一水两收，同时还可以进一步减少农业面源污染和水产养殖尾水污染。

“一稻三虾”种养致富故事

“稻中虾”养殖关键技术

“稻前虾”早虾大虾养殖技术及推广

图 1-6-8　稻田养虾

（1）**地理条件**　周围环境优美、道路通畅、水质清新无污染、水电配套、旱涝无忧。

（2）**稻田改造**　选择集中连片区，与周边农田水系隔开，稻田单块面积以 20 亩为宜，便于管理、投食和捕捞。沿稻田四周，开挖宽 2~3 m、深 0.6~0.8 m、坡比 1.0：1.5 以上的环沟，沟占稻田面积的 10% ~15%。进水口设 80 目双层筛绢网布，排水口设 40 目以上密眼网罩。

（3）**清野消毒** 每亩用 75 kg 生石灰化水或用 10~15 kg 茶籽饼浸出液全池泼洒。

（4）**施肥** 每亩施充分发酵的有机肥 500 kg+ 过磷酸钙 15 kg 后旋耕，埋入深度为 10~20 cm。肥料用于培养水草和饵料生物，同时也是水稻的基肥。养殖过程定期用光合细菌和 EM 菌加强改底。

（5）**水草种植** 施肥后第 2 天，沿环沟浅水处移栽伊乐藻。水草移栽前用福乐灵杀灭青苔，用茶皂素杀灭水草上的鱼卵。水草移栽以 3~5 株为 1 簇，每簇水草间距为 1~2 m，每亩泼洒磷酸二氢钾 25 kg 促生长，水草占稻田面积的 60% ~70%。育苗中、后期，可追施氨基酸类生物肥，保持水草正常生长，培养天然饵料。

（6）**虾苗放养** 3 月中下旬每亩稻田投放规格 160~200 尾 /kg 的幼虾 30~40 kg，苗种下塘前需用 3% ~5%盐水消毒 3~5 min。就近购苗种，带水充氧或半带水运输，运输时间在 2 h 以内。

（7）**管理** 防逃：田埂用网片加塑料薄膜构建防逃墙，高 60~70 cm，底部 30~40 cm 埋入泥土中。防鸟：开春后水鸟较多，加之稻田水位较浅，虾苗易被捕食，可在稻田中拉线驱鸟。投喂：日投喂量为体重的 3% ~5%，均匀泼洒投喂，投饵种类为小麦、玉米等。

（8）**捕捞** 4—6月（水稻栽种前），在环沟及田中间投放虾笼进行捕捞，捕大投小，轮补轮放，地笼设置位置每2~3 d换1次。

（9）**水稻种植** 水稻宜选择中粳稻，采用大垄双行种植法，在每年 6 月上中旬至 7 月初种植。

2. 稻鸭共作

稻鸭共作是在秧苗栽插活棵后，将雏鸭全天放在稻田里，利用雏鸭旺盛的杂食性，吃掉稻田内的杂草和害虫；利用鸭在稻田不间断地活动刺激水稻分蘖生长，并产生中耕浑水的效果；利用鸭粪作为高效有机肥，以达到节省养鸭饲料、提高鸭肉品质、减少和不用无机化肥和农药、降低生产成本、生产出有机安全优质大米的目的（图 1-6-9）。

图 1-6-9 稻田养鸭

（1）**稻鸭共生方法的确定**

1）放鸭时间的确定。根据水稻和鸭子的生长特点和规律确定放鸭时段。从稻鸭共作的整个过程来看，在鸭放入水田前，水稻育秧和鸭孵化育雏是分开进行的。一旦鸭子放入稻田，稻和鸭即结为一个互生共利的整体，稻鸭共生的时间有 60~70 d。

水稻秧苗移栽后一般需要 7~10 d 才能活棵，秧苗活棵后将脱温雏鸭（7~14 日龄）全天放入稻田，直至水稻抽穗灌浆后赶鸭上岸。

2）鸭子和水稻品种的筛选。根据鸭子的生理特性和生活习性选择放鸭品种。稻鸭共生强调的是水稻和鸭子两者要共生共长，互惠互利，所以应优先选用体型小、适应性广、抗逆性强、生命力强、田间活动时间长、活动量大、嗜食野生生物等役用鸭。

水稻品种，单节稻区应选用株型紧凑、分蘖力强、抗性强、品质优、成穗率高、熟期适中的大穗型品种，以优质早熟晚粳或晚熟中粳为好。

3）放鸭数量的确定。根据稻田生物繁茂时期和程度确定放鸭数量。稻田最适宜的放鸭数量为 150~200 只 / 亩。放养的数量过多，则对水稻秧苗会造成较大的损害；过少，则达不到最佳的除草除虫效果。

（2）稻鸭共作

1）稻田准备。稻田选择较为平坦且水源充足的田地，连片面积为 0.24 亩一格单元，保持水深 10 cm 左右，不能放水烤田，利于鸭在田间活动。水稻栽插株行距为 25 cm × 30 cm，密度为 12 万~15 万穴 / 亩，基本苗数 50 万~60 万株 / 亩。为了增强秧苗活力，最好稀植，以选用旱育秧苗为宜。

2）鸭的准备。稻鸭共生技术的关键是选用适宜的鸭品种，最好选择野鸭和家鸭的杂交品种。为避免鸭吃秧苗和压苗情况，应选用体型小、适应性强的役用鸭，一般选择的是中小型麻鸭。鸭孵化期一般为 28 d，7~10 日龄的苗鸭最适宜放入稻田。

3）防护网及鸭棚准备。为预防天敌袭击及鸭乱跑，宜在稻田四周设防护网，一般采用鱼网。如条件允许，再在鱼网外面设细铁丝网。在稻田一角，搭建 1 个简易鸭棚。

4）放鸭和田间管理。插秧后 10 d 左右，待秧苗活棵后，将孵化 7~10 d 的雏鸭放入稻田，根据稻田生物繁茂时期和程度确定放鸭数量。稻田最适宜的放鸭数量为 120~200 只 / 亩。喂养 3 d 后再打开初放区的网门，将鸭放入大田活动。

5）鸭的投喂。鸭下田后 10 d 之内采取自由采食；10 d 后改为 2 次 /d，早、晚各 1 次，饲喂量以每次鸭全部吃饱后有剩料 1.5~2.5 kg 为宜；下田后 12 d 左右，在每次的喂料中逐渐增加大、小麦的饲喂量，3~4 d 由小麦完全替代配合料；20 d 后，可改为 1 次 /d，饲喂量以每次待鸭全部吃饱后有剩料 1.5~2.5 kg 为宜；8 月 20 日左右，为了能使鸭出田上市，饲喂方法可改为 2 次 /d。

6）鸭病防治。要求稻鸭共生区域有独立的水系，尽量远离交通要道和村庄，不能饲喂霉烂变质的饲料；在 2 周后可接种鸭瘟、禽流感、禽霍乱等疫苗；在上一年发生过疫病和野生鸟类较多的地方，要每隔 20~25 d 用药物防治，可用强力霉素或氟苯尼考轮换预防用药。

7）鸭的收回。在水稻开始抽穗扬花时，将鸭从稻田里收回。在捉鸭前几天，应将捕捉区的网紧好紧牢，只留不大的通道，将鸭一次性成功收回。

稻鸭共作

小麦篇

小麦篇

第二章 小麦优质高产高效生产

小麦是世界上最重要的粮食作物之一，也是国际农产品贸易中最为活跃、用途最广的农产品之一，被认为是世界上栽培最早、种植范围最广、面积最大、最耐储存的粮食作物，普遍用作主食口粮、商品贸易粮，是战略物资储备粮、救灾粮、援助粮。由于小麦面粉具有独特的黏弹性，利于食品加工，加之世界范围的工业化进程和饮食的西化，小麦的消费量正在逐年增加。小麦的世界贸易量大于所有其他农作物的总和。我国是世界上小麦总产量最高、消费量最大的国家，在世界小麦产销市场中地位重要，影响极大。

一、小麦概述

（一）起源与传播

长期以来，流传的有关小麦的说法有“人类最古老的粮食”“所有谷物的祖先”等。目前，学术界普遍认为，生产上常见的普通小麦起源于公元前 9 600 年的近中东和西亚的新月沃地区，这个地带大体包括现今的以色列、巴勒斯坦、黎巴嫩、约旦、叙利亚、伊拉克东北部和土耳其东南部。作为人类最早采集、食用、储存的谷物，小麦大约在 5 000 年前被驯化为栽培作物，从西亚、近东一带传入欧洲和非洲，并向印度、阿富汗、中国传播，然后扩散到新大陆，逐渐引种到世界各地后，成为世界约 40% 人口的主粮。

关于小麦的演化有多种学说，经典观点是：一粒系小麦在长期栽培过程中，与一种和它生长在一起的禾本科野草 —— 野生二倍体的拟山羊草，发生了天然传粉杂交，进化成为四倍体二粒系小麦。二粒系小麦每小穗有两朵花结实，比一粒系小麦籽粒稍大，穗轴也变得较硬，产量也提高了。在二粒系小麦的种植过程中，一种叫节节麦的野生植物又跟二粒系小麦发生了杂交，杂交后代经过染色体天然加倍后，表现出穗大籽粒多的特征，由此发展成现代小麦的祖先 —— 六倍体小麦，也叫普通小麦，且由于 DD 染色体组加入时带来了面筋品质，六倍体小麦成为用途广泛的普通小麦（图 2-1-1）。

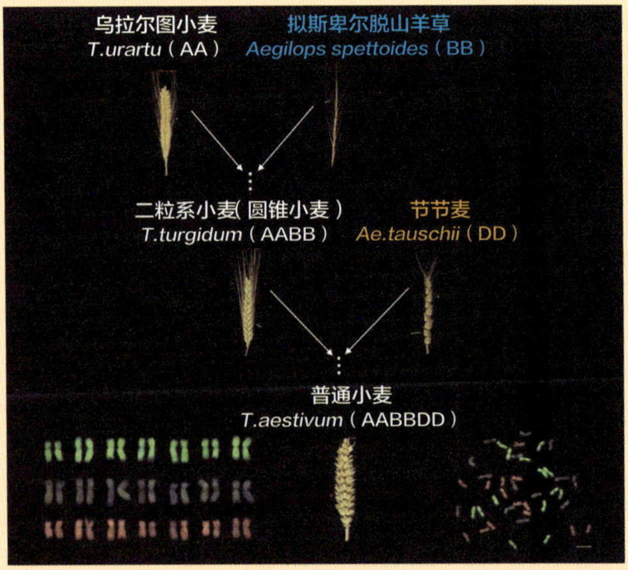

图 2-1-1 小麦进化演变示意图

小麦最迟在距今 4 500 年前来到中国境内，逐步改变了我国北方地区以粟、黍为主的农业格局，最终取代粟、黍，成为北方人食物结构中最重要的粮食作物。

（二）小麦生产概况

1. 世界小麦生产概况

小麦在全世界分布极广，有“世界粮食”之称，种植和消费几乎遍布于世界五大洲的各个国家。常年有 80 多个国家种植小麦约 33 亿亩，以亚欧大陆（亚洲约 45%，欧洲约 25%）和北美洲（约 15%）为主。世界小麦主产区较为集中，大约 70% 的面积和产量集中在中国、印度、俄罗斯、美国等 10 多个国家，但这些国家小麦单产水平较低，亩产在 200~400 kg。小麦单产水平较高的国家主要集中在比利时、卢森堡、爱尔兰、荷兰、法国、英国等，这些国家小麦种植面积较小，亩产多在 500 kg 以上。

一般根据播种时间可将小麦分为冬小麦（秋天播种）和春小麦（春天播种）。世界小麦种植面积中，冬小麦与春小麦的比例约为 3 ： 1。自 2016 年以来，世界小麦总产量稳定在 7.50 亿 t 以上（2018 年略有下降，为 7.31 亿 t），2024 年全球小麦产量约为 7.97 亿 t，中国、印度和俄罗斯的小麦产量之和约占世界总产量的 40% 。

2. 中国小麦生产概况

中国是全球最大的小麦生产国和消费国，小麦历年种植面积（3.5 亿亩左右）。近年来，随着国家粮食单产提升项目的实施，小麦产量稳定在 1.3 亿 t 以上，2024 年达 1.38 亿 t，约占世界小麦产量的 17.0%。

我国小麦分布广泛，北从寒冷的黑龙江漠河地区，南至热带的海南省，西至天山脚下，东至沿海各省及台湾省，都曾有小麦种植。既有秋播，又有春播，既可纯种（单作），又可与其他作物间作套种，是种植结构的主体作物，在粮食生产中的地位举足轻重。随着种植结构调整优化，我国逐步形成黄淮海、长江中下游、西南、西北和东北 5 个具有比较优势的小麦主产区。我国小麦主要集中在黄淮海冬麦区，面积和产量分别超过全国的 60% 和 70%；其次是长江中下游冬麦区和西北冬春麦区，面积和产量约占全国小麦的 14% 和 10%；西南冬麦区、东北春麦区占比较小。河南、山东、河北、江苏、安徽 5 省是小麦主产省，面积和产量分别占全国小麦的 70% 和 80% 以上。

我国小麦科技和单产对粮食安全和粮食增产贡献突出、潜力巨大，中华人民共和国成立以来 70 多年小麦单产的年递增率高达 3.07%，显著高于同期粮食 2.40%、稻谷 1.82%、玉米 2.64%。近几年小麦主产区攻关田亩产已达 700~800 kg，虽比大面积平均亩产高 1 倍以上，但仅约占理论最高产量的 50%，可见依靠科技增产的潜力依然很大。

小贴士

在优质小麦生产方面，2001年农业部发布的《中国小麦品质区划方案》，将我国小麦产区分为北方强筋中筋冬麦区、南方中筋弱筋冬麦区、中筋强筋春麦区等3大主区10个副区，重点建设黄淮海、长江中下游、大兴安岭沿麓等3个优质专用小麦优势区域产业带。

二、小麦的一生

小麦从播种到种子成熟所经历的过程称为小麦的一生，也称为生育期。其长短因品种特性、生态条件和播种早晚的不同而有很大的差别。一般春小麦生育期为 100~150 d，冬小麦为 200~280 d。

小麦的一生

（一）小麦的生育时期

根据器官形成的顺序并便于认知和生产管理，通过数字形式可以把小麦生育期分为播种期、苗期、分蘖期、拔节期、孕穗期、抽穗期、开花期（又称扬花期）、籽粒形成期、籽粒充实期（又称灌浆期）和成熟期等 10 个生育时期。

小贴士

小麦的生长发育特征诊断

0 播种期

00 干种子（播种）；

03 湿种子膨胀直至结束；

05 胚根从种子伸出；

07 胚芽鞘从种子伸出；

09 芽鞘顶出土，第1叶叶片叶尖可见。

1 苗期

10【出苗期】第1叶抽出芽鞘2 cm；

11【1 叶期】第1叶抽出；

12【2 叶期】第2叶抽出；

13【3 叶期】第3叶抽出；

……

一旦发生分蘖则按21计。

2 分蘖期

21 第1分蘖可见，分蘖开始；

22 第2分蘖可见；

23 第3分蘖可见；

……

【越冬期】日均温稳定≤3℃，麦苗缓慢生长，冷冬年近乎停滞；第n分蘖可见；

……

如果拔节开始，则按31计。

3 拔节期

30【返青期】日均温稳定≥ 3℃，麦田叶色开始转绿；

31【生物学拔节（起身）期】50%的植株基部第1 节间伸长2 cm，倒4叶抽出；

32【物候学拔节期】50%的植株基部节间露出地面2 cm，第2节间伸长2 cm，倒3叶抽出；

33 50%的植株第3节间伸长2 cm，倒2叶抽出；

37 剑叶（又称旗叶）露尖。

4 孕穗期

41 剑叶叶枕露出，叶片全展；

43 穗子在叶鞘中上移，剑叶叶鞘鼓起；

45 剑叶叶鞘完全鼓起；

47 剑叶叶鞘开裂；

49 穗芒露尖可见。

5 抽穗期

51【始穗期】10%的植株顶小穗露出叶鞘；

55【抽穗期】50%的植株抽穗；

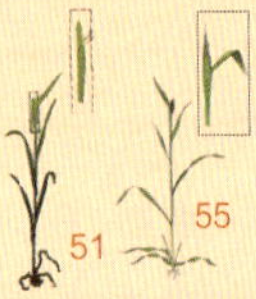

59【齐穗期】90%的植株抽穗。

59

6 开花期

61【始花期】10%的麦穗开花；

65【盛花期】50%的麦穗开花；

65

69【终花期】全穗开花，可见脱水花药。

7 籽粒形成期

71【多半仁】籽粒长达最大值的3/4；

71

73

73【青籽圆】籽粒长近乎最大值；

75【籽粒形成后期】内含物乳状，麦粒呈绿色，进入乳熟期。

75

8 籽粒充实期

83【乳熟末期】籽粒“顶满仓”，鲜重和体积最大；

83

85【蜡熟初期】籽粒开始收缩，穗和茎秆上部开始转黄色；

89【蜡熟中期】籽粒重近乎最大值，叶片金黄，穗轴粒仍带绿。

9 成熟期

92【蜡熟末期（最佳收获期）】籽粒金黄、变硬，仅穗轴节片稍带绿，千粒重达最大值；

92

93【完熟期】籽粒收缩定型，灌浆结束，咬碎有声音；

93

97 植株完全死亡；

99 后熟，储藏及种子处理（回到00期）。

（二）小麦的生长阶段

播种出苗期　分蘖期　拔节期　孕穗抽穗期　开花灌浆成熟期

从器官的功能和形成特点来看，小麦自出苗到新种子成熟，籽粒产量的形成与发展过程一般可划分为 3 个相关联的生长阶段。

1. 营养生长阶段（播种期 — 分蘖前期）

表现为生根、长叶和分蘖，即单纯的营养器官生长，是生根、促蘖、决定穗数的重要时期，也是为下一阶段的壮秆大穗奠定基础的时期。

2. 营养生长和生殖生长并进阶段（幼穗分化 — 抽穗期）

是既有根、茎、叶、蘖等营养器官的生长，又有结实器官即麦穗的分化与发育，幼穗分化与根、茎、叶、蘖的生长同时并进，是增加每穗粒数的重要时期，也是为下一阶段的粒重增加打好基础的时期。

3. 生殖生长阶段（开花期 — 成熟期）

以籽粒形成和灌浆为主，营养器官生长基本停止，是决定粒重和最后结实粒数的重要时期，同时也是决定小麦籽粒产量和品质的重要时期。

小麦的 3 个生长阶段决定小麦各器官的建成和产量构成因素（穗数、穗粒数、粒重）的形成，既有连续性，又显示了一定的阶段性（图 2–2–1）。前一阶段是后一阶段的基础，后一阶段是前一阶段的发展。由于 3 个阶段各有不同的生长中心，因此不同阶段的栽培管理目标也不相同。

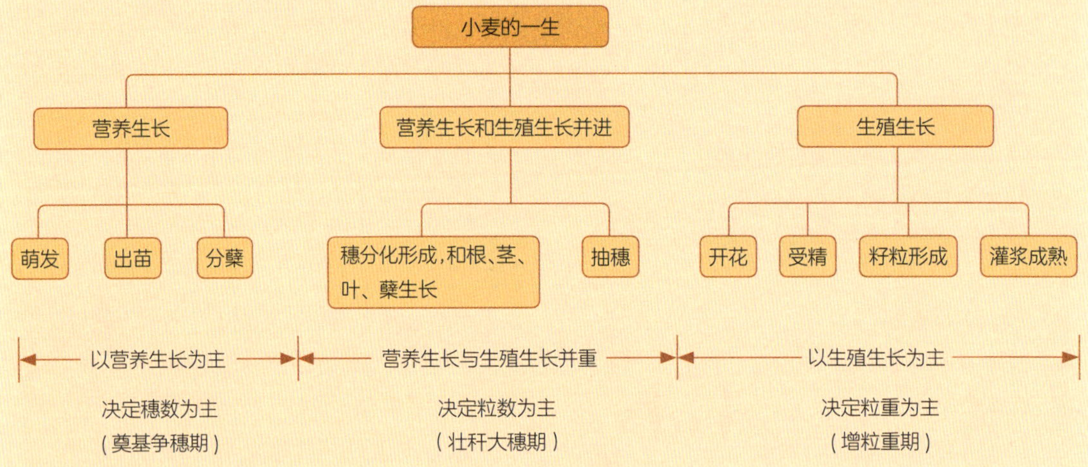

图 2-2-1　小麦不同生育阶段示意图

三、小麦生长发育规律

（一）阶段发育特性

小麦属低温长日照作物，从播种到抽穗结实，除了需要肥水等条件，还必须在有保证其发育的特定条件下，使其在内部生理上经历一系列质的变化后具备花芽分化的内在因素，才能使小麦由营养生长转向生殖生长，完成整个生命周期。这种阶段性的质变即是小麦的阶段发育特性，每一次质变过程即为一个发育阶段。

目前研究比较清楚的是春化阶段和光照阶段，即小麦在由纯粹的营养生长向生殖生长转变过程中对温度和光照等环境条件的反应，通过每一发育阶段时，都要求一定的综合外界条件，如温度、光照、水分、空气、营养物质等，其中有一两个因素起主导作用（表 2–3–1）。

表 2-3-1　小麦阶段发育特性关键数据表

<table>
<tr><th colspan="4">春化阶段（感温阶段）</th><th colspan="3">光照阶段（感光阶段）</th></tr>
<tr><td colspan="4">小麦在发芽和出苗后，需经过一定时间和一定程度的低温才能进入生殖生长阶段。温度起主导作用</td><td colspan="3">小麦通过春化阶段后，需经过一定的日照时间才能完成生殖生长器官的生长发育（光照发育），开花结实。日照长度（时数）起主导作用，温度也会影响光照发育的进行，低于 4℃ 则不能进行，高于 25℃或低于 10℃都会延缓光照发育进程</td></tr>
<tr><td colspan="2">分类</td><td>温度条件/℃</td><td>天数要求</td><td>分类</td><td>日照条件</td><td>天数要求</td></tr>
<tr><td rowspan="2">春性品种</td><td>南方秋播</td><td>0~ 12</td><td rowspan="2">5~ 15 d（春播可抽穗）</td><td rowspan="2">反应迟钝型</td><td rowspan="2">8~ 12 h</td><td rowspan="2">16 d 以上</td></tr>
<tr><td>北方春播</td><td>5~20</td></tr>
<tr><td colspan="2">半冬性品种</td><td>0~7</td><td>15~35 d（春播延迟或不抽穗）</td><td>反应中等型</td><td>12 h 左右</td><td>25 d 左右</td></tr>
<tr><td colspan="2">冬性品种</td><td>0~3</td><td>30 d 以上（春播不抽穗）</td><td>反应敏感型</td><td>12 h 以上</td><td>30~40 d</td></tr>
</table>

1. 春化阶段

小麦在种子吸水萌动后或幼苗期，必须经过一段时间的低温，茎尖生长点才能分化成幼穗的现象称为春化现象，完成春化的这段时间叫春化阶段。其诱导因素是温度，接受低温反应的器官是萌动种子胚的生长点或幼苗茎端生长点。

根据小麦春化阶段要求低温的程度与持续时间的长短，可将小麦划分为冬性品种、半冬性品种、春性品种等 3 种类型。小麦春化速度快慢，受温度、水分、营养物质、光照和空气等因素的影响，一般认为苗体春化效果比种子春化效果好，处于 2~3 叶期的幼苗进行春化比出苗时和分蘖期进行春化快。

小麦通过春化阶段后，生理上发生显著变化：① 蒸腾强度提高，细胞持水力降低，水分代谢作用加快。② 糖含量增加，干物质积累速度加快。③ 呼吸强度显著提高。④ 各种酶的活力增强。⑤ 生长点蛋白质等物质发生变化。⑥ 原生质透性增加，根系吸收离子加快。⑦ 抗寒性和抗旱性显著下降，通过春化阶段的植株在持续低温时能保持抗寒力，一旦温度回暖则抗寒力下降。

2. 光照阶段

小麦通过春化阶段后，外界条件适宜，便进入光照阶段。此发育阶段主要影响因素为日照长度，其次是温度，即这一阶段要求一定的日照长度和较高的温度，如日照长度不能满足，就不能开花结实。

接受日长反应的器官是叶片。小麦品种因起源地不同，对日照长短的反应敏感性也不相同，其总趋势是：愈是北方的品种，对长日照的反应愈强；愈是南方的品种，对日照长度的反应愈弱。

根据小麦通过光照阶段对日照长短的要求和反应，可分为反应敏感型、反应中等型、反应迟钝型等 3 种类型。小麦光照阶段发育除受光照时间、温度、水分等影响外，光照强度不足，光合作用积累的营养物质少，小麦植株体内的新陈代谢强度低，则光照阶段进行缓慢。长光波（红光）有促进作用，短光波（蓝光、紫光）则有延缓作用。幼苗阶段小麦对日长无反应，唯有达一定苗龄后，小麦才能感受日长反应。一般而言，苗龄增加，光合产物增加，敏感性增强；苗龄过大，敏感性又会降低。

3. 阶段发育特性在小麦生产中的应用

（1）*在育种上的应用* 任何一个品种，只有在当地自然环境条件符合该品种生长发育特性的要求时，才能正常生长发育。所以从外地引种必须考虑引进品种的阶段发育特性，特别要注意引进品种对温度和光照的反应，一般同纬度同海拔之间引种，因为温度和光照条件比较接近，容易引种成功。

在小麦育种上，为了加速育种进度，缩短育种时间，可以采取高山夏播或南繁北育等加速世代繁殖的办法进行。但必须了解不同类型小麦品种对温度、光照的反应特点，因地制宜地选择适宜品种进行繁殖。

（2）*在栽培上的应用* 在品种布局安排上，根据不同生态类型品种通过春化阶段的时间不同，冬性或半冬性品种可适当安排早播，春性品种可以适当迟播。如果春性品种播种过早，很快通过春化阶段和光照阶段，易受霜冻。在播种密度的决策上，由于春化时间的长短决定该品种的分蘖能力，所以春性品种的春化阶段较短，分蘖力弱，生产上需要适当增加播种量，而半冬性品种春化阶段较长，分蘖力强，可以适当减少播种量。在器官促控措施方面，要充分运用小麦感温感光特性影响叶片、分蘖和穗分化进程的特点，充足的基肥和苗肥可以培育壮苗，中期管理好肥水有延缓光周期反应、增加小穗和小花数的作用，孕穗期保证充足的水分和矿质营养可达到提高小花结实率、培育大穗、夺取高产之目的。

冬小麦地上部与地下部生长动态

小麦种子

小麦种子结构及种子萌发

（二）器官建成

1. 营养器官建成

（1）**种子发芽** 一般日平均气温在 15~18 ℃时播种最适宜，萌发出苗的最适土壤相对含水量为 70%~80%。正常情况下，播种至出苗需积温约 120 ℃，时间约 7 d，但迟播或过迟播时需要 20~40 d 才能出苗。

（2）**根系** 小麦的根系是吸收水分和氮、磷、钾等矿质营养的器官，发育良好的根系是高产的基础。小麦为须根系，由种子根（胚根、初生根）和次生根（节根、不定根）组成。初生根一般为 3~5 条，由种子生出，当第 1 片绿叶展开后，初生根停止发生。次生根着生于分蘖节上，开花期次生根数达最大值。次生根比初生根粗壮，且多分支和根毛，下伸角度大，入土较浅，大部分（80% 以上）分布于 0~40 cm 土层内（图 2-3-1）。

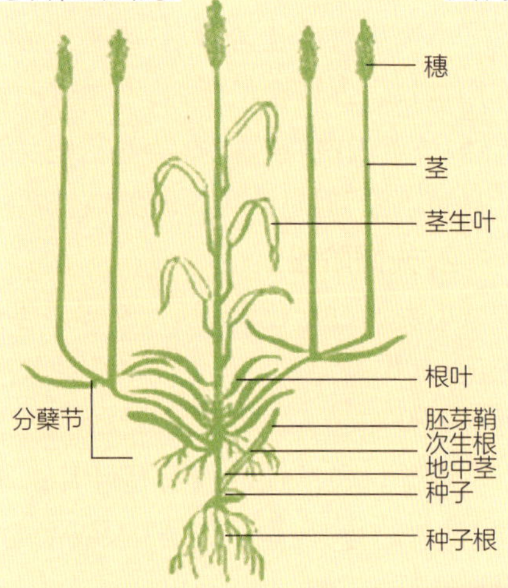

图 2-3-1　小麦的根

小麦的根

（3）**叶** 叶是小麦进行光合、呼吸和蒸腾作用的重要器官。小麦的叶包括真叶和变态叶（如胚芽鞘、分蘖鞘、颖壳、苞叶、外子叶、盾片等）两种类型。小麦的真叶是完整的叶，包括叶片、叶鞘、叶舌、叶耳等部分（图 2-3-2）。我国普通冬小麦品种，在各地正常播种期条件下，主茎总叶数（真叶）变动在 8~17 叶之间，但 8 叶或 17 叶的较少。南方春性小麦品种在正常播种期条件下，主茎出叶数为 11 叶左右，晚播时可减少到 9~10 叶，早播可出 12 叶；半冬性品种在正常播种期条件下，主茎出叶数为 12~13 叶，随播种期早晚也有变化。同一品种在同一播种期下，肥足密度低的往往比肥少密度高的偏多，一般多 1 叶左右。一般把主茎已出生的叶片数记作叶龄，例如，当主茎刚生 1 片叶时叶龄为 1，第 2 叶长到一半时叶龄为 1.5，第 2 叶完全展开时叶龄为 2，以此类推。

小麦的

小麦的叶片伸长初期呈锥状体，称为心叶，心叶继续伸长逐渐展开。小麦主茎叶片一般根据着生的位置及其作用功能分为近根叶组和茎生叶组（图 2-3-3）。近根叶组着生于分蘖节（主茎具 11 叶的品种为第 1~7 叶，13 叶的品种为第 1~9 叶），为拔节前的麦苗生长发育提供养分；茎生叶组的叶数与节数相当，稳定在 4~6 片，大多数为 5 片，主要是供给茎节生长与穗部发育所需营养，茎生叶组自上而下依次称为倒 1 叶（又称剑叶、旗叶）、倒 2 叶、倒 3 叶 …… 上部 3 片叶（统称为上层叶组）尤其是剑叶和倒 2 叶显著影响小麦的粒重，在生产上应适当扩大剑叶、倒 2 叶的叶面积，并延长其功能期。

小麦的叶和叶组

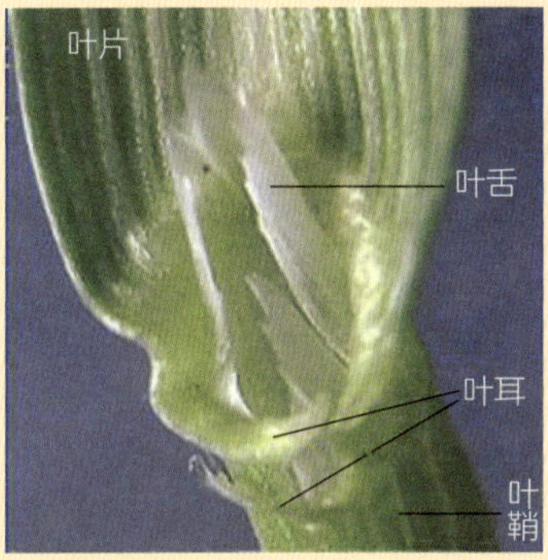

图 2-3-2 小麦的真叶结构

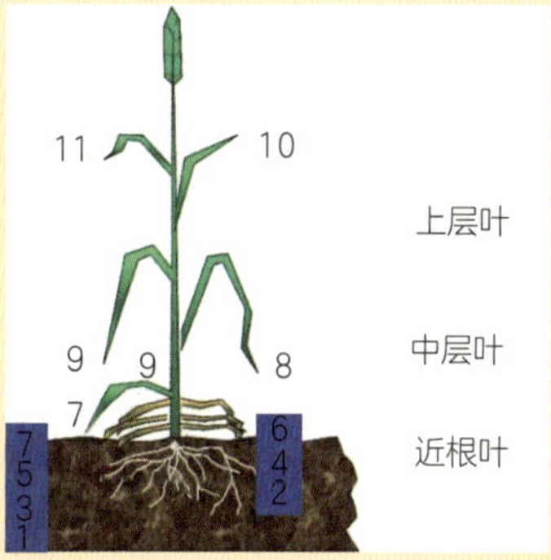

图 2-3-3 小麦叶的功能分组（11 叶、5 个伸长节间品种）

（4）**分蘖** 小麦的分蘖由簇生于麦株基部发蘖节上各叶的腋芽（分蘖芽）生长形成（地上部茎生各叶的腋芽一般休眠）。发生于主茎叶片叶腋的分蘖称为一级分蘖，由第1级分蘖发生的分蘖称为二级分蘖，以此类推（表 2-3-2）。小麦分蘖发生的时间和部位是有序的，与主茎叶龄（n）具有 n–3 的同伸关系。正常生长条件下，当小麦主茎第 3 叶出生时，在下方的芽鞘节叶腋内可以抽出分蘖；主茎 4 叶时，主茎第 1 叶节分蘖发生；主茎 5 叶时，第 2 叶节分蘖发生（图 2-3-4）。而当茎的基部节间开始伸长后，腋芽不再萌发形成分蘖。

小麦的分蘖

表 2-3-2 小麦分蘖发生与叶龄的同伸关系

<table>
<tr><th rowspan="2">主茎叶龄</th><th colspan="4">可能发生的分蘖</th><th rowspan="2">单株总茎数（不计胚芽鞘蘖）</th><th rowspan="2">11 叶小麦</th><th rowspan="2">13 叶小麦</th></tr>
<tr><th>一级分蘖</th><th>二级分蘖</th><th>三级分蘖</th><th>胚芽鞘蘖</th></tr>
<tr><td>3</td><td></td><td></td><td></td><td>C</td><td>1</td><td>起始叶龄期</td><td>起始叶龄期</td></tr>
<tr><td>4</td><td>Ⅰ</td><td></td><td></td><td></td><td>2</td><td rowspan="2">有效分蘖可靠叶龄期</td><td rowspan="4">有效分蘖可靠叶龄期</td></tr>
<tr><td>5</td><td>Ⅱ</td><td></td><td></td><td></td><td>3</td></tr>
<tr><td>6</td><td>Ⅲ</td><td>I_{P}</td><td></td><td></td><td>5</td><td>有效分蘖临界叶龄期</td></tr>
<tr><td>7</td><td>Ⅳ</td><td>II_{p}、I_{1}</td><td></td><td></td><td>8</td><td rowspan="2">无效分蘖发生期</td></tr>
<tr><td>8</td><td>Ⅴ</td><td>III_{P}、II_{1}、I_{2}</td><td>$\mathrm{I}_{P\text{-}P}$</td><td></td><td>13</td><td>有效分蘖临界叶龄期</td></tr>
<tr><td>9</td><td>Ⅵ</td><td>IV_{P}、III_{1}、II_{2}、I_{3}</td><td>$\mathrm{II}_{P\text{-}P}$、$\mathrm{I}_{1\text{-}P}$、$\mathrm{I}_{P\text{-}1}$</td><td></td><td>21</td><td rowspan="3">无效分蘖衰亡期</td><td rowspan="2">无效分蘖发生期</td></tr>
<tr><td>10</td><td>…</td><td>…</td><td>…</td><td></td><td>…</td></tr>
<tr><td>11</td><td>…</td><td>…</td><td>…</td><td></td><td>…</td><td rowspan="3">无效分蘖衰亡期</td></tr>
<tr><td>12</td><td>…</td><td>…</td><td>…</td><td></td><td>…</td><td rowspan="2"></td></tr>
<tr><td>13</td><td>…</td><td>…</td><td>…</td><td></td><td>…</td></tr>
</table>

注： 一级分蘖用罗马数字Ⅰ、Ⅱ、Ⅲ…表示；二级及以下分蘖用阿拉伯数字 1、2、3…表示；鞘蘖用字母 P 表示；胚芽鞘蘖用字母 C 表示（田间条件下，C 很少出现，所以一般不计入总茎数）。

小贴士

分蘖是小麦长期适应环境条件而系统发展的结果，小麦分蘖发生的时间、数量和质量反映麦苗生长的壮弱，并影响群体的发展和决定产量的高低，而分蘖力的大小受生态环境影响较大。分蘖节是小麦分蘖发生的位置，保护分蘖节不受冻害是冬小麦安全越冬的关键。

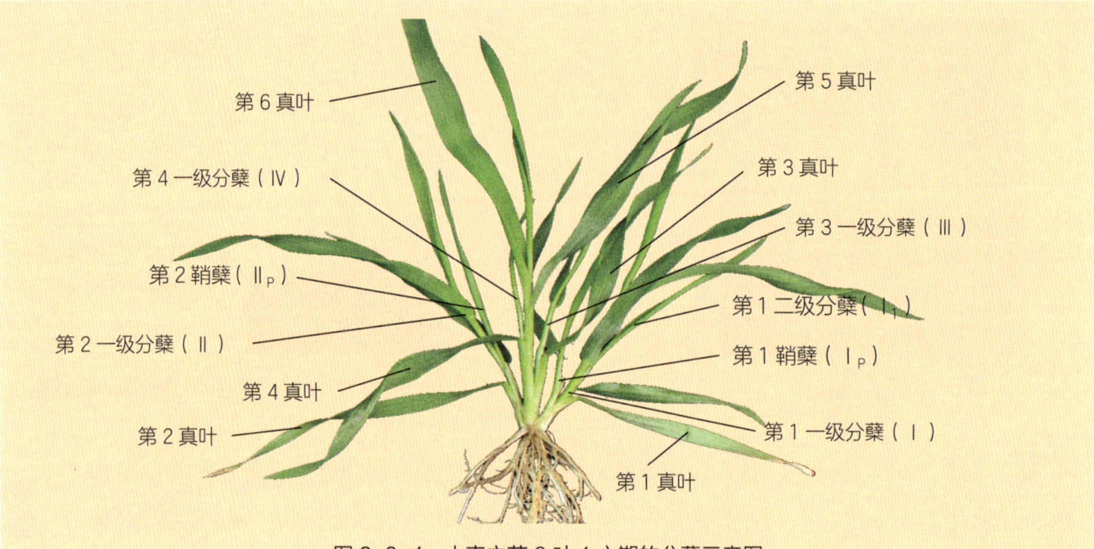

图 2-3-4　小麦主茎 6 叶 1 心期的分蘖示意图

（5）**茎秆**　小麦的茎由茎节和节间组成（图 2-3-5）。茎节分为地下节和地上节。地下 3~8 节，节间不伸长，缩集而成分蘖节；地上 4~6 节（多为 5 个伸长节间），节间伸长，形成茎秆。最上一个节间即穗下节间伸长结束，茎高或株高固定，小麦株高以 75~85 cm 较好。小麦高产栽培要求茎秆健壮，基部第 1、第 2 节间短，秆壁厚，韧性强。

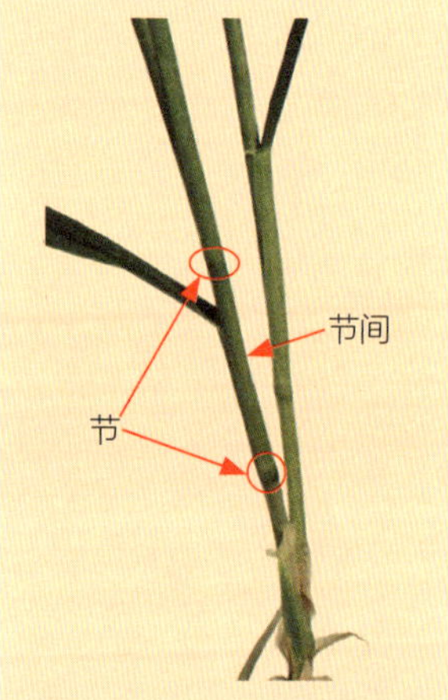

图 2-3-5　小麦的茎秆结构

2. 生殖器官建成

（1）**麦穗发育**　小麦的穗在植物学上称为复穗状花序，是由带节的穗轴和着生其上的小穗组成的，穗轴由节位组成，每节着生 1 个小穗（在同一穗的节上有时也见有复生或并列小穗）。每个小穗由 2 片护颖、1 个小穗轴（小枝梗）和数朵小花组成，每朵小花包括内颖、外颖、3 个雄蕊、1 个雌蕊和 2 个鳞片。

小麦幼穗发育起始于分蘖期（主茎约 5 片叶时，或有 1~2 个大分蘖）春化阶段后，结束于拔节末期或孕穗初期（剑叶抽出），先后历经生长锥伸长期、单棱期（穗轴节片原基分化期或苞分化期）、二棱期（小穗原基分化期）、护颖原基分化期、小花原基分化期、雌雄蕊原基分化期、药隔形成期和四分体期（或再分为花粉母细胞形成期、四分体期和花粉粒形成期）等 8 个时期（图 2-3-6）。前 4 期是小穗数增加期，中间 3 期是小花数增加期，后 1 期是防止小花退化、提高可孕小花数期。

（2）**开花授粉**　小麦抽穗后一般 2~6 d 开花，先主茎后分蘖，先中部小穗而后渐及穗的两端，同一小穗则由基部向上依次开放（图 2-3-7）。

（3）**籽粒发育**

小麦开花以后，1~2 d 就完成受精，进入籽粒发育及成熟过程。从受精坐脐开始，先

小麦的穗

麦穗3D结构

小麦籽粒

后经历籽粒形成期（2~15 d）（图 2–3–8）、籽粒充实期（灌浆期）和成熟期（乳熟、蜡熟及完熟）等阶段，历时 35~50 d。灌浆物质来自抽穗前茎鞘等器官储藏物质的转化和开花后光合产物的输送，其中干物质的 70%~90% 来自开花后积累的光合产物。因此，在小麦的生育后期注意养根保叶，防止早衰和贪青，有利于小麦粒重的提高。

图 2–3–6 解剖镜下的小麦幼穗分化图

雌蕊和雄蕊　小穗开花，雄蕊伸出颖壳　自交授粉　小麦开花

图 2–3–7 小麦开花授粉

图 2–3–8 开花后不同天数小麦籽粒的形态（数字为开花后天数）

3. 小麦器官同伸模式图

小麦在生长发育过程中，根、茎、叶、蘖、穗、花、果实（籽实）等各器官之间发生、发育存在一定的同伸和同步性（图 2–3–9 至图 2–3–11）。

叶片、叶鞘、节间的同伸关系为：

n 叶叶片伸长 ≈（n–1）叶叶鞘伸长

≈（n–1）–（n–2）叶之间的节间伸长 n 叶抽出

≈ n 叶叶鞘伸长 ≈ n–（n–1）之间的节间伸长

即 n 位叶片与 n–1 位叶鞘、n–2 位节间同伸。

叶、蘖、根的同伸关系是：

n 叶伸出 ≈（n–3) 蘖发

≈ n 节根原基分化

≈ n–1、n–2 节根进一步发育

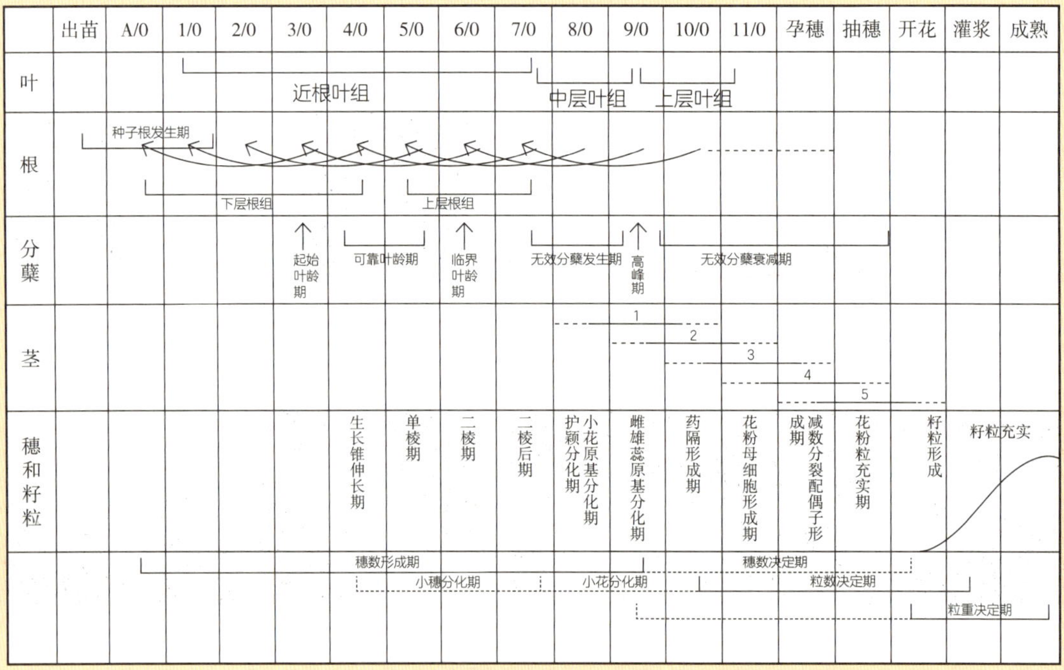

图 2-3-9 11 叶、5 个伸长节间小麦生育进程叶龄模式简图

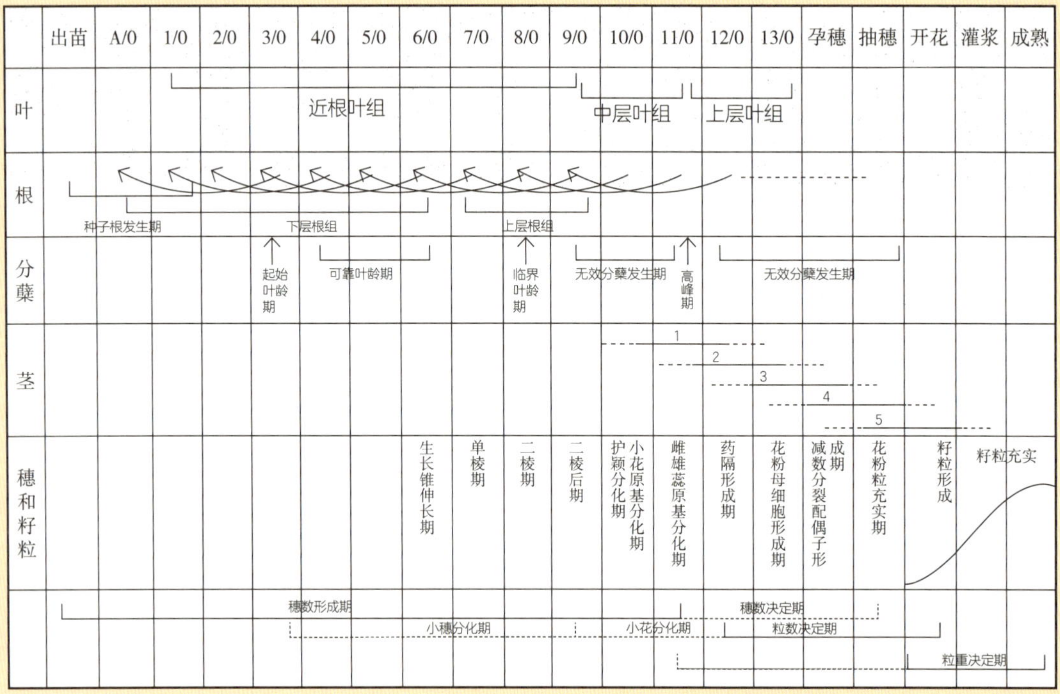

图 2-3-10 13 叶、5 个伸长节间小麦生育进程叶龄模式简图

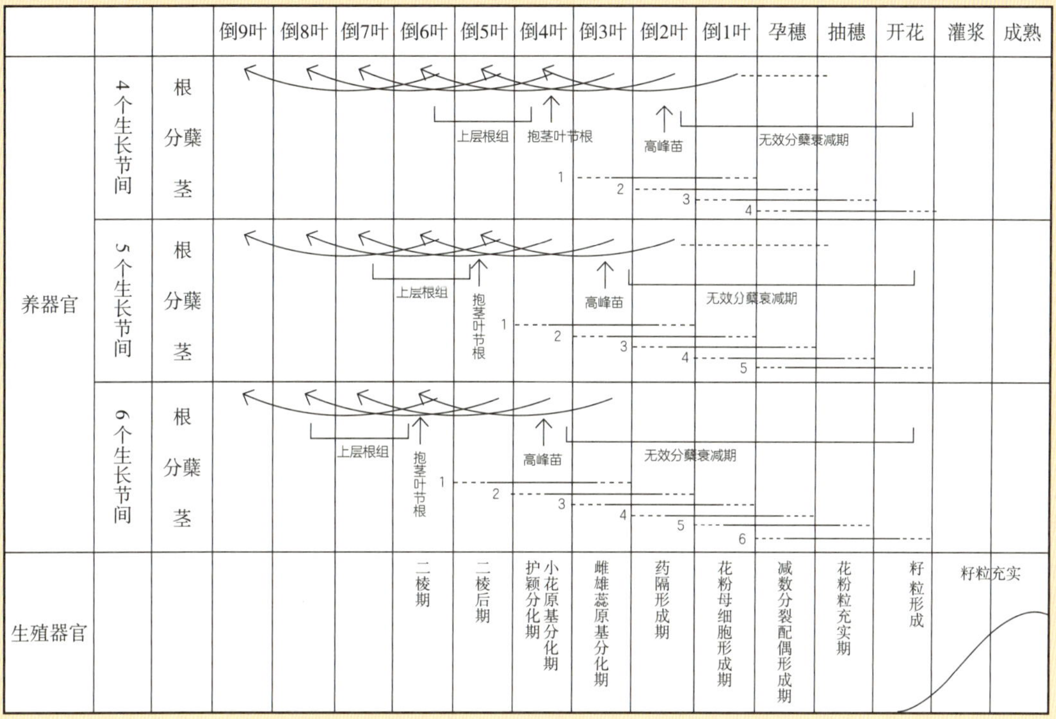

图 2-3-11 不同类型小麦生育进程的倒数叶龄模式简图

≈ n–3 节根伸出

≈ n–4 节根发生一级支根

≈ n–5 节根发生二级支根

叶、穗、节间的同伸关系为：

倒 4 叶出生≈基部第 1 节间伸长

≈小花原基分化期

倒 3 叶出生≈第 2 节间开始伸长

≈雌雄蕊原基分化期

（三）肥料吸收规律

小麦需肥的一般规律：冬小麦在返青前由于植株生长量小，吸收氮、磷、钾的数量相对较少；返青后，迅速生长，对养分吸收量急剧增加，其中磷、钾的吸收比氮更突出，约 50% 以上的磷、钾和 30% 左右的氮素在这一阶段吸收，开花以后逐渐减少。春小麦在分蘖期以前吸收的养分较少，拔节至孕穗期为氮肥和钾肥的第 1 个吸收高峰，孕穗到开花吸收量明显减少，开花到乳熟期的吸收量又显著增加，达到第 2 个氮、钾吸收高峰；磷的吸收量拔节前较少，拔节后逐渐增多，直到乳熟期仍维持较高水平（图 2-3-12）。

1. 小麦对氮、磷、钾的吸收量

由于各地自然条件、产量水平、品种、栽培技术的不同，小麦植株一生对氮、磷、钾的吸收量

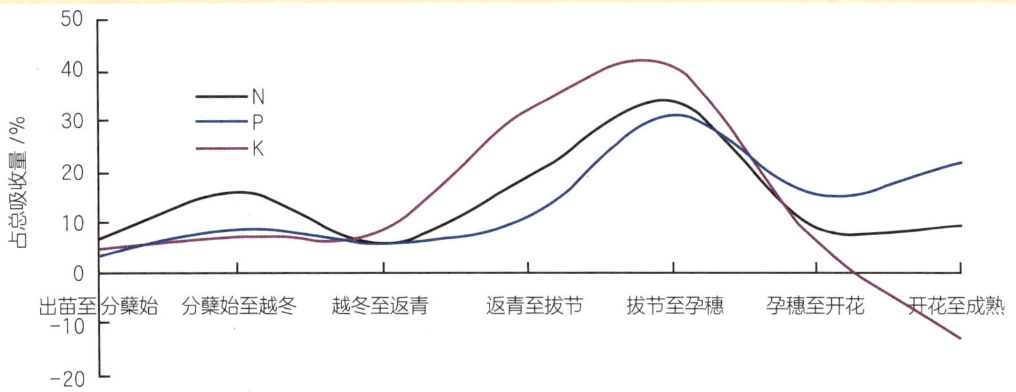

图 2-3-12　冬小麦吸肥曲线

有一定的差异，但总趋势是随小麦产量水平的变化而变化。单产水平提高，氮、磷、钾的吸收量相应增加。但随着产量的进一步提高，小麦对氮（N）的吸收量相对减少，对钾（K_2O）的吸收量相对增加，对磷（P_2O_5）的吸收量相对基本稳定。根据小麦大面积生产的经验数据值，一般每生产 100 kg 小麦籽粒，约需吸收 N 3.0 kg，P_2O_5 1.0~1.5 kg，K_2O 2.0~4.0 kg，N∶P∶K 大约为 3∶1∶3。

2. 氮肥吸收规律

冬前分蘖期是小麦第 1 个吸氮高峰期，吸收量占总量的 15% 左右，需施足基肥，必要时再补追促蘖肥，以促进冬前分蘖发生，形成冬前壮苗；越冬期间吸收量仅占总量的 5% 左右，返青后氮的吸收量有所增加，但拔节前一般不宜追氮，以减少无效分蘖、防基部节间过长；拔节—孕穗—开花阶段是小麦第 2 个吸氮高峰期，吸收量占总量的 30%~40%，高产小麦应重施拔节（孕穗）肥；花后根系吸氮能力弱，不再施氮肥以防贪青晚熟；灌浆期有早衰症状时，可配合一喷三防，叶面喷施尿素、磷酸二氢钾或生化制剂等。

3. 磷肥吸收规律

小麦苗期虽然吸磷强度不高，分蘖至越冬始期第 1 个峰值仅占总吸收量的 10% 左右，但却是小麦磷营养的临界期，缺磷会严重影响根系生长和分蘖发生，所以切记基肥中要有充足的磷。拔节—孕穗—开花阶段出现第 2 个磷吸收高峰，吸磷量达总吸收量的 40%；孕穗后吸磷依然强劲，开花后至成熟期磷吸收量仍高达总吸收量的 20%，所以拔节期最好能追施部分磷肥。

4. 钾肥吸收规律

小麦苗期植株就能积累一定量的钾元素，分蘖至越冬始期第 1 个峰值占总吸收量的 10% 左右，至拔节期钾吸收量占一生的 50% 左右，因此基肥也应该有充足的钾肥，占总量的一半即可。与磷相近，拔节—孕穗—开花阶段是钾的第 2 个吸收高峰，吸钾量占总吸收量约 50%，拔节肥中能追施总量一半的钾肥有利于高产。与氮和磷不同，小麦开花后从土壤中吸收钾营养很少，而钾在小麦体内是高度移动的，因此在后期反而会出现钾从植株淋失到土壤中。灌浆期喷施钾肥会有出其不意的效果。

（四）水分吸收规律

水对小麦生长发育的意义大致可分为 2 个方面：一是直接满足小麦进行正常生理活动的需要，称为生理需水，主要包括植株蒸腾与生理代谢；二是作为生态因子，营造适于小麦生长发育的良好环境，以水调温、调气、调肥等，间接对小麦发生影响，称为生态需水，主要指棵间土壤蒸发耗水，是小麦制定合理灌溉的重要依据。

1. 需水规律

小麦的需水（吸水）规律与需肥（吸肥）规律相似。单位面积麦田在 1 d 之内棵间蒸发与叶面蒸腾损耗的水分总量称为日耗水量。出苗前后，日耗水量为 0.5 m^3/ 亩左右；以后随着分蘖发生，日耗水量增加为 0.6~0.7 m^3/ 亩；越冬期间气温较低、麦苗幼小，棵间蒸发量小，植株蒸腾弱，日耗水量低至 0.5 m^3/ 亩以下；返青以后，随着气温回升和植株生长速度加快，日耗水量日渐增加，从返青期的约 1 m^3/ 亩增加到孕穗期的 3 m^3/ 亩以上（需水高峰期）；之后随着植株逐渐衰老，蒸腾量慢慢减少，日耗水量逐渐下降，到成熟期仅为 2 m^3/ 亩左右。

小贴士

小麦生育期总需水量包括叶面蒸腾与棵间蒸发，两者的变化是互为消长的，其中叶面蒸腾占60%~70%，棵间蒸发占30%~40%。小麦一生的总耗水量为133~400 m^3/亩（折合降水量为200~600 mm），不同地区的耗水量悬殊较大。

2. 小麦不同生育期耗水量

播种至越冬阶段，苗龄小、群体叶面积小，气温较低，小麦生理生态需水较少，阶段耗水占总耗水量的 15% 左右；越冬期，气温低，麦苗生长缓慢，耗水仅占一生的 5% 左右；返青后，温度回升，小麦生长加快，耗水量增加，耗水占总耗水量的 10% 左右；拔节至抽穗，小麦旺盛生长，耗水量急剧增加，占总耗水量的 30% 左右；抽穗至成熟，气温高，小麦生长迅速，生理生态需水均增加，耗水量占总耗水量的 40% 左右。

3. 小麦需水临界期

拔节孕穗期是小麦全生育期内对水分缺乏最敏感、最容易受伤害的时期，也被称为小麦的需水临界期，特别是孕穗期对缺水最敏感。在水分临界期，小麦细胞的原生质黏性和弹性都剧烈降低，忍受和抵抗干旱的能力减弱，且新陈代谢强，生长加快，也需要充足的水分。因此，保证孕穗期的水分供应对小麦高产十分重要。开花至乳熟期，小麦蒸腾作用强烈，需水量大，此时小麦对缺水也较敏感，是小麦“第 2 个需水临界期”。

4. 不同生育时期适宜的土壤相对含水量指标

一般播种至出苗阶段要求土壤相对含水量为 75%~80%，高于 80% 易形成烂耕烂种，低于 60% 出苗困难；出苗至越冬土壤相对含水量为 65%~75%；越冬至返青期适宜的土壤相对含水量为 75% 左右；拔节至抽穗期是营养生长与生殖生长并进的时期，此时生理需水和生态需水均达较高水平，且孕穗阶段是小麦一生的需水临界期，此时适宜的土壤相对含水量为70%~80%；灌浆期是小麦一生中日需水量最大的时期，水分不足会影响光合产物的积累和转运，此阶段土壤相对含水量为70%~ 80%；灌浆后期，植株体内代谢过程日趋减弱，对水分的需要量也逐渐减少，这时的土壤相对含水量宜保持在60%~65%。

5. 水分逆境

水分缺乏或者水分过多，都属于水分逆境，严重影响小麦正常的生理功能。当耗水量大于吸水量时，作物体内即出现水分亏缺，水分过度亏缺的现象称为干旱。土壤水分过多对小麦的伤害分为湿（渍）害和涝害：湿（渍）害是指土壤水分达到饱和时对作物的伤害；涝害是指地表积水，淹没作物的一部分或全部而造成的伤害。小麦湿（渍）害主要是由于土壤水分过多导致作物根层缺氧，抑制作物生长，因而发生在不同生育阶段的土壤湿（渍）害，都削弱作物干物质积累，最终降低产量，这成为我国南方地区冬小麦生产中的重要问题，特别是小麦生育中后期渍水逆境是长江中下游麦区和黄淮麦区南部地区的常见自然灾害，是当地小麦高产稳产的主要限制因子（图 2-3-13）。

图 2-3-13　小麦地干旱（左）和渍涝（右）

（五）产量形成规律

1. 产量构成因素

小麦单位面积产量由单位面积穗数、每穗粒数和千粒重 3 个因素构成，但这 3 个因素并不是固定不变的，而是相互依赖、相互影响的，受品种特性、自然条件、肥力水平和栽培技术等因素所制约。在一定范围内，产量随着单位面积穗数的增加而提高；穗数过多时，每穗粒数减少，千粒重下降，产量降低。因此只有在三者相互协调的情况下，才能获得高产。一般认为，在小麦产量形成过程中至少存在两个层次（图 2-3-14），即产量因素对产量形成的直接作用层次和有关营养器官对产量因素形成的间接作用层次。产量构成因素间互为消长，只有当 3 个因素乘积最大时才为最佳组合，互为消长亦体现了产量构成因素之间的矛盾、小麦群体与个体以及个体内部器官之间的矛盾。建立合理的群体结构，充分利用光能和地力，合理解决群体发展与个体发育的矛盾，才能保证在获得适宜穗数的基础上，提高穗粒数和粒重，最终获得高产（表 2–3–3）。

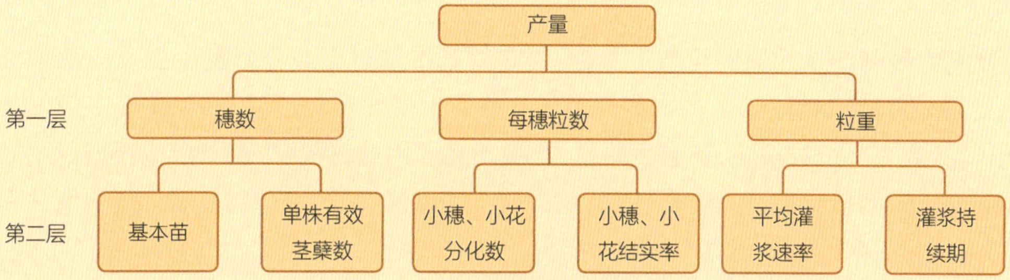

图 2–3–14　小麦产量形成的层次示意图

表 2–3–3　江淮小麦产量结构推荐表

亩产目标 /（kg/ 亩）	穗数 /（万 / 亩）	每穗粒数 / 粒	千粒重 / g
350~450	28~32（淮南），36~42（淮北）	32~38（淮南），26~32（淮北）	36~40（淮南），36~40（淮北）
450~550	30~33（淮南），40~46（淮北）	38~44（淮南），30~35（淮北）	38~42（淮南），40~44（淮北）
550~650	32~35（淮南），42~48（淮北）	42~48（淮南），34~40（淮北）	40~45（淮南），42~48（淮北）
650~750	32~35（淮南），42~48（淮北）	45~50（淮南），38~45（淮北）	42~48（淮南），45~50（淮北）

2. 产量构成因素的协调

小麦的穗数、粒数、粒重形成于小麦的不同生育阶段，并以穗数为基础，协调平衡发展，最终实现目标产量。在实际生产过程，存在某一因素成为产量提高的限制性因素时，需要分析原因以及采取有效解决问题的措施。

（1）**穗数协调**　小麦的单位面积穗数取决于基本苗数、单株分蘖数和分蘖成穗率。基本苗在小麦播种期决定，分蘖发生数和成穗率则受环境条件和栽培因素控制。主茎一般都能成穗，冬前出生的低节位分蘖成穗率较高，春季出生的高节位分蘖成穗率低，在播种时应确定合理基本苗数，并在播后加强管理，在冬前有效分蘖成穗可靠叶龄期内使群体茎蘖数达到预期穗数值，保证实现最佳穗数（图 2–3–15）。

3 叶期　　越冬期　　灌浆期

图 2–3–15　不同时期小麦群体

小贴士

小麦在适宜穗数范围内，茎蘖成穗率愈高，每穗粒数和千粒重愈高，产量也就愈高。

穗数成为限制产量的原因可能有 2 种：一是因基本苗过少或分蘖发生少及成穗率低导致穗数不足，总生物产量低；二是基本苗过多或分蘖发生多导致群体过大、穗数偏多，群体郁蔽、引起倒伏，造成光合产物浪费，穗粒重降低，产量不高。因此，提高小麦单产应根据所用品种成穗特性确定适宜的播种密度以获得适宜穗数，并可通过株型栽培调控、增强植株抗倒性和改善群体冠层结构，提高有效光合产物的积累与分配。

（2）**穗粒数协调** 小麦每穗结实粒数的多少，一是取决于每穗小穗与小花分化数的多少，二是取决于每穗已分化的小穗与小花退化数的多少。小穗分化数于基部第 1 节间伸长前决定，小花分化数于剑叶露尖（基部第 3 节间开始伸长）时决定。小花退化主要集中于花粉母细胞减数分裂期（剑叶伸展 — 孕穗阶段），已分化的小花约 2/3 在此期间退化成无效花，还有部分小花在开花期不能正常受精而败育。提高每穗结实粒数的关键是减少小花退化数，因此小麦高产栽培需协调群体和个体、在亩穗数接近饱和的条件下，保证拔节 — 孕穗 — 开花阶段有良好的肥水供应，以减少小花退化数，增加可孕小花数，提高每穗结实粒数。

穗粒数限制产量主要原因是穗粒数少，导致单位面积总粒数下降而影响产量，可能原因：一是基因型源库比例不当，品种自身属偏小穗型，单位粒数要由穗数来调节；二是栽培不当，特别是中后期肥水亏缺，小穗、小花数退化导致每穗粒数下降所致；此外，低温冻害和开花期温度过高或过低也会影响每穗粒数。因此，合理选用品种和通过栽培措施培育壮秆大穗，才能增加每穗粒数，以进一步提高产量。

（3）**粒重协调** 小麦的粒重主要取决于生育后期灌浆速率和灌浆期的长短。籽粒灌浆物质来自抽穗前茎鞘等器官储存物质的转化和开花后光合产物的输送，在高产条件下，后者在籽粒灌浆物质中的比例更大。因此，在小麦的生育后期注意养根保叶，防止早衰和贪青，增大光合生产量，有利于小麦粒重的提高（图 2–3–16）。

图 2–3–16 小麦籽粒

当粒重过低时就会成为产量限制因素，具体表现为籽粒过小或充实度低而粒重不高。可能的原因：一是受品种基因型（遗传基础）制约。二是受生态环境和栽培条件等因素影响，导致生育后期光合源过小、早衰，或因群体过大倒伏、灌浆物质不足所致。籽粒灌浆速度慢或灌浆时间短，粒重降低。同一品种的粒重在不同生产年度或同一年度不同田块均会有很大差异，倒伏、青枯和病虫的发生亦影响籽粒粒重形成，其制约程度取决于群体与个体之间矛盾的激化程度，即取决于群体大小与环境因素的优越程度两者的相互关系，群体愈大，环境条件愈差，导致最终粒重出现差异，同时也导致籽粒的整齐度变差。改进的措施：一是选育籽粒较大、灌浆速度快和灌浆时间长的品种；二是加强栽培管理，调整群体的大小、结构，保证个体和群体正常生长发育，延缓植株早衰，这不仅和后期穗数的多少有关，还是减轻和避免群体过大及倒伏、青枯、病虫的发生，确保粒重不大幅度下降的重要基础。

不同生产条件和产量水平下，有着不同的产量结构和主攻方向。中低产麦田因肥水条件限制，光合面积较小和穗数不足是影响产量提高的主要因素。因此，增施肥料、培肥地力、扩大光合面积、提高生物产量、主攻足穗是主要增产途径。高产麦田应保持适宜的光合面积，合理控制最高茎数，建立高光合群体，提高生育后期光合生产能力，应适当降低基本苗，在保证足穗基础上，主攻粒数和粒重，使穗、粒、重协调发展，实现高产。

3. 小麦高产生理特点

小麦产量的 90%~95% 来自光合作用的产物，而来自土壤中的无机盐不足 10%。因此，提高小麦产量的根本途径是提高对太阳光能的利用率，提高生物总产量与经济系数。由此可见，光合作用是产量的根本来源，光合作用形成产量的多少受到光合性能 4 个方面的影响：一是光合面积的大小，即绿叶面积大小，用叶面积指数（LAI）来表示；二是光合生产率的大小，即净同化率（NAR），以 $kg/(m^2 \cdot d)$ 表示；三是光合时间的长短，这主要取决于小麦生长期的长短、叶片寿命长短和光照时数的多少；四是光合产物的分配利用，它直接影响作物经济系数的大小。

小麦高产群体应具有适宜的同化能力强的光合源（一般指绿叶），具有数量足够且充实度高的库（一般指籽粒），群体的高光合效能是高产群体物质生产和积累的基础，高产群体具有一生中叶面积消长合理、有效叶面积率高、光合强度高以及群体的消光系数低 4 个特点。因此，保持后期较大的绿叶面积、维持叶片较高的光合功能、延缓衰老是高产群体高光效最为重要的生理基础。

在高产条件下，建立合理的群体结构、协调小麦群体与个体的矛盾，就能在保证获得适宜穗数的基础上，提高穗粒数和粒重，获得高产。在此基础上，进一步调节群体，使单位面积穗数达到适宜穗数上限值的同时，通过培育合理的株型，使群体内光照充足，保证足够穗粒数，采取延缓小麦衰老的综合指标，延长小麦开花后的高光合能力持续期，进一步改善小麦生育后期光合性能，提高小麦的光能利用率，显著提高粒重，最终获得超高产。

（六）品质形成规律

1. 小麦籽粒品质指标

小麦品质是指小麦籽粒对某种特定最终用途的适合性，亦指其对制造某种面食要求的满足程度，是衡量小麦品质的依据。一般可分为形态品质（外观）、营养品质、加工品质（含食味品质）和安全品质等几方面，各有其自身的评价指标体系（图 2-3-17）。

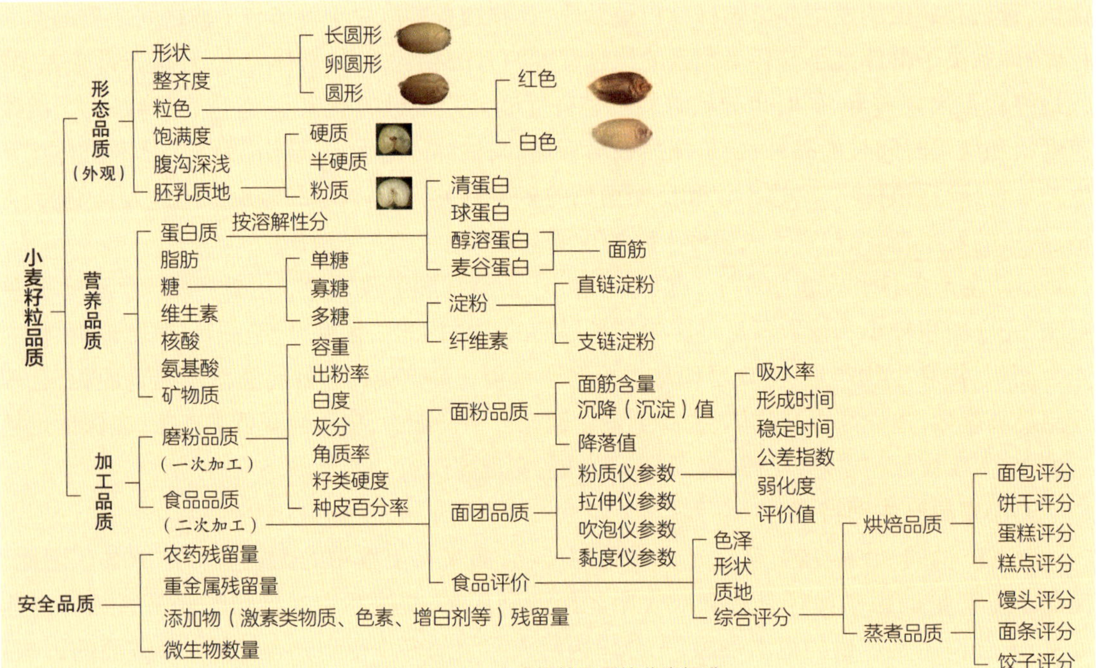

图 2-3-17 小麦籽粒品质的分类标准

2. 小麦质量标准与分类

小麦大面积生产中，随着品种的增多、管理的粗放，导致强筋不强、弱筋不弱的情况出现，优势产区未能发挥相应的产业优势。为了提高我国小麦质量，并与国际标准接轨，有关单位制定了相关国家标准（表 2-3-4）。

表 2-3-4 优质小麦质量指标要求

类别			强筋小麦		中筋小麦		低筋小麦	
等级			一等	二等	一等	二等	一等	二等
籽粒	硬度指数		≥ 60				≤ 45	
	一致性 /%	≥	80					
	降落数值 /s	≥	200					
	容重 /（g/L）	≥	750					
	不完善粒含量 /%	≤	8.0					
	杂质含量 /% 其中： 无机杂质含量 /%	≤ ≤	1.0 0.5					
	水分含量 /%	≤	12.5					
	色泽气味		正常					
小麦粉	食品评分值 / 分	≥	90	80	90	80	90	80
	湿面筋含量 /%		≥ 30.0		> 25.0		≤ 22.0	≤ 25.0

（续表）

类别			强筋小麦		中筋小麦		低筋小麦	
等级			一等	二等	一等	二等	一等	二等
小麦粉	面筋指数	≥	90	80	70	60		
	粉质稳定性 /min	≥	12.0	8.0	6.0	3.0		
	最大拉伸阻力 /EU	≥	450	350	300	200	—	
	面团延伸性 /mm	≥	150				—	

注：1. 面筋指数、粉质稳定性和最大拉伸阻力三项指标应有一项及以上符合，其他项作为声称指标进行标注。
2. “—”表示不作要求。

由于小麦粉可制成的食品种类繁多，要求的品质指标也各不相同，因此生产中将满足不同面制食品的加工特性和品质要求而生产的小麦称为专用小麦，即那些具有不同的内在品质特性、专门适合制作某种（类）食品（如面包、饼干、糕点、面条、馒头、饺子等）以及专门用作某种特殊用途（如专门为某一特殊群体提供特殊营养或食疗作用）的小麦。根据目前我国专用小麦生产现状、产量水平及加工企业需求，可将专用小麦分为5种类型：

（1）**强筋小麦** 即国标《优质小麦》（GB/T 17892—2024）中的一等强筋小麦，适合制作面包、通心粉等。

（2）**中强筋小麦** 即国标《优质小麦》（GB/T 17892—2024）中的二等强筋小麦，适合制作优质面条、馒头（北方）等食品。

（3）**中筋小麦** 即国标《优质小麦》（GB/T 17892—2024）中的中筋小麦，中等筋力，制作的食品种类最为繁多，包括面条（挂面、方便面、通心面等）、馒头、饺子（水饺、蒸饺等）、包子、大饼、油条等。随着传统面食品的发扬光大，还会出现许多新的品种类型。

（4）**弱筋小麦** 国标《优质小麦》（GB/T 17893—2024）中的低筋小麦，适合制作酥性饼干、发酵饼干、酥饼、蛋糕、糕点及南方刀切馒头等食品。

（5）**特用小麦** 主要用作食疗和动物饲料等，也有酿酒、制曲、啤用等需求。

四、小麦高产优质高效生产管理措施

小麦播种–出苗

播种出苗期田间管理

种植冬小麦要想获得既高产又优质，重点要抓好播种出苗、春季田管和后期田间管理3个重要阶段，秋播是“重中之重”。

（一）播种出苗阶段管理

俗话说小麦生产“七分种，三分管”。小麦从种到收整个生育时间长达200多天，但其营养生长、生殖生长的苗质基础奠定于1个月左右的播种出苗阶段，只有有良好的播种、立苗、壮苗基础，才能提高群体质量，实现“足穗、壮秆大穗、增粒增重”的高产目标。

稻茬小麦标准化种植

1. 及时腾茬

无论是黄淮海麦区，还是长江中下游等南方麦区，小麦前作玉米、大豆等茬口的旱作物成熟收获期较早，及时收获后搞好前茬玉米等全部秸秆的粉碎还田，就可以做到适期整地、播种。

长江中下游的稻茬麦区，特别是粳稻成熟收获腾茬迟于小麦播种适期，稻麦周年的季节矛盾和小麦晚播问题更为突出；加上稻茬土壤黏湿、适耕性差，若在秋收秋种季节遭遇连阴雨的情况，则秸秆还田和耕整困难，播种进度严重受阻，出苗质量大幅下降，苗齐、苗匀、苗壮目标难以一步达成。因此，做好粳稻茬的播前接茬应变措施对确保稻麦周年高产尤为重要，主要包括4个方面。

（1）**水稻后期及时断水** 粳稻最后一次的灌水时间指标：若灌后不排，则应在收稻前15~20 d断水；若即灌即排（跑马水），则应在收稻前7~10 d及时断水。遇阴雨天气应及时开沟（加开“井”字形、“川”字形的中心沟或骨干沟）排水降渍。

（2）**水稻成熟即收** 传统的“麦要抢，稻要养”的收获农谚已不适应新的生产条件需求，要树立“适度养老稻”“麦要抢（收），稻也要抢（收）”的稻麦周年高产高效观念，因为水稻灌浆期所要求的最低温度条件为15 ℃（粳稻）至17 ℃（籼稻），而这个气温恰恰是小麦适期播种所需的气温指标。

（3）**水稻机收时同步碎草匀铺** 水稻收获时，联合收割机选用或加装秸草切碎和匀撒装置。收获时留低茬、高度≤ 10 cm，秸草切碎长度≤ 10 cm，秸秆切碎后均匀抛撒（抛撒不均匀率≤ 20%）。

（4）**稻秸适墒耕旋深埋** 为提高稻茬小麦的播种出苗质量，一定要尽可能单独进行一遍秸秆深埋还田作业程序。土壤相对含水量在15%~25%时犁耕深翻，配备犁铧数≥ 4个以功率在103 kW以上四轮驱动拖拉机为宜，犁耕深翻深度≥ 25 cm，犁耕深翻还田作业后的秸秆覆盖率≥ 90%；在碎草匀铺质量较好的情况下，用犁旋一体机作业也能确保秸草埋深≥ 15 cm；或用动力充足的旋耕灭茬机械低挡、低速反旋作业，尽量实现秸草埋深≥ 15 cm，以确保秸秆分布深而匀，防止秸秆堆积成团，影响小麦根系生长发育，阻碍水分和营养元素自然转运供根系吸收。

2. 精细整地

播种前整地可起到平整地表、破除板结、匀墒保墒、深施肥料等作用，是保证播种质量，达到苗全、苗匀、苗齐、苗壮的基础。麦田整地质量要求达到深、透、细、平、实、足，并保持适宜的土壤湿度，为小麦播种和出苗创造良好条件。无论是旱茬小麦还是稻茬小麦，在适墒深耕后都要适时破垡晒田（晒垡），耕耙配套，旋耙压实，耙深耙透，耙细耙平，确保无明暗土块。旋耕（耙）整地1次以上，才能达到田面平整，上虚下实，表土细碎（图2-4-1）。

图2-4-1 耕层及对应的作业机械

小麦整地施肥

对粳稻茬、未深耕而采用旋耕整地的麦田，可采用 2 次旋耕的方法，即先旋耕灭茬并尽量秸草深埋后用旋耕犁碎垡，再用复式作业机械（一体机）一次性完成播种、施肥、开沟、镇压等作业程序，才能确保稻茬小麦的播种出苗质量。

对中低产田和新整理补充的中低等级耕地，要增施有机物料以培肥土壤，一般每亩机施（撒施）有机物料 200~1 000 kg，均匀抛撒（抛撒不均匀率≤ 20%）。土壤有机质≥ 18 g/kg 时，可少量施用有机物料或不施用。

3. 良种处理

小麦良种具备高产、稳产、优质、抗逆、适应性强等特征。针对目前市场上品种数量多的特点，良种选用应根据当地自然气候、栽培条件、产量水平以及耕作种植制度特点进行，同时做到试验示范筛选、良种良法配套。建议优选当地农业农村行政主管部门或农业技术推广机构推介发布的主推品种，严禁跨品种审定区域推广种植和越权非法销售商品种等行为。同时，建议播种前要在室内进行发芽试验，为确定播种量提供依据。

在播种前 3~5 d 将种子摊在防水布上，厚度以 5~7 cm 为宜，连续晒 1~2 d，随时翻动，晚上堆好盖好，直到牙咬种子发响为止。为使苗期控旺促壮和促根增蘖，播前可用矮壮丰、矮苗壮、多效唑、壮丰安等化控药剂拌种，可使小麦苗期叶片短、宽、厚、挺、深（叶色浓绿）。为了预防小麦腥黑穗病、纹枯病等种传、土传病害和地下害虫、蚜虫等，可选用杀菌杀虫剂拌种或者包衣，现拌现用，即随拌晾干后随播（图 2-4-2）。

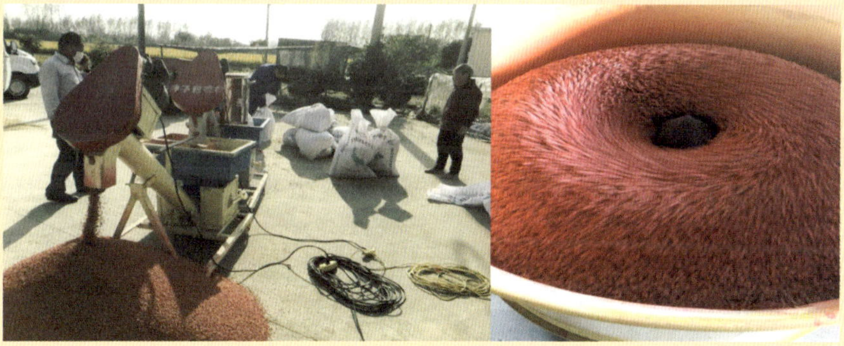

图 2-4-2　小麦种子包衣

4. 适期播种

适宜的播种期是保证小麦生长发育进程与最佳季节同步，在全生育期的各生长发育关键时期达到相应的生长发育指标的关键技术之一。冬小麦的适期播种，可以充分利用秋末冬初适宜生长季节的温光资源，使麦苗在越冬前即能生出一定数量的叶片、分蘖和根系，积累较多的营养物质，形成壮苗越冬，为春发稳长、增穗增粒、实现高产打好基础。播种过早，苗期温度太高，麦苗易旺长，提早拔节，易遭遇冬季冻害、倒春寒等，后期易脱力早衰和倒伏等导致减产。播种过迟，出苗期拉长，出苗率下降，冬前和冬季苗小苗弱质量差，生长发育有两个“先天不足”会导致减产：一是越冬后的分蘖多为无效生长，基本不能成穗，浪费肥水；二是穗分化发育大幅推迟、时间缩短，分化出的小穗小花数量大幅减少，最终穗型小、粒数少。

一般种子发芽、出苗需要积温 120 ℃，每长 1 叶需要积温约 75 ℃。淮北地区半冬性品种（适期播种，主茎 13 张叶片），越冬始期壮苗叶龄 5.5~6.5 叶，需总积温 525~600 ℃；淮南地区春性品种（适期播种，主茎 11 张叶片），越冬始期壮苗叶龄 4.5~5.5 叶，需总积温 475~525 ℃。科研人员根据多年生产实践，总结出江淮麦区小麦适期播种温度指标：淮北半冬性品种最佳播种期适宜气温为 16~18 ℃，淮南春性品种最佳播种期适宜气温为 14~16 ℃。

根据试验，小麦播种适期范围一般只有 7~10 d。连续暖冬后播种适期比传统适期推迟 5~7 d。在江苏省，淮北旱茬半冬性品种播种适期为 10 月 10—20 日，淮北稻茬偏春性品种为 10 月 15—25 日；淮南的苏中麦区为 10 月 25 日至 11 月 5 日；苏南麦区为 11 上旬至 15 日（图 2-4-3）。

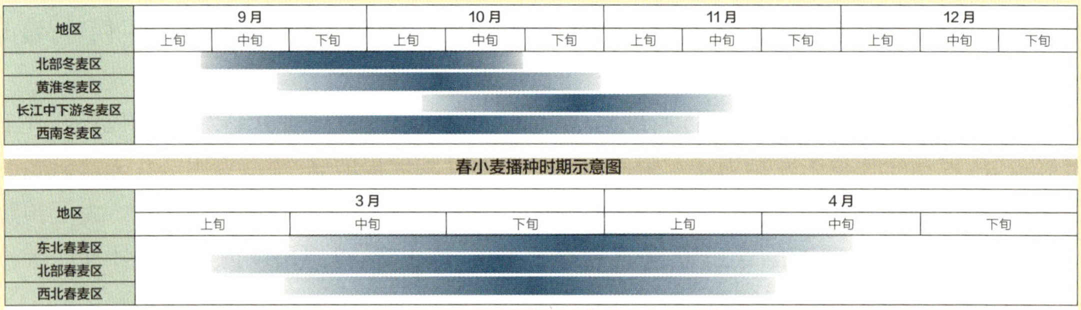

注：1. 色带深色部分表示适播期，向前向后的渐变色带分别表示早播、晚播。
2. 适期条件下亩播量应控制在 6~8 kg，基本苗 12 万 ~15 万；播种期每推迟 1 d，增加 0.5 万 ~1.0 万基本苗；冬前壮苗，总茎蘖数约为适宜穗数的 1.2 倍。
3. 播种深度一般旱茬小麦为 3~5 cm、稻茬小麦为 2~3 cm，不可过深，以利早发、形成冬前壮苗，且要覆盖均匀。

图 2-4-3　小麦播种时期示意图

5. 适量播种

基本苗数是实现合理群体的基础。生产上通常采取“以地定产，以产定穗，以穗定苗，以苗定籽”的方法确定实际播种量，即以土壤肥力高低确定产量水平，根据计划产量和品种的穗粒质量确定合理的穗数，根据穗数和单株成穗数确定基本苗数，再根据基本苗数和品种千粒重、发芽率及田间出苗率等确定播种量。

适期范围内以精播控苗为宜，一般淮北多穗型品种适期播种的适宜基本苗数应为 8 万 ~14 万 / 亩，淮南大穗型品种适期播种的适宜基本苗数应为 10 万 ~16 万 / 亩，中间型品种适期播种的适宜基本苗数为 12 万 ~15 万 / 亩。播种适期过后因冬前有效分蘖成穗比例下降，因此要适当增加预期基本苗数：比适期推迟 10 d 内每晚播 1 d，增加 0.5 万基本苗；比适期推迟 10 d 后每晚播 1 d，增加约 1 万基本苗。晚播麦田预期基本苗的最大值：淮北麦区不超过 35 万；淮南麦区不超过 25 万，苗播种量与基本苗的关系式见式 2-4-1。

$$\text{播种量(kg/亩)}=\frac{\text{预期基本苗数}}{\text{每千克种子数}\times\text{种子净度(\%)}\times\text{田间试种出苗率(\%)}}\approx\frac{\text{预期基本苗数}\times\text{种子千粒重(g)}}{\text{种子净度(\%)}\times\text{种子发芽率(\%)(室内)}\times\text{田间出苗率(\%)}\times1000\times1000}\qquad(2\text{-}4\text{-}1)$$

在耕整地质量高、适期播种的条件下，种子发芽率（室内）可达 85%~95%，田间试种出苗率可达 90% 以上，按照公式（2-4-1），大多数品种的每亩播种量和预期基本苗数的关系可以实现"斤"种万苗，如预期基本苗数为 10 万 / 亩，若种子千粒重 40 g，净度 98%，发芽率 90% ，田间出苗率 90%，则计算出亩播种量为 5 kg 。但在耕整地质量差、推迟播种的条件下，随着气温下降，田间出苗率会大幅降低，"斤" 种成苗仅 6 000~7 000 株，因此每亩播种量也会随播期推迟呈递进式大幅增加。播种适期过后，10 d 内每晚播 1 d，亩播种量增加 0.5 kg；10 d 后每晚播 1 d，亩播种量增加 1 kg。晚播麦田每亩播种量的最大值：淮北麦区 25~35 kg，淮南麦区 20~25 kg。

6. 适墒播种

适墒播种是实现一播全苗、增加抗旱抗冻能力、实现壮苗安全越冬的重要措施。土壤墒情适宜（土壤绝对含水量 18%~20%、相对含水量 70%~80%）时播种作业，既有利于机械作业，提高整地和播种质量，也利于播后及时出苗。墒情不足时，播后要及时洇水灌溉补墒，促进齐苗。土壤湿度过大或遇连阴雨天气时，要采取排水降渍措施，创造适宜的土壤墒情条件，"宁迟勿烂"，避免烂耕烂种，僵苗不发。

7. 机械条带匀播

小麦播种方式

（1）**播种出苗质量目标要求**　落籽均匀，播深适宜，深浅一致，原墒出苗，苗量合理，"灭三籽"（露籽、深籽、丛籽）、"争五苗"（早、齐、匀、全、壮）。

（2）**适宜播种深度**　旱茬小麦 3~5 cm，稻茬小麦 2~3 cm。北方麦区因气温低、易干旱，水分偏少宜稍深；南方麦区稻茬土壤黏湿，应适当浅播，生产上常因播种过深造成出苗率低。

（3）**适宜行距**　与人工撒播相比，条播具有播种均匀以提高土地利用率、发挥边际效应以提高麦苗群体质量、改善中后期群体内通风透光条件以提高光能利用率和光合效率等优势。但要注意，在适期精量播种条件下扩大行距，更有利于低播量匀播和后期更高的物质积累，由大面积生产正常的 20 cm 行距扩大到 25 cm（即 6 行条播机改为 5 行），高产田、丰产方甚至可以扩大到 26~30 cm。

传统的人工播种很难实现上述目标。只有通过机械化播种作业程序，才能实现精确定量、播种均匀（图 2-4-4）。特别是在稻茬土壤黏湿条件下，需调整和改进机械的旋切刀、排种口、镇压轮等装置，改条状行播为带状行播，确保机械匀播、苗带成行。

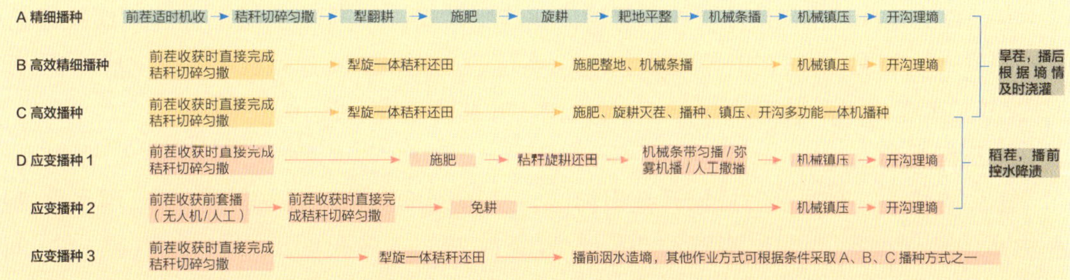

应变播种 1 常适用于土壤湿度大，无适耕条件；应变播种 2 常适用于周年茬口紧张，免耕抢茬；应变播种 3 常适用于土壤干旱墒情不足。
秸秆还田后或使用复式播种机播种后，一定要及时进行镇压和开沟，以防跑墒、露籽以及烂种等现象发生，达到一播全苗。

图 2-4-4　江淮麦区旱茬和稻茬小麦的几种播种方式和作业程序

8. 施足基肥

小麦的生长发育过程及最终产量的高低和品质的优劣与土壤养分的供应状况和植株对养分的吸收、运转、分配有着十分密切的联系，通过科学施肥来满足小麦在各个生育阶段对养分的需求，才能达到优质、高产、高效的目的。

（1）**根据测土配方施肥原理合理确定施肥总量** 单位面积施肥量应根据目标产量、土壤供肥能力、所用肥料的有效养分含量及其当季利用率来决定。因此，摸清土壤家底，掌握土壤的供肥性能，根据土壤“缺什么、补什么”“缺多少、补多少”的原则计算施肥量，再依据作物吸肥特性和肥料利用率，科学设计施肥配方，合理安排基肥和追肥比例，规定施用时间和方法，以满足作物吸肥高峰并发挥肥料的最大增产作用。

施肥量（kg/ 亩）=[计划产量所需养分量（kg/ 亩）– 土壤当季供给养分量（kg/ 亩）] ÷ [肥料养分含量（%）× 肥料利用率（%）]

计划产量所需养分量可根据 100 kg 籽粒所需养分量来确定冬小麦每 100 kg 籽粒需纯氮（N）3 kg、磷（P_2O_5）1.25 kg、钾（K_2O）2.5 kg。土壤供肥状况一般以不施肥麦田产出的小麦养分量测知土壤供给养分量。在田间条件下，肥料的当季利用率，氮肥为 30%~50%，磷肥为 10%~20%（高者可达 25%~30%），钾肥多为 40%~70%。肥料的当季利用率因肥料品种、施用方法不同而有很大差异。测土配方施肥可以通过组织熟悉当地情况的土肥、栽培等专业的专家，以试验结果为基础，综合制订土壤养分丰缺评价标准，会商确定县域内不同土壤养分丰缺水平下的氮、磷、钾推荐用量。

（2）**根据小麦品质类型和目标产量合理确定基肥和追肥比例** 根据强筋、中筋、弱筋小麦吸肥规律和当前的目标产量，基肥、追肥的氮肥运筹比例分别控制在 5∶5、5.5∶4.5(或 6∶4)、7∶3 左右；磷肥（P_2O_5）为 7∶3；钾肥（K_2O) 为 5∶5。在播种期同步施用基肥，一般每亩施 25~35 kg 45% 复合肥（N、P_2O_5、K_2O 均为 15%）或配方肥及 5~10 kg 尿素；提倡在分蘖期、拔节孕穗期追施氮肥，在拔节前后追施磷钾肥。

（3）**根据土壤地力、肥料品种和配方合理确定施肥模式** 小麦生产上常规施用单一化肥或配方肥，一般采用“一基三追”或“一基四追”施肥方式，即亩施 25~35 kg 45% 复合肥或配方肥及 5.0~10.0 kg 尿素，主茎 4~5 叶期亩施壮蘖肥 5.0~7.5 kg 尿素，倒 3 叶期亩施拔节肥 15 kg 45% 复合肥及 7.5~10.0 kg 尿素，高产田提倡剑叶肥亩施 5.0~7.5 kg 尿素（可合并至倒 3 叶期拔节肥）。

有条件的地区可推广应用缓控释肥的简化施肥模式：在高肥力土壤上，推行“缓控释肥（+ 速效肥）”一次施肥方式；在中等肥力土壤上，实行“缓控释肥（+ 速效肥）”的“一基一追”施肥模式，基肥亩施 40 kg 缓控释肥（33–7–10），倒 3 叶期亩施拔节肥 10 kg 尿素。

9. 三沟配套

播后墒情适宜时要及时机械开挖田内沟，一般竖沟间距每 3~4 m 开挖 1 条，雨水多、地下水位高的地区间距 2~3 m，沟宽约 20 cm，沟深 ≥ 20 cm；较长的田块加开横（腰）沟，间距 40~50 m，沟深 ≥ 30 cm；田头出水沟，沟深 ≥ 40 cm，沟宽 25 cm。一般要求田外排水沟（渠）深 ≥ 1 m，确保内外三沟相联配套，沟渠相通，沟直底平，能排能灌（图 2–4–5）。免少耕麦田通过提高开沟密度和深度，增加开沟取土量，覆盖畦面，防止露籽。

图 2-4-5　田内外三沟配套

10. 适时化除

对麦田杂草危害，要坚持“封杀结合、以封为主、科学用药”的防除策略。土壤墒情适宜时，强烈建议播后苗前进行土壤封闭化除或冬前（苗后早期）封杀除草。

采用机械播种，无露籽且墒情好（土壤相对含水量在 70% 以上）的田块，小麦播后苗前（播后 3~7 d）土壤封闭可用异丙隆、氟噻草胺、丙草胺等单剂及其与吡氟酰草胺、苄嘧磺隆等的复配剂。

如果未进行播后苗前土壤封闭除草，可采取苗后早期封杀除草（播后 15 d 至霜冻前），可选择异丙隆、氟唑磺隆与吡氟酰草胺、苄嘧磺隆、氯吡嘧磺隆等的复配剂。施药时要避开低温、干旱、连阴雨天气，尤其是要避开第一次强寒流用药，药后 10 d 内无 0 ℃以下的霜冻天气。

11. 覆盖镇压

旱茬小麦及秸秆还田稻茬小麦，容易造成耕作层土壤疏松，跑墒透风，抗旱、抗寒能力下降，遇干旱年份容易造成干冻死苗，因此尤其要强调播后镇压，可以控制播深，减少露籽，提墒保温，弥合土缝，使种子和土壤密接，有利于吸水萌发，促进出苗、齐苗、壮苗。一般在小麦播种后 5 d 内镇压为宜，土壤颗粒大且含水量低应播后立即镇压并适当提高镇压强度。出苗后在苗期（直至越冬前）也可视苗情和墒情进行二次镇压，确保安全越冬。稻茬小麦尤其是板茬直播和稻田套播小麦，要增施土杂肥或增加沟泥、秸秆覆盖。

12. 晚播麦催芽播种的应变技术

错过适期播种，特别是大幅推迟播种的情况下，可采取室内浸种催芽播种的方法，在室内较高温度条件下弥补发芽出苗所需的部分积温，尽量争取迟播早苗，具体有整地、浸种、催芽、播种 4 个环节。

（1）**整地**　对墒情适宜的田，采用耕翻、旋、耙等作业整平待播；对湿烂田块，用水田作业的机械直接采用旋耕作业方式整田 2~3 次至整平，排水降渍待播。

（2）**浸种**　根据播种量和播种面积称出种子数量，放入浸种池注满水，保证水面高于种子面 8~10 cm；根据气温决定浸种时间，气温在 15 ℃以上时浸种时间不宜超过 8 h，气温在 10~15 ℃时浸种时间 8~10 h，气温在 10 ℃以下时浸种时间 10~14 h。

（3）**催芽**　把吸足水分的种子从浸种池中捞出，放在覆有防雨布的地面上堆闷催芽，上盖防雨布或塑料布促破胸（露白），时间为 1 d 左右。破胸（露白）后用立克秀拌种，然后把种子摊薄（20 cm 左右）进行长根长芽。期间每天翻动 4~6 次，每翻动一次浇一次水，以浇湿为主，一般 2~3 d 时间。期间要有专人负责，严防高温烧芽。根据播种方式的不同，芽的长度也不一样：机播露白即可；人工撒播的要长一些，芽长半麦粒、根长一麦粒时播种。为防治霜霉病，可以在此阶段拌甲霜灵。

（4）**播种** 根据大田实际情况进行机播（水稻水直播机）或人工撒播（为确保撒匀，应撒 2 遍）。播种深度以 2~3 cm 为宜，撒播需要薄土覆盖。

苗期田间管理

（二）冬前苗期管理

分蘖至越冬阶段正值小麦苗期，正常情况下并不需要太多的田间管理，主要是针对秋播出苗阶段未落实到位的措施进行加工补课、拾遗补缺，也需针对早播旺长、迟播晚苗，黄瘦弱小（基肥不足），草害偏重，局部出现干旱、涝渍或冻害等问题麦田进行管理。

1. 查苗补种（苗），突击抢种扫尾，注意迟播应变

对出苗不齐、缺苗断垄的田块，要及早移密补稀或催芽补种。尤其是对江淮麦区 11 月底尚未播种的稻茬麦，要抓住有利时机，突击抢收抢种，确保播种质量。一要提高秸秆还田和整地播种质量，以“好”补“晚”。稻秸秆要尽可能碎草匀铺，有条件的可用专用秸秆粉碎机进行粉碎作业，深旋埋草整地后机械播种。二要适当增加播种量，以“密”补“晚”。晚播小麦主要依靠主茎成穗，即“独秆”栽培。应考虑低温条件下出苗率大幅下降的因素，淮北地区每亩基本苗数要增加到 35 万左右，每亩播种量掌握在 25~30 kg；淮南地区基本苗数控制在 25 万左右，播种量 20 kg 左右。三要避免烂耕烂种。由于常遇秋冬连续阴雨，部分未播田块土壤湿度较大，有可能造成烂耕烂种。如果因土壤过湿无法机械作业，首先要做好排水降渍，适当推迟播种。偏湿但可以机械作业的情况下，不宜深旋耕，可采取浅旋机播方式。四要施足基肥，以“肥”补“晚”。掌握在较大播种量情况下总施肥量可减少 10%~20%，基肥中除磷钾肥（复合肥或配方肥）正常施用外，基氮肥（如尿素）可减半施用，保持苗（蘖）肥和拔节孕穗肥的用量与常规相同，这样就加大了拔节孕穗肥的比例，符合晚播“独秆”小麦“前控、中稳、后促”及主攻大穗的目标。

2. 查肥补肥，促弱转壮

“基肥不足苗肥补”。对于白田下种或基肥用量不足的麦田，要尽早补施苗肥或分蘖肥；适期播种的一、二类苗建议在 3~5 叶期根据苗情可适量施用壮蘖（平衡）肥，每亩施尿素 5.0~7.5 kg，促进大分蘖生长；预计冬前茎蘖数不及预期穗数的三类苗田块，应根据苗情尽早追肥促长促蘖，每亩施肥量可适当增加到尿素 7.5~10.0 kg；确保基苗（蘖）肥总量每亩施足纯氮 9~10 kg，占一生总氮量的 50%~ 60%。晚播小麦在基本苗和基苗肥充足的情况下不宜盲目追肥，以防促进无效分蘖过多发生，重点应在春后施好拔节孕穗肥攻大穗，最大限度减小晚播对产量的影响。

3. 查沟补沟，查草补除

有些麦田沟系尚不完善配套，有的围沟不畅，有的内外沟不通，也有的沟系质量不达标。要利用冬前、冬闲的有利时机，及早完善沟系，提高标准，确保排水通畅，雨止田干，切实防止阴

雨造成严重渍害。对秋播未封闭化除或效果不理想的田块，可在冬前冷尾暖头、日平均气温达5 ℃以上的晴天及时喷药化除。应尽早使用具有封杀作用的药剂，如异丙隆、氟唑磺隆加吡氟酰草胺或丙草胺及时喷药化除。要密切关注天气趋势，避开低温寒潮，注意寒潮来临前3~5 d、后5~7 d不宜化除用药，防止加重低温冻药害。

4. 多措并举，防冻保苗

冬前苗期要围绕"抢早抓平衡、促弱防冻害"主攻目标，越冬期间应以防冻保苗为主，镇压、覆盖、化控、冬灌等多措并举。对稻草还田量较大、表土层疏松的麦田要适度镇压，确保根土密接，提高保墒防冻能力。适度镇压应掌握在日平均气温3 ℃以上、墒情适宜（表土干白）时进行。对板茬直播和短共生套播小麦，可增开田间沟系利用沟泥加强覆盖，有条件的地方也可增施土杂肥覆盖。对有旺长趋势的小麦，应在冬前抢晴暖天气喷施矮壮丰、矮苗壮或多效唑等进行适当化控。入冬前墒情不足的田块，要在冬前（日平均气温在3 ℃以上）适时进行喷灌或沟灌洇水，速灌速排，避免大水漫灌。此外，田间内外沟系不到位的田块要尽快配套补齐，确保排水通畅，防止雨涝渍害。

（三）春季高效管理

春季高效田间管理

春季返青拔节阶段，是小麦从以营养生长为主的时期转入根、叶、蘖、茎、穗等营养生长与生殖生长并进的时期，是巩固冬前壮苗、争取弱苗转壮和抑制旺苗生长的有利时期，是增加春季分蘖及成穗数的高效期，也是调节小麦群体合理发展、减少小花退化、增加每穗实粒数、提高成穗率和结实率及千粒重、夺取小麦丰收的关键时期。春季气温回升快，杂草发生较快，与麦苗争肥、争水、争空间，从而影响麦苗生长。该阶段小麦进入了第二个吸肥高峰，植株的生长量大，群体发展迅速变大，通风透光条件变差，抵抗力下降，易遭受纹枯病等病虫害危害；"尺麦怕寸水"，小麦拔节后对水分的反应比较敏感，春季雨水较多，如遇连阴雨天气，渍害、湿害将对产量影响较大；春季气温多变，倒春寒冻害对产量影响大，需要恢复补救。

江淮麦区在"雨水"节气正处于拔节前后的关键时期，春季管理正当时。春季管理要以"稳穗、争粒、增重"为主攻目标，因地因苗制宜加强分类指导，突出"一促"（即促弱转壮）、"两控"（即控旺长、控病虫草害）、"三防"（即防冻害、防渍害、防早衰）关键措施，小麦拔节前，重点抓好"清沟理墒、适时化除、控旺促弱"等田间管理措施；拔节后，重点抓好"防治纹枯病、施好拔节孕穗肥、防御倒春寒"等措施。

小麦分蘖期灌水

1. 清沟理墒，防渍防旱

以江苏、安徽为代表的江淮麦区处于南北过渡地带，既可能遇连阴雨又可能遭遇干旱，影响根系对养分、水分的吸收。因此，一方面要及时清沟理墒、疏通沟系，保证田内外沟系排水通畅，做到雨止田干；另一方面，局部地区显露旱象（一般掌握在耕层土壤相对含水量低于55%）时要结合施肥及时灌春水，缓解旱情。日均气温在3 ℃以上，冷尾暖头，夜冻日消时灌溉浇水，低温时速灌速排（傍晚降温前全部渗完，地面无积水），切忌大水漫灌（图2-4-6）。

2. 促弱控旺，壮株防倒

一般情况下，一、二类苗不宜施用返青肥。对迟播弱小、群体偏少、预期穗数可能不足，或者前期施肥不足、有脱力落黄现象的麦田，宜及时追施接力（返青）肥，可亩追施10~20 kg三元

图 2-4-6　麦田清沟理墒

高效复合肥（N、P_2O_5、K_2O 各 15%）。对秸秆还田量大、苗情过弱的田块宜每亩再加施 5 kg 尿素，尽早促弱转壮，争穗争粒。对于叶龄偏大、群体偏多、有提早拔节趋势的田块，不宜施用返青肥，且要在拔节前进行适度镇压或适当化控，控旺促壮防倒。对前期旺长又未及时化控、后期倒伏风险大的麦田，在"破口"期（始穗）用"穗伴侣"等抗倒剂在叶面均匀喷施进行化学调控，通过提高根系活力、缩短穗下节间长度、降低株高和重心高度来增强功能叶光合作用，增强小麦茎秆韧性，提高植株抗倒能力，预防倒伏发生。如用"穗伴侣"，注意要现配现用，不可与吡虫啉等碱性农药、肥料混配混喷。

3. 适时化除，防冻药害

对前期化除效果差，春季草害达标田块，要根据草相特点在拔节之前及时选准药剂，用好药量进行化学除草，控制杂草危害。通常在 2 月中下旬至 3 月上旬，根据田间残留杂草情况决定是否防治，如果田间残留草量偏高，需尽量采用茎叶处理剂除草。针对不同杂草类型，选择合适的除草剂。注意避开低温寒流，掌握在冷尾暖头用药，施药前 3~5 d、药后 7~10 d 内日均气温不能低于 8℃，并且无 0℃以下的寒流霜冻天气，防止出现冻药害。

4. 精准测报，防控病虫

拔节后要及时查报小麦纹枯病、白粉病、条锈病等并适时防治。对纹枯病（图 2-4-7），要在分蘖末期至拔节初期，田间病株率达 10%~20% 但纹枯病菌尚未侵茎前，选用合适药剂，于晨露未干时对准麦苗基部施药，重发田隔 7~10 d 再防治 1 次。对白粉病（图 2-4-8），重点要保护地上部功能叶，早春拔节期病株率达 5%，或孕穗至扬花期当病叶率达 5%~10% 或病株率达 15% 时及时用药防治。对条锈病（图 2-4-9），要严密监控，全面落实"带药侦查、打点保面"防控策略，采取"发现一点，防治一片；发现一片，防治全田"的预防措施，及时控制发病中心，延

图 2-4-7　纹枯病发生危害症状

图 2-4-8　白粉病发生危害症状

缓病害扩展蔓延。当田间平均病叶率达 0.5%~1.0% 时，要组织开展大面积应急防控，重发田块在施药 7~10 d 后进行第二次药剂防治。

图 2-4-9　条锈病发生危害症状

5. 因苗制宜，适时重施拔节孕穗肥

重施拔节孕穗肥是小麦高产高效的关键（图2-4-10）。拔节肥施用时间，淮南麦区通常在3月上中旬，淮北麦区通常在3月中下旬。具体时间还要根据苗情、墒情、返青肥用量等因素适当灵活把握，早拔节早施肥，肥水结合，提高肥效。对返青时群体过小、穗数可能不足的三类苗和脱力落黄严重麦田，提早施用拔节肥，以促进弱苗转壮，争取足穗。对群体茎蘖数适宜的一、二类苗麦田，在叶色正常褪淡，植株基部第一节间接近定长、第二节间伸长1~2 cm，叶龄余数在2.5左右时追施拔节肥，一般亩施用三元高效复合肥（N、P_2O_5、K_2O各15%）10~20 kg和尿素7~10 kg，培育壮秆大穗。对群体过大、叶色未正常褪淡的麦田，拔节肥应适当推迟施用，做到叶色不褪淡不施肥，以防止基部节间拉长导致倒伏。对高产田和中强筋小麦，提倡施用孕穗肥，在剑叶（旗叶）露出一半时施用，有显著的增粒增重效果，一般亩追施尿素5~9 kg。对弱筋小麦，施氮要前移，以施用拔节肥为主，不宜追施孕穗肥。

图 2-4-10　拔节肥（左）和孕穗肥（右）施用期田间长势

6. 防御倒春寒冻害，及早补救

春季气候“孩儿脸”，常遇倒春寒天气。小麦拔节后尤其是拔长 2 节后，遇到气温 0 ℃以下，主茎和大分蘖幼穗就会冻伤，甚至冻死。要密切关注天气变化，低温寒流来临前对缺墒麦田及时灌水，可改善土壤墒情，调节近地层小气候，缓冲地表温度变化，减轻冻害发生。在小麦冻害发生后 2~3 d 要及时调查幼穗受冻程度，根据受冻程度迅速增施恢复肥。仅叶片冻害或主茎幼穗冻死率 10% 左右，不必施肥；茎蘖幼穗冻死率达 10%~30% 的麦田应迅速亩施尿素 5 kg 左右，每增加 10 个百分点，亩增施尿素 2.5 kg；当主茎幼穗冻死率达 80%~100% 时，最多亩增施尿素 15 kg，争取小分蘖和高节位分蘖成穗，才能减少产量损失，尽可能获得正常产量。要注意增施的恢复肥与正常施用的拔节孕穗肥互不抵消。

（四）抽穗至成熟阶段管理

后期田间管理

小麦生长后期是小麦产量形成的关键时期，虽然小麦穗数已成定局，但每穗粒数、粒重还有很大变化，搞好后期管理对争取粒多粒重，提高小麦产量具有重要意义。小麦籽粒产量 80% 左右来自开花后积累的光合产物，产量随花后干物质积累量的增加而提高，保持上部叶片完好、延长功能期，对提高光合速率和产量十分重要。小麦生长后期的主要目标是养根、保叶、防病虫、防早衰、抗灾等，增粒增重，颗粒归仓，丰产丰收。

1. 因墒灌排

小麦抽穗到灌浆期，耗水量占全生育期的 1/4 以上。北方麦区该阶段温度较高、空气干燥，水分蒸发快，极易造成土壤干旱，导致小麦结实率和粒重下降。适宜的土壤水分条件，不仅能够保持根系活力，防止叶片早衰，促进籽粒灌浆，而且能够平抑地温，预防干热风和高温热害影响。因此，对北方麦区土壤墒情不足、有水浇条件的麦田应在扬花后 7~10 d，酌情浇好灌浆水，以水调肥，以肥养根，以根护叶，促进灌浆，提高粒重。要密切注意天气变化，选择无风天气进行浇水，无风快浇，有风停浇。要注意在早晚温度不太高的时候浇灌，并速灌速排，田间不要积水，切忌大水漫灌，防止地面积水。

南方麦区一般不提倡浇灌浆水（麦黄水），因为田间渍水后（包括雨后）遇高温晴热天气，会导致根系发生早衰，吸肥吸水能力减弱，植株青枯、加速死苗，也就是常说的“高温逼熟”现象，导致千粒重大幅下降。因此，更要注意及时做好清沟理墒、疏通沟系，保证田内外沟系排水通畅，做到雨止田干。

2. 全力防控赤霉病，查治其他病虫害

赤霉病化学防治

赤霉病别名麦穗枯、烂麦头、红麦头，是小麦的重要恶性病害，全世界普遍发生，以潮湿和半潮湿区域为主，湿润多雨的温带地区受害严重，如我国长江中下游冬麦区、东北春麦区均为重发区。种子、土壤、残茬均可带菌，从幼苗到抽穗都可受害，主要引起苗枯、茎基腐、秆腐和穗腐，以穗腐最为严重（图 2-4-11）。赤霉病是一种毁灭性的病害，严重影响小麦的产量和品质，对食品安全和人畜健康造成严重危害。因此，针对赤霉病要采取“预防为主、主动出击、统筹兼顾、总体防治”的防控策略，坚持“适期防治、见花打药”的防控技术要点，坚持查苗情定防治时期、查天气趋势定防治次数。确保一般发生区一次

图 2-4-11　赤霉病发生危害症状

用药全覆盖，重发区两次用药不动摇；首次用药须掌握在小麦扬花初期（扬花株率 5%~10%），努力做到“见花打药、扬花一块、防治一块”；对高感品种、生育期极不整齐和扬花期遇连阴雨天气的区域或田块，第一次用药后 5 d 左右开展二次防治；若扬花期遇阴雨天气，可选择雨停间隙或抢在雨前施药，药后 6 h 内遇雨要及时补治。要合理选择药剂，加大氰烯菌酯、丙硫菌唑、氟唑菌酰羟胺、叶菌唑等高效药剂及其复配制剂的推广应用力度，并注意轮换使用不同作用机理的药剂品种；要停用多菌灵等抗药性较高的药种，慎用吡唑醚菌酯、嘧菌酯等刺激毒素产生的甲氧基丙烯酸酯类杀菌剂。扬花期阴雨连绵的病害流行年份，应隔 5~7 d 再施药 1~2 次。

后期针对白粉病、锈病可选用戊唑醇、环丙唑醇、氯啶菌酯、啶氧 · 丙环唑、氯氟醚 · 吡唑酯、唑醚 · 戊唑醇等药剂；针对蚜虫（图 2-4-12）可选用吡虫啉、吡蚜酮、啶虫脒、联苯 · 噻虫胺、噻虫 · 高氯氟等药剂；针对黏虫（图 2-4-13）可选用高效氯氟氰菊酯、溴氰菊酯等药剂。要用足药水量，确保防治效果，喷杆喷雾机（图 2-4-14）亩用水量 20~30 kg；机动弥雾、静电喷雾亩用水量 15~20 kg；高效植保无人机（图 2-4-15）亩用水量不低于 2 L/ 亩，且温度、湿度适中，风力 ≤ 3 级，提倡飞防时使用飞防专用助剂 100 mL/ 亩。

图 2-4-12 蚜虫危害症状

图 2-4-13 黏虫危害症状

图 2-4-14 喷杆喷雾机防治

图 2-4-15 无人机飞防

3. 结合防治病虫害，叶面喷肥（剂）防早衰

抽穗扬花期和灌浆期间结合防病治虫搞好肥药（剂）混喷工作，可选用市售组合套装或磷酸二氢钾、尿素等优质叶面肥（剂），做到“一喷三防”“一喷多防”，即防病虫、防倒伏、防早衰、防干热风或高温逼熟等。

4. 蜡熟末期适期机械化抢收

从籽粒成熟过程来看，在小麦蜡熟末期（花后约 35 d）干物质积累和粒重达最大值时收获（图 2-4-16），不但产量高而且品质好，淀粉、蛋白质含量高，机械损伤也小。若不及时收获，由于雨落淋溶，呼吸消耗，籽粒干重会下降，同时颖壳松散，容易落粒；穗茎变脆，容易掉穗；遇雨还会导致穗上发芽。因此，小麦收获有“九成熟、十成收”“十成熟、一成丢”的说法。

图 2-4-16　腊熟末期及时机械化抢收

江淮麦区地处南北过渡地带，天气多变，某些年份梅雨季节来得早，并可能伴随暴雨大风。梅雨季若与小麦成熟期双碰头，则极易造成穗上发芽和“烂麦场”灾害，因此夏粮收获要“立足于抢”。要及早做好晒场、烘干、仓库、收获机械清理整修等准备工作，加强机具调度，加快收获进度，确保颗粒归仓。小麦成熟期根据天气状况及时抢收，收获期间遇阴雨天气籽粒水分偏高时及时烘干。

抗逆应变技术

（五）看苗诊断

对不同生育期小麦苗情一、二、三类苗的分类，目前尚无全国统一的标准。不同生态区、不同品种类型、不同播种期对小麦苗情分类都有一定影响，江苏省根据各地多年的生产实践，制定了适合江苏省不同生态区和品种类型的江苏省地方标准《小麦苗情分类与促控技术规程》[DB32/T 2325—2013]（表 2-4-1），较为科学、严谨、可持续。

表 2-4-1　江苏省淮北、淮南地区小麦苗情分类指标

生育时期	项目	旺长苗		一类苗		二类苗		三类苗	
		淮北	淮南	淮北	淮南	淮北	淮南	淮北	淮南
播种出苗阶段	基本苗数 /（万 / 亩）	—	—	8~16	8~16	8~20	8~20	—	—

（续表）

生育时期	项目	旺长苗		一类苗		二类苗		三类苗	
		淮北	淮南	淮北	淮南	淮北	淮南	淮北	淮南
播种出苗阶段	单株初生根/个	≥5	≥5	≥5	≥5	≥5	≥5	—	—
	长势长相	出苗早，长势旺，叶色墨绿，叶片长或叶片披垂		出苗“早、齐、匀、全、壮”，长势稳健，叶色葱绿		出苗“早、齐、匀、全、壮”，长势稳健，叶色绿		出苗慢，整齐度和均匀度欠佳，叶短小、色黄绿	
越冬始期	总茎蘖数/（万/亩）	>80	>60	50~70	35~50	40~80	30~60	<40	<30
	主茎叶龄/叶	>8	>6	6~7	5~6	5~8	4~6	<5	<4
	单株一次分蘖/个	—	—	3~5	2~3	2~3	1~2	<2	<1
	单株次生根/条	—	—	4~5	2~3	2~3	1~2	<2	<1
	长势长相	茎蘖嫩，叶细长、色墨绿		茎蘖壮，叶片挺、色葱绿		茎蘖较壮，叶片挺、色绿		茎蘖弱小，叶短小、色黄绿	
返青期	总茎蘖数/（万/亩）	>90	>80	70~90	50~70	50~90	40~80	<50	<40
	主茎叶龄/叶	>9	>7	7~8	6~7	6~7	5~7	<6	<5
	单株一次分蘖/个	—	—	5~6	3~4	3~5	2~3	<3	<2
	长势长相	茎蘖嫩，叶细长、色墨绿		茎蘖壮，叶片挺、色葱绿		茎蘖较壮，叶片挺、色绿		茎蘖弱小，叶短小、色黄绿	
拔节期	总茎蘖数/（万/亩）	>100	>90	80~100	60~80	60~100	60~90	<60	<50
	主茎叶龄/叶	>9	>8	9~10	6~8	6~8	5~6	<6	<6
	单株一次分蘖/个	—	—	5~6	2.5~3.5	3~4	2~3	<3	<2
	长势长相	茎蘖嫩，叶细长、色墨绿、无转淡趋势		茎蘖壮，叶片挺、色葱绿，病虫草害轻		茎蘖较壮，叶片挺、色绿，病虫草害轻		茎蘖弱小，叶短小、色黄绿	
抽穗期	总茎蘖数/（万/亩）	>60	>45	50~60	30~45	45~60	30~45	<45	<30
	长势长相	穗数过多，田间通风透光条件差，倒伏风险大，病虫害偏重		穗数足，穗型大，茎秆粗壮，田间通风透光条件好，病虫害轻		穗数足但穗型不大，或穗数不足但穗型大。田间通风透光条件较好，病虫害较轻		穗数不足，穗型偏小	

1. 分蘖—越冬阶段

（1）**看群体总茎蘖数和主茎叶龄**　以江苏淮北为例，越冬始期一类苗（图 2-4-17）每亩总茎蘖数为 50 万~70 万/亩，主茎叶龄 6~7 叶（图 2-4-18）；二类苗每亩总茎蘖数为 40 万~80 万/亩，主茎叶龄 5~8 叶；旺长苗每亩总茎蘖数 >80 万/亩，主茎叶龄 >8 叶；三类苗每亩总茎蘖数 <40 万/亩，主茎叶龄 <5 叶。

（2）**看长势长相**　越冬始期一类苗茎蘖壮，叶片挺，叶色葱绿；二类苗茎蘖较壮，叶片挺，叶色绿；旺长苗茎蘖嫩，叶细长，叶色墨绿；三类苗茎蘖弱小，叶短小，叶色黄绿（图 2-4-19）。

图 2-4-17　越冬壮苗（一类苗）

图 2-4-18　徐州贾汪基地小麦不同播种期越冬始期苗情分类

图 2-4-19　地力不均造成小麦长势和叶色不均

（3）**看单株一次分蘖和次生根** 以江苏淮北为例，越冬始期一类苗单株一次分蘖 3~5 个，单株次生根 4~5 条；二类苗单株一次分蘖 2~3 个，单株次生根 2~3 条；三类苗单株一次分蘖 <2 个，单株次生根 <2 条。

2. 返青 — 拔节 — 孕穗阶段

（1）**看群体总茎蘖数和主茎叶龄** 以江苏淮北为例，返青期一类苗总茎蘖数70万~90万/亩，主茎叶龄7~8叶；二类苗总茎蘖数50万~90万/亩，主茎叶龄6~7叶；旺长苗每亩总茎蘖数>90万株/亩，主茎叶龄>9叶；三类苗总茎蘖数<50万株/亩，主茎叶龄<6叶。拔节期一类苗总茎蘖数80万~100万/亩，主茎叶龄9~10叶；二类苗总茎蘖数60万~100万/亩，主茎叶龄6~8叶；旺长苗总茎蘖数>100万株/亩，主茎叶龄>9叶；三类苗总茎蘖数<60万株/亩，主茎叶龄<6叶（图2-4-20）。

图 2-4-20 不同播种期小麦植株群体和个体发育进程

（2）**看长势长相** 返青期一、二、三类苗与越冬始期标准一致。拔节期一类苗茎蘖壮，叶片挺，叶色葱绿，病虫草害轻；二类苗茎蘖较壮，叶片挺，叶色绿，病虫草害轻；旺长苗茎蘖嫩，叶细长，叶色墨绿，无转淡趋势；三类苗茎蘖弱小，叶短小，叶色黄绿（图 2-4-21）。

图 2-4-21 小麦不同播种期植株幼穗发育

（3）**看单株一级分蘖** 以江苏淮北为例，返青期一类苗单株一级分蘖 5~6 个，二类苗单株一级分蘖 3~5 个，三类苗单株一级分蘖 <3 个；拔节期一类苗单株一级分蘖 5~6 个，二类苗单株一级分蘖 3~4 个，三类苗单株一级分蘖 <3 个。

3. 抽穗 — 成熟阶段

（1）**看群体总茎蘖数和主茎叶龄** 以江苏淮北为例，抽穗期一类苗总茎蘖数 50 万~60 万 / 亩，二类苗总茎蘖数45万~60万 / 亩，旺长苗总茎蘖数 > 60 万 / 亩，三类苗总茎蘖数 < 45 万 / 亩。

（2）**看长势长相** 抽穗期一类苗穗数足，穗型大，茎秆粗壮，田间通风透光条件好，病虫害轻（图 2-4-22）。二类苗穗数足但穗型不大，或穗数不足但穗型大，田间通风透光条件较好，病虫害较轻；旺长苗穗数过多，田间通风透光条件差，倒伏风险大，病虫害偏重；三类苗穗数不足，穗型偏小。

图 2-4-22 灌浆期高产小麦长势

五、小麦仓储与加工

（一）小麦仓储

1. 小麦储存特点

（1）**吸湿性强** 小麦种皮较薄，含有大量的亲水物质，极易吸附空气中的水汽。其中，白皮小麦的吸湿性比红皮小麦强，软质小麦的吸湿性比硬质小麦强。吸湿后的小麦籽粒体积增大，容易发热霉变。

（2）**后熟期长** 小麦有明显的后熟期，冬小麦后熟期 30~75 d，红皮小麦又比白皮小麦的后熟期长。小麦在后熟期间，酶活性强，呼吸强度大，代谢旺盛，容易导致粮堆“出汗”、发热和生霉现象。

（3）**较耐高温** 小麦具有较强的耐热性。根据试验，水分含量在 17% 以下的小麦，在温度不超过 54 ℃时进行干燥，不会降低发芽率，磨成的小麦粉工艺品质不但不降低，反而有所提高，所以小麦可以采用高温储存。

（4）**具有耐储性** 完成后熟的小麦，呼吸作用微弱，比其他谷类粮食都低。红皮小麦的呼吸作用又比白皮小麦低。小麦水分含量在标准以内（12.5%），常温下一般储存 3~5 年或低温（15 ℃）储存 5~8 年。

（5）**易受虫害** 小麦是抗虫性差、染虫率较高的粮种。除少数豆类专食性虫种外，小麦几乎能被所有的储粮害虫侵染，其中以玉米蟓、麦蛾等危害最严重。小麦成熟、收获、入库季节，正值害虫繁育、发生阶段，入库后气温高，若遇阴雨，就造成害虫非常适宜的发生条件。

2. 小麦储存方法

（1）**严格控制水分** 由于小麦吸湿性能力强，小麦储存应注意降水、防潮。应充分利用小麦收获后的夏季高温条件进行暴晒，使小麦水分含量控制在 12.5% 以下再入库。小麦入库后应做好防潮措施，并注意后熟期间可能引起的水分分层和上层“结顶”现象。

（2）**趁热入仓密闭储存** 小麦趁热入仓密闭储存，是我国传统的储麦方法。通过日晒，可降低小麦含水量，同时在暴晒和入仓密闭过程中可以收到高温杀虫制菌的效果。对于新收获的小麦能促进后熟作用的完成。由于害虫的灭绝，小麦含水量和带菌量的降低，呼吸强度大大减弱，可使小麦长期安全储存。

小贴士

小麦趁热入仓的具体操作方法：选择晴朗、气温高的天气，将麦温晒到50 ℃左右，保持2 h高温，水分降到12.5%以下，于下午3时前后聚堆，趁热入仓，整仓密闭，使粮温在46 ℃左右持续10 d左右，可杀死全部害虫。此后，粮温逐渐下降与仓温平衡，正常密闭储存。另外，趁热入仓密闭储存所使用的仓房、器材、用具等均需事先杀虫。

（3）**低温密闭储存** 小麦虽能耐高温，但在高温下长时间持续储存也会降低小麦品质。因此，可将小麦在秋凉以后进行自然通风或机械通风充分散热，并在春暖前进行压盖密闭以保持低温状态。

处于冷冻的条件下，小麦还可以保持良好的品质，如干燥的小麦在 –5 ℃的低温条件下储存，有利于生命力的增强。因此，利用冬季严寒低温，进行翻仓、除杂、冷冻，将麦温降到 0 ℃左右，而后趁冷密闭，对于消灭麦堆中的越冬害虫有较好的效果。低温密闭可以长期储存，但要严防与湿热气流接触，以免造成麦堆表层结露。

我国小麦仓储主要环节见图 2–5–1。

图 2–5–1 我国小麦仓储主要环节

小贴士

低温储存是小麦长期安全储存的基本方法。小麦保持一定的低温，对于延长种子寿命、保持品质有一定的好处。

（二）小麦贸易与物流

粮食物流发展

世界小麦贸易量约占谷物贸易量的一半。根据联合国粮食及农业组织统计的数据，自2013—2014年度（2013年7月至2014年6月）以来，小麦贸易量均在1.5亿t以上，2022—2023年度（2022年7月至2023年6月）超过2.1亿t。美国、加拿大、澳大利亚、欧盟和黑海地区是全球小麦核心出口区域，2022—2023年度出口量占比高达53.3%。进口小麦的国家和地区全球有100多个，从区域来看，亚洲、非洲、拉丁美洲是全球小麦的核心进口区域，全球小麦贸易总体上由“发达国家”销往亚洲、非洲、拉丁美洲等“发展中国家”。

我国曾是世界小麦第一进口大国，但随着国内小麦产量提高、库存充裕，进口量大幅下降到500万t以内。但近年来，特别是俄乌冲突以来，许多国家又重新加大进口。2022年，我国进口小麦达996万t，2023年进口小麦达1 210万t，2024年进口小麦达1 118万t。我国小麦销区相对也比较集中，主要是京津沪3市、东北地区、东南沿海和各省会所在地。我国每年也有少量小麦出口。

国内的小麦市场交易，既可以通过产销订单、产销双方直接交易，也有传统贸易的粮食批发市场现货交易，还有现货电子交易（如南方小麦交易市场通过竞价交易与挂牌协商交易等形式）、期货交易（郑州商品期货交易所强筋小麦、硬麦等期货交易）。

小麦物流是连接小麦生产和消费的重要途径。小麦生产出来以后，需要顺畅实现从田间到仓库到工厂、从产区到销区、从超市到餐桌的流转过程。我国小麦消费量约占总产量的90%。小麦的运输流通主要通过铁路、公路和水路，一般而言，少量、短距离以公路运输为主，大量、长距离则主要通过铁路和水路运输，跨境运输选用海轮水路物流更为经济（图2-5-2）。

南方小麦

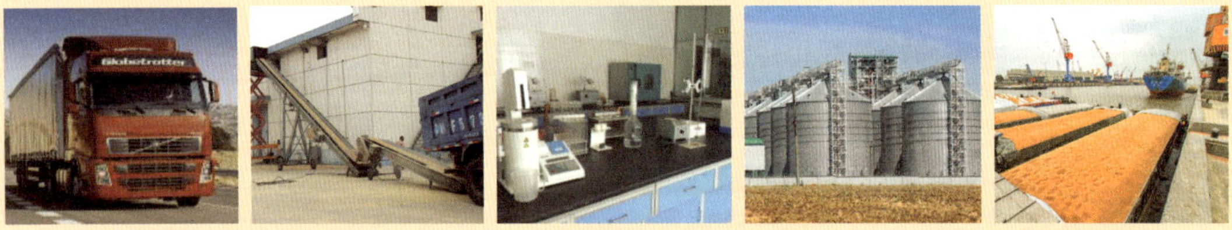

图2-5-2　中国小麦物流主要环节

（三）小麦消费利用

小麦的主要用途是供人类食用。由胚乳、胚（芽）及麸皮3部分组成的小麦籽粒，提供人类蛋白质消费的20.3%、热量的18.6%、食物总量的11.1%。小麦富含淀粉、蛋白质、脂肪、矿物质、钙、铁、硫胺素、核黄素、烟酸、胡萝卜素、维生素C等，特别是饱含脂肪酸和赖氨酸等人体必需营养物质(图 2-5-3)。小麦籽粒磨成面粉后可制成面包、馒头、饼干、面条等各种食品;小麦可作为啤酒、酒精、味精的发酵原料或生物质燃料,因而也是酿酒、医药、调味品等工业原料;小麦及其副产品麸皮中含有蛋白质、糖类、维生素等,是优质的饲料源;麦秆既可作为燃料、饲料,也可用来制作手工艺品(图 2-5-4),还可作为造纸原料。

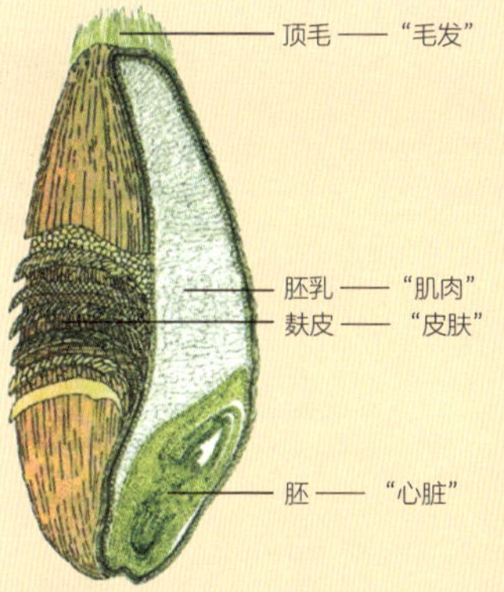

图 2-5-3　小麦籽粒构造图

图 2-5-4　小麦麦秆画（左图）和麦秆编织（右图）

国际上小麦的消费一般包括食品、饲料和残渣用粮、种子和工业(FSI)用粮。我国小麦消费市场可分为食用消费、饲用消费、工业消费及种用消费等,其中食用消费小麦是我国主要需求,占比最高,目前约为 65%,饲用消费占比为 21%,工业消费与种用消费占比分别为 9% 与 5%。但食用消费中约 30% 的麸皮仍主要用于饲料,故其实际占比低于 50%;饲用消费比例实际超过小麦消费总量的 30%,未来甚至将接近 40%。据有关专家对国内小麦制粉(口粮消费)、饲料用粮、工业行业(食品为主)、种子、损耗等及新增储备消费的测算,预计到 2030 年,我国小麦消费需求量将超过 1.3 亿 t,江苏省约 1 300 万 t。我国目前总体已实现小麦供需平衡有余,扭转了 21 世纪初以前我国小麦产不足需的被动局面。

(四)小麦加工

小麦经过采购、运输到达工厂后,有短暂的储存、保管过程,这时一项重要的工作是品质检测,目的是知晓小麦原料的各项性能指标。

小麦籽粒品质检测

小麦加工处理,主要指小麦的制粉。对生产环境的要求是:无粉尘,无污染,完全封闭,机械自动化。主要分为三个阶段,即清理阶段、制粉阶段和后处理阶段(图 2-5-5)。

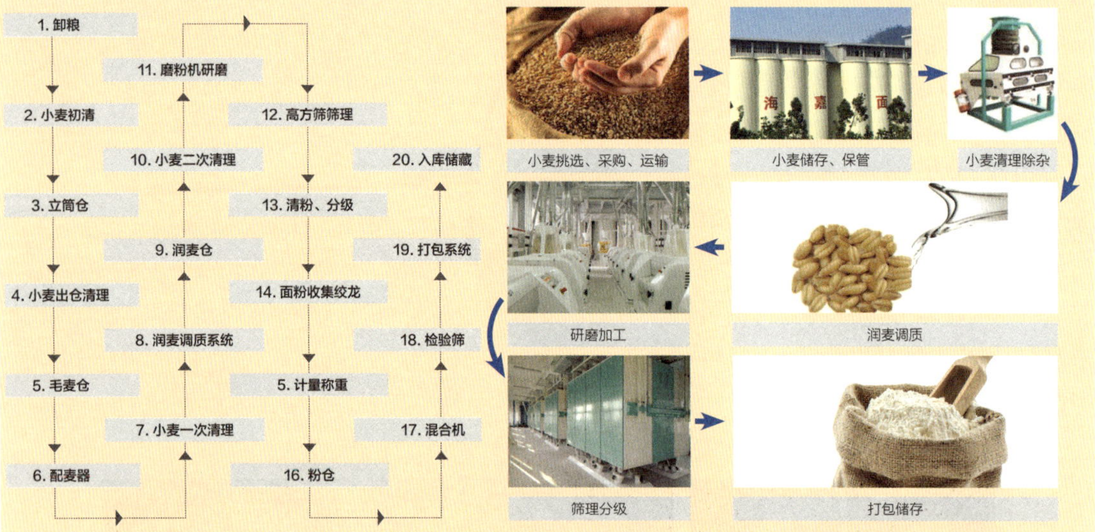

图 2-5-5　面粉加工流程

1. 清理阶段

小麦清理流程又叫麦路，是指将各道清理工序组合起来，按入磨净麦质量的要求，对小麦进行连续处理的生产工艺，包括清理、配麦和润麦。

2. 制粉阶段

净麦加工成面粉的全部生产过程称为小麦制粉流程，简称粉路。一般经过“净麦→磨粉→筛理→提纯→面粉”等几个过程。

3. 后处理阶段

面粉后处理阶段的内容主要包括面粉的收集与配制、散存、称量、杀虫、微量元素的添加以及修饰与营养强化。在这一阶段中，通过一些专业的仪器和设备，对面粉进行收集、称量和杀虫等活动，会更注重面粉的比例协调以及干净度的整理，以此来保证面粉袋装出品的质量。

现代面粉加工工艺与设备发展很快，可以自动完成小麦清理、配麦、研磨、筛理等约 20 道工序流程；专用面粉加工在普通工艺基础上，增加擦皮、色选、纯净水润麦等工艺，并检测 30 余项理化指标来保障专用粉的品质。面粉深加工后才成为人类直接或间接消费的食品及产品。

（五）小麦食品加工

小麦为人类提供了丰富而多样的食物。全世界有数十亿人消费小麦，特别是在以小麦为主要食品的不发达国家，小麦是人类获取食品营养的重要来源。这不仅是因为小麦在世界上种植广而多，更重要的是其特有的化学组成、独特的面筋蛋白和丰富的营养成分，使之不可替代。任何其他粮食原料，都很难像小麦粉那样可形成具有良好黏弹性、胀发性和延伸性的面团、面片、面条，被人们加工成各种形态的食品。同时小麦食品也是经济高效的食品，适合工业化生产，符合现代社会生活节奏。因此，发达国家小麦食品的消费比例很高，小麦终端产品愈加丰富，成为各式面包、蛋糕、饼干、面条、馒头、包点、煎饼、馅饼、啤酒、白酒等食物中的主要成分（图 2-5-6）。

馒头制作

面条制作

戚风蛋糕制作

图 2-5-6 小麦为人类提供丰富多样的食物

吐司面包制作

鲜香包子制作

曲奇饼干制作

六、新型技术模式简介

（一）长江中下游地区稻茬小麦机播壮苗肥药双控栽培技术

该技术针对长江中下游地区稻茬小麦生产中的主要问题，围绕“低产变高产，高产更高产，逆境能稳产”的目标，依据“以适宜（尽可能少）的基本苗实现最佳穗数，以减少小花退化数为重点增加每穗粒数，以抗逆防早衰为中心提高粒重”的高产技术路线，以“精种、调肥、抗逆”为核心，以“播期播量与耕播方式协调、化肥农药协同双控、综合化调化保”为关键技术，主要通过适期适量机械耕播、化肥农药控量减次、综合抗逆促壮防早衰等技术的应用，推进长江中下游地区稻茬小麦实现播种质量提升、肥药利用效率提高，实现小麦高产优质高效生产。

1. 核心技术

（1）**因墒机械耕播壮苗培育技术** 根据土壤墒情选用适宜的耕播作业流程与机械。土壤墒情适宜（土壤相对含水量为 70%~80%）条件下采用“水稻秸秆切碎匀铺、深旋（耕翻）、旋 / 耙、种肥一体条播 + 盖籽 + 镇压 + 开沟、封闭化除”的作业流程，可用中、大型多功能播种机械；土壤偏湿（土壤相对含水量为 80%~85%）条件下采用“水稻秸秆切碎匀铺、深旋、种肥一体条播 + 盖籽 + 轻压 + 开沟、封闭化除”的作业流程，可用中型多功能播种机械；土壤过湿（土壤相对含水量＞ 85%）条件下采用“水稻秸秆切碎匀铺、旋耕灭茬 + 施肥 + 条（撒）播 + 盖籽、因墒适时镇压、开沟、化除”的作业流程，可用小型播种机械，能实现较高的籽粒产量、氮肥农学效率和经济效益，且籽粒品质也较好。大面积生产中长江以南地区 11 月上旬、长江以北地区 10 月 25 日至 11 月 5 日播种，基本苗数 12 万 ~16/ 亩，能实现产量 500 kg/ 亩以上。迟于播种适期，要适当增加播种量，每晚播 1 d，基本苗数增加 0.5 万 / 亩，最多不超过预期穗数的 80%（晚播独秆栽培基本苗数最多不超过 25 万 / 亩）。

（2）**肥料控量高效运筹技术** 根据实施地点土壤类型、地力水平、小麦品种类型及其产量水平等，合理计算小麦目标产量施肥量，合理确定氮、磷、钾配比，构建小麦精确定量施肥技术。正常条件下，中、强筋小麦产量目标 500 kg/ 亩左右，品质达标，施氮量控制在 14~15 kg/ 亩，N∶P_2O_5∶K_2O 采用 1.0∶0.5∶0.5 的比例配合施用磷、钾肥；弱筋小麦产量目标 400 kg/ 亩左右，品质达标，施氮量控制在 12 ~14 kg/ 亩，N∶P_2O_5∶K_2O 采用 1.0∶0.4∶0.4 的比例配合施用磷、钾肥。

根据农田季节性供肥规律和小麦养分吸收特性，合理调整小麦肥料运筹比例，降低前期基蘖肥比例，增加后期拔节孕穗肥比例，提高肥料利用率。中、强筋小麦氮肥运筹基肥与追肥比控制在 5∶5，以基肥∶壮蘖肥∶拔节肥∶孕穗肥 =5∶1∶2∶2 为宜，3/0 至 4/0 叶期视群体大小和地力水平及时施壮蘖肥；倒 3 叶看苗施好拔节肥，剑叶抽出期施好孕穗肥。磷、钾肥的基肥与追肥比为 5∶5，追肥在拔节期施用，推荐施用多元高效复合肥。弱筋小麦氮肥运筹基肥与追肥比控制在 7∶3，以基肥∶壮蘖肥∶拔节肥 =7∶1∶2 为宜；磷、钾肥的基肥与追肥比为 5∶5，可在拔节期施用多元高效复合肥。推介缓释（混）肥二次机械施用节本增效技术，等量条件下，建议采用缓释肥分为 60% 基肥 +40% 返青肥（机械抛撒施或条施）施用，群体易优化，产量水平提高；且减少了施肥次数，降低了人工施肥成本，经济效益得到提升；或减量（纯量）15% 的条件下能实现稳产增效、生态安全。

（3）**病虫草害综合化保技术** 在选用综合抗性好品种的基础上，推广应用以麦作丰产、优质、保健栽培为基础，结合农业防治，坚持病虫害防治指标、科学使用农药、保护利用自然天敌控制作用的麦作病虫草害综合防治体系，在农药使用种类、使用浓度、使用时间、残留量方面按照《生产绿色食品的农药使用准则》，保证产品安全性。

化学除草要求“一封一杀”（播后药剂封闭、冬前化学除草），春季田间杂草多时再补除（一封一杀一补）。纹枯病防治的关键时间是在拔节期；白粉病防治的关键时间是在拔节期至开花期；赤霉病药剂防治的关键时期是在小麦开花期，要坚持“适期防治、见花施药”。

药剂选择上应注意选择高效药剂，加大新型、低毒药剂及其复配制剂的推广应用力度，并轮换使用不同作用机理的药剂品种，延缓抗药性产生；同时药剂配置上可病虫害兼顾，减少施药次数与用工量。在传统人力植保机械应用基础上，推广统防统治和专业化防治服务，加大悬挂式、牵引式、自走式喷杆喷药机等植保机械的应用力度；推广无人机飞防植保技术，提高喷药效率与效果。

2. 配套技术

（1）**优质品种选用技术** 根据种植区域的生态条件、市场需求选择适合各地推广应用的优质小麦品种，其中沿江和沿海的沙土和高沙土地区以综合抗性好、产量水平高的弱筋小麦品种为主，搭配种植红皮强筋小麦和中筋小麦品种；其他地区选择配麦质量高、综合抗性好、产量水平高的中筋小麦品种，部分区域可选用市场需要的强筋小麦品种。

（2）**秸秆深埋还田精种技术** 推广秸秆碎草匀铺深埋还田，要求适时断水（水稻收获前 7~10 d 及时断水，为小麦播种创造好的墒情），碎草匀铺（水稻收获时将秸秆切碎为 5~8 cm 的小段，收获时利用机械将稻草抛撒均匀平铺于地表），深埋稻草（深耕 25 cm 或深旋 12~15 cm，防止稻草富集于播种层），机械匀播（实现播深适宜、深浅一致、出苗均匀、苗量合理），适墒镇压（播种前后或冬前根据土壤墒情适时镇压）。播种时根据土壤墒情调节播种深度，墒情好的控制在 2~3 cm，土壤偏旱的播深调节为 3~4 cm，行距 20~25 cm。

（3）**适时灌排防旱降渍技术**　因区域、小麦生育期、天气状况采用合理的灌排方式，排水降湿，实现节水节本高效。① 配套沟系。重点在播种前后机械开好田间三沟（竖沟、横沟、腰沟）和田外三沟（隔水沟、农排沟、排降沟），做好内外“三沟”配套，确保能灌能排。② 精播镇压。水稻收获后及时精细整地，机械匀播，防止烂耕烂种。播后、冬季和早春返青期，根据土壤墒情、苗情、天气等适时适度镇压，提墒保墒，护根健苗。③ 清沟理墒。冬季和早春及时清沟理墒，疏通田内外沟系，保证排水畅通，要做到雨止田干、沟无积水。冬春干旱少雨时可及时沟灌洇水，保证蘖、根、穗、花正常分化发育。

（4）**综合抗逆促壮防早衰技术**　调整播期播量和进行种子处理，以减轻病害、冻害、倒伏等发生的概率；根据逆境发生特点选用适宜的缓解或补救技术；因品种类型合理化调增粒增重。重点做好以下几个环节：① 提前制定抗灾应变技术措施预案，灾害发生时，及时准确地落实应对措施。② 推广种子处理，提高植株自身抗逆能力。③ 科学调整播种期播种量，减少因小麦过早播种、生育进程过于提前发生的冻害，以及群体过大、旺长带来的倒伏风险。④ 在播种时可采用生长延缓剂如多效唑、矮苗壮等拌种或苗期喷施，中期注意应用镇压、喷施生长延缓剂等措施，有效防御冻害、倒伏等。⑤ 后期注意“一喷三防”措施的应用，预防高温逼熟，增重防早衰。⑥ 适时收获，防止烂麦场和穗发芽。

小贴士

该技术适宜区域为长流中下游稻茬小麦种植地区，包括江苏、安徽、上海、浙江、湖北、河南南部稻茬小麦种植区。

提倡水稻田开沟并注意控制好最后灌水时间，为小麦耕作播种创造好的墒情条件。要突出强化水稻成熟即收的意识，家庭农场、种田大户因受晒干或烘干条件的制约常影响收获进度与播种进度，尤其要注意早作预案，以加快收割与播种进度。

应注意根据水稻腾茬早晚、土壤质地、墒情状况、农机具配套等情况，选择适宜的播种作业程序。

在秸秆还田量较大、地表过松过软时，播种机自带镇压轮常难以达到理想的镇压效果，可在播种前墒情适宜时用专用镇压机压实播种层后再播种，提高播深均匀度；也可在播种后1周内，墒情适宜时用专用镇压机具进行播后镇压，使耕层紧密，以利于提高出苗率，促进全苗、齐苗。秋冬季及早春可根据土壤疏松程度及苗情、墒情进行镇压，但拔节后不能再镇压。

（二）小麦绿色化控防倒技术

经长期的试验与推广，该技术能显著预防小麦倒伏的发生，提高小麦的抗倒能力和产量，使小麦的防倒与增产达到有效统一。长期试验及推广经验表明，该技术使小麦倒伏下降 90% 以上，综合成本下降 24.7%，确保在未发生倒伏时仍有显著增产效果，小麦平均增产 7.01%；当出现易发生倒伏的天气情况时，小麦减损 23.0%。晚播稻茬麦用种量减少 10 kg/ 亩，肥料减施 5 kg/ 亩，农药少用 1 kg/ 亩，节约人工 20 元 / 亩，综合成本下降 24.7%。同时，小麦原粮品质得到较大提升，小麦容重增加 8.1 g/L，出粉率增加 0.7%，为小麦的稳产高效绿色种植及粮食安全、乡村振兴提供了技术支撑和保障。

1. 核心技术

（1）**小麦苗期化控技术** 小麦基本苗数超过 40 万 / 亩、越冬期茎蘖数超过 80 万 / 亩的麦田就有倒伏的风险，因此在小麦拔节前期可以喷施多效唑或烯效唑进行控旺促壮，一般用 15% 多效唑可湿性粉剂 50~60 g/ 亩兑水 30 kg 均匀喷施于小麦叶面，或者用 5% 烯效唑可湿性粉剂 25 g/ 亩兑水 30 kg 均匀喷施于小麦叶面。

（2）**小麦生长中后期化控技术** 拔节期基部第二节间长度超过 3 cm 的小麦就有倒伏风险，同时小麦生长后期群体过大、小麦植株过高也有倒伏的风险。为了避免延缓生长或抑制生长的调理剂对小麦穗分化、发育的影响，一般在小麦拔节前期不进行化调控旺促壮，可以在小麦始穗期用穗伴侣®（原名“爱久乐”）调理剂进行化学调控，降低株高和重心高度，促进根系生长，增强功能叶光合作用，增强小麦茎秆韧性，预防倒伏发生，一般每亩小麦用穗伴侣®调理剂 100 mL 兑水 30 kg 均匀喷施小麦叶面即可。

2. 配套技术

（1）**选择抗倒能力强的小麦品种** 根据小麦审定公告，选择抗倒能力强的品种，提高小麦抗倒能力，预防小麦倒伏的发生。

（2）**培育壮苗技术** 好的播种质量并配以适宜密度是小麦实现高产优质的重要保证。培育壮苗是小麦抗逆增产的前提保障。半冬性小麦品种播期在 10 月 1—15 日，半冬偏春性品种在 10 月 10—25 日，12 万~16 万 / 亩基本苗数能实现亩产 600 kg 以上。迟于播种期，要适当增加播种量，每晚播 1 d 增加 0.5 万 / 亩基本苗，最多不超过预期穗数的 80%（晚播独秆栽培的田块基本苗数不超过 35 万 / 亩）。播种前要用合适的小麦拌种剂进行拌种。

（3）**肥水科学管理技术** 小麦产量目标 600kg/ 亩以上中强筋小麦，适宜的施氮量为 16~20 kg/ 亩，拔节孕穗肥施用比例 40% 以上，N ∶ P_2O_5 ∶ K_2O 为 1.0 ∶（0.6~0.8）∶（0.6~0.8）；根据气温、土壤墒情、苗情等情况酌情灌水，重点在小麦孕穗期灌好孕穗水，以“跑马水”为好，不可漫灌。

（4）**病虫害防治技术** 根据田间病虫害测报，及时进行小麦病虫害防治。

小贴士

该技术适用于全国小麦产区，尤其是易发生倒伏的小麦产区。

该技术应用时要求小麦适期适墒播种，不可烂耕烂种；要根据小麦病虫草害发生规律，结合植保部门的病虫草害测报数据，及时做好病虫草害的综合防治；要注意小麦拔节前期切忌多效唑或烯效唑用量过大，同时在小麦拔节期不可喷施多效唑或烯效唑，避免影响小麦穗分化；穗伴侣®在稻麦上应用量不超过150 mL/亩，以防产生药害，小麦始穗期喷施穗伴侣®后遇雨及时补喷，用量减半。

（三）优质小麦全环节高质高效生产技术

该技术模式以强筋小麦品种为基础，集成配套区域化布局、规模化种植、土壤培肥、深耕或深松、高质量播种、水肥后移、后期控水、叶面喷氮、病虫害综合防治、风险防控、适期收获、单收单贮等各环节关键技术措施，能够有效解决优质小麦生产中良种良法不配套，技术集成度、融合度不够，产量品质效益不同步等问题，为优质小麦发展提供技术支撑。2020 年获得河南省农业技术推广成果奖一等奖，2018—2023 年被评为河南省农业主推技术，2022 年、2023 年被评为农业农村部粮油生产主推技术。

1. 核心技术

区域化布局 + 规模化种植 + 土壤培肥 + 深耕或深松 + 高质量播种 + 水肥后移 + 后期控水 + 叶面喷氮 + 病虫害综合防治 + 风险防控 + 适期收获 + 单收单贮。

2. 全环节关键技术

（1）**区域化种植**　强筋小麦适宜生态区。

（2）**规模化种植**　推广单品种集中连片种植。

（3）**规范化耕种**

1）品种选用。选用适宜在强筋小麦生态区种植的稳产高产优良品种。

2）种子和土壤处理。根据病虫发生情况，选用包衣种子或药剂拌种；地下害虫严重发生地块，进行土壤处理。

3）深耕机耙配套。耕深应达到 25 cm，耕后耙实耙透，达到地表平整，上虚下实，表层不板结，下层不翘空。

4）高效精准施肥。推广测土配方施肥，增施有机肥，补施硫肥。一般亩产 500 kg 左右的田块，每亩总施肥量为氮肥 12~14 kg、磷肥 6~8 kg、钾肥 3~5 kg。磷肥、钾肥和硫肥一次性基施，氮肥分基肥与追肥 2 次施用，基肥与追肥比例为 5 ∶ 5 或 6 ∶ 4。

5）适期播种。一般豫北麦区半冬性品种适播期为 10 月 10—15 日，豫中、豫东麦区半冬性品种适播期为 10 月 15—20 日。

6）控制播种量。在适宜播期范围内，适当控制播种量，一般每亩播 8~10 kg。整地质量差、土壤偏黏地块应适当增加播种量。

7）高效播种。推广宽幅匀播机、宽窄行播种机等高效复式作业机具，播深 3~5 cm，随播镇压或播后镇压。

（4）**规范化田间管理**

● 前期管理（出苗至越冬）

1）化学除草。冬前是麦田化学除草的有利时机，可选用炔草酸、精噁唑、禾草灵等防除野燕麦、看麦娘等；用甲基二磺隆、甲基二磺隆＋甲基碘磺隆防除节节麦、雀麦等；用双氟磺草胺、氯氟吡氧乙酸、唑草酮、苯磺隆、溴苯腈和二甲四氯水剂等防除双子叶杂草。防治时间宜选择在小麦3~5叶期、杂草2~4叶期、气温在10 ℃以上的晴朗无风天气进行。

2）科学灌水。若冬前降水较少，土壤墒情不足，要浇好分蘖盘根水，促进冬前长大蘖、成壮蘖。对秸秆还田、旋耕播种、土壤悬空不实和缺墒的麦田必须进行冬灌，以踏实土壤，保苗安全越冬。冬灌时间一般在日平均气温3 ℃以上时进行，在封冻前完成，一般每亩浇水量为40 m^3，禁止大水漫灌，浇后及时划锄松土，增温保墒。

● 中期管理（返青至抽穗）

3）肥水后移。在小麦拔节期，结合灌水追施氮肥，每亩灌溉量以40~50 m^3为宜。追氮量为总施氮量的40%~50%。但对于早春土壤偏旱且苗情长势偏弱的麦田，灌水施肥可提前至起身期。

4）防治病虫害。在返青至抽穗期，重点防治小麦纹枯病、条锈病、红蜘蛛。坚持以“预防为主，综合防治”的原则，按病虫害发生规律科学防治，对症适时用药。

5）预防倒伏。小麦起身期是预防倒伏的最后关键时期，对整地粗放、土块较多的麦田，开春后要进行镇压，以踏实土壤，促根生长；对长势偏旺的麦田，可在起身初期喷洒化控剂。另外，可采用深中耕断根，控制麦苗过快生长。

6）预防冻害。及时浇好拔节水，促穗大粒多，增强抗寒能力，特别是要密切关注天气变化，在降温之前及时灌水，防御冻害。低温过后，及时检查幼穗受冻情况，一旦发生冻害，要落实追肥浇水等补救措施。

● 后期管理（抽穗至成熟）

7）合理灌溉。干旱年份或缺墒地块在抽穗前后灌溉，保证小麦穗大粒多，每亩灌溉量以30~40 m^3为宜，一般不提倡浇灌浆水，严禁浇麦黄水。

8）防治病虫。在小麦抽穗至扬花期应对赤霉病进行重点防治。小麦齐穗期进行首次防治，若天气预报有3 d以上连阴雨天气，应间隔5 d再喷施一次。若喷药后24 h内遇雨，应及时补喷。同时灌浆期应注意防治白粉病、叶锈病、叶枯病、黑胚病及蚜虫等，成熟期前20 d内停止使用农药。

9）叶面喷肥。灌浆期结合病虫害防治，每亩用尿素1 kg和0.2 kg磷酸二氢钾兑水50 kg进行叶面喷施，促进氮素积累与籽粒灌浆。

（5）**规范化收获与储藏** 抽齐穗后10~20 d进行田间去杂，拔除杂草和异作物、异品种植株。机械化收获时按同一品种连续作业，防止机械混杂。收获后按单品种晾晒和储藏。

小贴士

该技术适合在豫北强筋小麦适宜生态区和豫中、豫东强筋小麦次适宜生态区推广应用，土壤质地偏沙、瘠薄地及无灌溉的田块不宜推广。

玉米篇

玉米篇

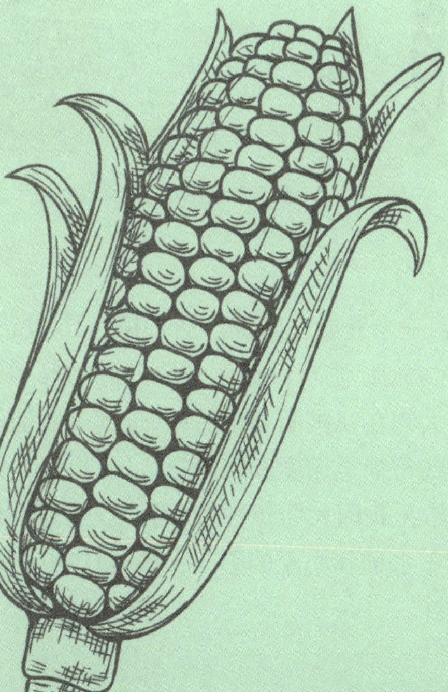

第三章 玉米优质高产高效生产

玉米生产概况

一、玉米概述

玉米是人类最重要的粮食作物之一，是全世界重要的粮食作物、饲料作物、工业原料作物和能源作物。在世界粮食作物中，玉米总产量第一，贸易量第二。全世界玉米生产主要集中在美国、中国、巴西、阿根廷，四国玉米总产量占世界总产的 70% 以上，其中美国占 40% 左右，中国占 20% 左右。全世界生产的玉米籽粒 65%~75% 作为饲料，15%~20% 作为工业原料，10%~15% 为人们食用。玉米在我国种植面积已超过 6 亿亩，已是我国名副其实的第一大粮食作物。

玉米起源传播

(一)起源与传播

1. 起源

玉米又名玉蜀黍、苞米等，是禾本科玉蜀黍属一年生草本植物，植株高大、茎秆粗壮，其种植面积仅次于小麦。如果说欧洲文明是小麦文明，亚洲文明是稻米文明，那么拉丁美洲文明则是玉米文明。中美洲是玉米的发源地，考古研究发现，早在 1 万多年前，这里就有了野生玉米，而印第安人种植玉米的历史也有 3 500 年。人们根据考古学证据追溯玉米起源并提出了许多假说，比如有桴野生玉米起源假说、“共同起源(祖先)”假说、“三成分起源”假说、大刍草直向进化起源假说、摩擦禾 — 二倍体多年生大刍草起源假说等。

总结有关玉米起源的所有假说，大刍草都在其中起到重要作用。虽然大刍草看上去与玉米毫无关系，且其籽粒看上去与玉米籽粒更是毫不相干，但它们拥有相同数量的染色体，基因的位置也非常相似。事实上，大刍草不仅能够与现代玉米杂交，而且其杂交后代也能够自然繁殖(图 3-1-1)。

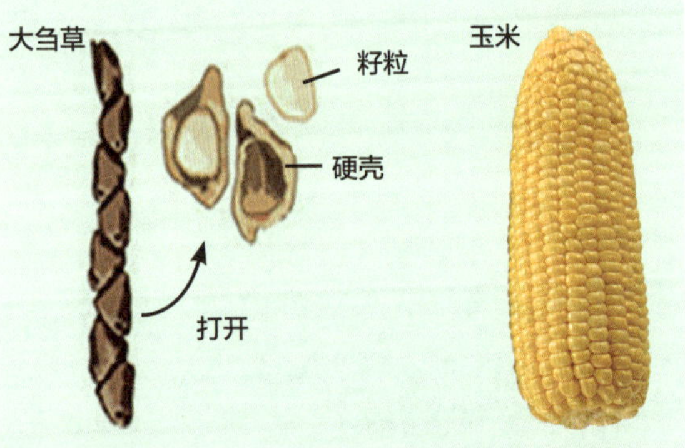

图 3-1-1 大刍草果穗与玉米果穗比较

2. 传播

1493 年，哥伦布把玉米从美洲带回西班牙。此后，玉米开始在欧洲广泛种植。16 世纪初，伴随各国商业往来，玉米从欧洲传入非洲北部突尼斯、埃及、埃塞俄比亚、苏丹等国家。其后，随着海上贸易发展，玉米传入非洲南部的许多国家。大约在我国明朝中后期，玉米一路通过陆路传播到了土耳其、伊朗、阿富汗；另一路通过东方航线传播至印度和东南亚各国，再经东南亚传入中国和澳大利亚。18 世纪末 19 世纪初，玉米开始在我国大面积种植，鸦片战争前种植面积已居杂粮之首；清朝晚期至民国时期玉米成为仅次于水稻和小麦的第三大粮食作物。目前，无论是中国还是全世界，玉米都占据粮食作物产量榜首。

（二）分布与分类

1. 分类

玉米分类

（1）**籽粒形态和胚乳结构** 玉米按籽粒形态和胚乳结构可分为硬粒型、马齿型、半马齿型、甜粉型、粉质型、甜质型、蜡质型、爆裂型和有稃型 9 类。

① 硬粒型。籽粒圆形，外表半透明有光泽、坚硬饱满。顶部及四周胚乳都为角质，仅中心近胚部胚乳为粉质，食味品质优良，粒色多为黄色（图 3–1–2）。

② 马齿型。籽粒长、大、扁平，籽粒两侧胚乳为角质，中央和顶部胚乳为粉质。成熟时籽粒顶部凹陷成马齿状，一般粉质淀粉含量越高，凹陷越深（图 3–1–3）。它是我国及世界上栽培最多的类型，食用品质较差，适合生产淀粉、酒精或作饲料。

图 3-1-2 硬粒型玉米籽粒形态

图 3-1-3 马齿型玉米籽粒形态

③ 半马齿型。该类型是马齿型与硬粒型的中间型。植株、果穗的大小，籽粒形态和胚乳质地介于马齿型与硬粒型之间。顶部的凹陷较马齿型浅或无，品质较马齿型好（图 3–1–4）。

④ 甜粉型。籽粒上半部是角质胚乳，下半部是粉质胚乳，籽粒顶部微尖而皱缩。

⑤ 粉质型。又称软粒型，籽粒外形与硬粒型相似，但胚乳几乎全为粉质或仅在外层有一层很薄的角质，蛋白质和赖氨酸含量高，组织松软，无光泽，易磨粉，不易储藏和运输（图 3–1–5）。

图 3-1-4 半马齿型玉米籽粒形态

图 3-1-5 粉质型玉米籽粒形态

⑥ 甜质型。乳熟期既可以蒸煮后直接食用，又可以制作成各种风味的罐头、加工食品和冷冻食品。成熟时表面皱缩，半透明，含糖量是普通玉米的 2~10 倍（图 3–1–6）。

⑦ 蜡质型。也称糯质型，其胚乳淀粉几乎全由支链淀粉组成。籽粒形状似硬粒型，但表面

无光泽，不透明（图 3-1-7）。这种玉米具有较高的黏滞性及适口性，可以鲜食或制作罐头，其淀粉具有高黏度、低回生、高稳定性等特性。

图 3-1-6　甜质型玉米籽粒形态

图 3-1-7　蜡质型玉米籽粒形态

⑧ 爆裂型。爆玉米花的专用品种。果穗与籽粒均较小，籽粒有米粒型和珍珠型两种类型。其突出特点是籽粒角质胚乳含量高，且含水量适当时常压加热易爆裂（图 3-1-8）。

⑨ 有稃型。籽粒被较长的颖壳包住。籽粒坚硬，脱粒极难，为原始类型（图 3-1-9）。

图 3-1-8　爆裂型玉米籽粒形态

图 3-1-9　有稃型玉米籽粒形态

（2）**籽粒颜色**　按玉米籽粒颜色可分为白粒型、黄粒型和杂色型（图 3-1-10）。

（3）**株型**　根据植株抽雄后，穗位上和穗位下茎叶夹角大小分为紧凑型、半紧凑型（中间型）和平展型（图 3-1-11），其中紧凑型玉米具有株型紧凑、叶向值大、叶面积系数大、耐密植、群体库容量大和经济系数高等特点。

图 3-1-10　玉米籽粒颜色类型

图 3-1-11　玉米株型分类

① 紧凑型。穗位以上叶片茎叶夹角小于 15°，直立上举。

② 半紧凑型。穗位以上叶片茎叶夹角为 15°~30°。

③ 平展型。穗位以上叶片茎叶夹角大于 30°。

2. 分布

（1）**世界三大黄金玉米带** 玉米是世界上分布较广的作物之一。从地理位置和环境条件看，世界玉米集中产区主要分布在北半球温带地区，即 7 月等温线为 20~27 ℃，无霜期在 140~180 d 的范围内。

黄金玉米带，即最适合玉米种植生长的黄金地带。中国东北玉米带从黑龙江南部起始，包括吉林省、内蒙古自治区东部地区，延伸到辽宁省北部的区域。与同纬度的美国玉米带、乌克兰玉米带并称为世界“三大黄金玉米带”。

（2）**中国六大玉米生产区** 我国地域辽阔，玉米产区分布广泛，可分为北方春播玉米区、黄淮海夏播玉米区、西北灌溉玉米区、西南山地玉米区、南方丘陵玉米区和青藏高原玉米区六大区域。其中，北方春播玉米区是我国最大的玉米产区，种植面积约占全国的 40%，总产量占全国的 45%；黄淮海夏播玉米区是我国玉米第二大产区，常年播种面积占全国的 32% 左右，总产量占全国的 35% 左右（表 3-1-1）。

我国玉米六大产区

表 3-1-1 我国玉米种植区域分布

区域	省（区 / 市）	主要种植制度和栽培方式	气候特征	≥ 10℃积温 /℃	无霜期 /d
北方春播玉米区	黑龙江、吉林、辽宁、内蒙古、宁夏全部，河北、陕西北部、山西大部及甘肃部分地区。约占全国玉米种植面积的 40%	春播一年一熟制，以玉米单作、玉米间作大豆、春小麦套种玉米为主	寒湿、半湿润	2 000~3 600	130~170
黄淮海夏播玉米区	山东、河南全部，北京、天津、河北、山西南部，陕西中部，江苏、安徽北部。约占全国玉米种植面积的 32%	一年两熟（冬小麦—夏玉米），两年三熟（春玉米—冬小麦—夏玉米），采用小麦玉米套种或复种	暖湿、半干半湿	3 600~4 700	170~220
西南山地玉米区	四川、云南、贵州全部，湖南、湖北、广西西部，陕西南部及甘肃部分地区。约占全国玉米种植面积的 20%	高山：一年一熟春玉米；丘陵：两年五熟春玉米或一年两熟夏玉米；平原：一年两熟秋玉米。采用春玉米、马铃薯套种，小麦、玉米、甘薯、水稻套种	温暖、亚热、湿	4 700~5 500	200~300
南方丘陵玉米区	广东、福建、浙江、上海、江西、海南、台湾，江苏、安徽南部，广西、湖南、湖北东部。约占全国玉米种植面积的 5%	一年两熟制为主，部分地区有秋玉米、双季玉米和冬玉米，采用水稻、小麦、玉米间套作，双季玉米或多熟制复种玉米的栽培方式	亚热、湿	4 500~9 000	250~365
西北灌溉玉米区	新疆以及甘肃河西走廊。约占全国玉米种植面积的 3%	一年一熟春玉米单作，或冬小麦、春小麦套种或复种玉米	温、极干	2 500~2 600	130~180
青藏高原玉米区	青海和西藏全区。在我国玉米种植面积中占比不足 1%	一年一熟制春玉米单作	高寒、干	< 2 500	110~130

二、玉米的一生

玉米从播种到成熟，经过若干个生育阶段和生育时期。按形态特征、生育特点和生理特性，可分为3个不同的生育阶段，每个阶段有包括不同的生育时期。这些不同的阶段与时期既有各自的特点，又有密切的联系。

（一）苗期阶段

玉米苗期是指播种至拔节的一段时间，是以生根、分化茎叶为主的营养生长阶段。该阶段的生育特点：根系发育较快，但地上部茎、叶量的增长比较缓慢。因此，田间管理的中心任务就是促进根系发育、培育壮苗，达到苗早、苗足、苗齐、苗壮的“四苗”要求，为玉米丰产打好基础。该阶段又分为播种到3叶、3叶至拔节2个时期。

1. 播种至3叶期

一粒有生命的玉米种子埋入土中，当外界的温度在8 ℃以上，水分含量在60%左右和通气条件较适宜时，一般经过4~6 d即可出苗。等到长到3叶期，种子储藏的营养耗尽，称为“离乳期”，这是玉米苗期的第一阶段（图3-2-1）。这个阶段土壤水分是影响出苗的主要因素，所以浇足底墒水对玉米产量起决定性的作用。另外，种子的大小和播种深度与幼苗的健壮也有很大关系，种子个大，储藏营养就多，幼苗也就比较健壮；而播种深度会直接影响出苗的快慢，出苗早的幼苗一般比出苗晚的要健壮。

图3-2-1　玉米苗期（播种至3叶期）

2. 3叶至拔节期

3叶期是玉米一生中的第一个转折点，玉米从自养生活转向异养生活。从3叶期到拔节期，由于植株根系和叶片不发达，吸收和制造的营养物质有限，幼苗生长缓慢，主要是进行根、叶的生长和茎节的分化（图3-2-2）。

图3-2-2　玉米苗期（3叶至拔节期）

（二）穗期阶段

玉米从拔节至抽雄的一段时间，称为穗期。拔节是玉米一生的第2个转折点，这个阶段的生长发育特点：营养生长和生殖生长同时进行，就是叶片、茎节等营养器官旺盛生长和雌雄穗等生殖器官强烈分化与形成（图 3-2-3）。这一时期是玉米一生中生长发育最旺盛的阶段，也是田间管理最关键的时期。因此，这一阶段田间管理的中心任务是促进中上部叶片增大，形成茎秆墩实的丰产长相，以达到穗多、穗大的目的。

图 3-2-3　玉米穗期阶段

（三）花粒期阶段

玉米从抽雄至成熟这一段时间，称为花粒期（图 3-2-4）。玉米抽雄、散粉时，所有叶片均已展开，植株已经定长。这个阶段的生育特点：基本停止营养体的增长，进入以生殖生长为中心的阶段，出现了玉米一生的第 3 个转折点。因此，这一阶段田间管理的中心任务是保护叶片不损伤、不早衰，争取粒多、粒重，达到丰产。

图 3-2-4　玉米花粒期阶段

小贴士

玉米的生长发育特征诊断

0 播种期

00 干种子（播种）；
01 种子开始吸水膨胀；
03 湿种子膨胀结束；
05 胚根伸出种子；
07 胚芽鞘伸出种子；
09 胚芽鞘顶土露出地面。

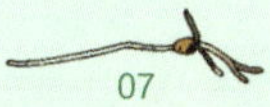

1 幼苗期

10【出苗期】第1 叶抽出芽鞘2 cm；
11【1叶期】第1 叶抽出；
12【2叶期】第2 叶抽出；
13【3叶期（离乳期）】第3叶抽出；
……

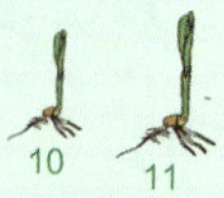

2 壮苗期

21 第1叶完全展开；

21

22 第2叶完全展开；

23 第3叶完全展开，见展叶差2~3；

……

如果拔节开始，则按31计。

17/32

3 拔节期

31 植株基部第1节间伸长2 cm，6~8叶展开，雄穗生长锥开始伸长；

32【小喇叭口期】50%的植株基部第2节间伸长2 cm，8~10叶展开，雌穗生长锥开始伸长，雄穗小花开始分化；

32

34

……

4 孕穗期

41【大喇叭口期】10%的植株棒3叶（果穗叶及其上、下叶）抽出，11~13叶展开，雌穗小花开始分化；

41

45 50%的植株棒3叶抽出。

5 抽雄期

51 10%的植株顶部雄穗露出叶鞘；

53【抽雄】50%的植株雄穗尖端从顶叶露出3~5 cm；

53

55 50%的植株雄穗抽出一半；

59 雄穗全部抽出。

6 开花吐丝期

61 雄穗中部小穗开花，雌穗花丝露出苞叶；

63 雄穗中部小穗开花，雌穗花丝伸出苞叶2 cm；

63

65 雄穗上、下部小穗开花，雌穗花丝全部抽出；

67 雌穗花丝变干；

69

69 花丝变焦。

7 籽粒形成期

71 籽粒呈水泡状；

75 籽粒呈圆形胶囊状，内含物（即胚乳）呈清浆状；

79 籽粒体积和鲜重达到最终的75%左右，内含物呈乳状。

79

8 籽粒灌浆充实期

83 籽粒内含物呈稠糊状；

85 几乎所有籽粒达到最大体积；

87 籽粒内含物呈软面团状，用指甲压后变形（鲜食玉米最佳收获期）；

89 籽粒内含物渐变为软蜡状，指甲可划破表皮。

89

9 成熟期

92【蜡熟末期】籽粒脱水变硬，由软蜡状变为硬蜡状；

93【完熟期（最佳收获期）】灌浆结束，籽粒干硬，基部呈黑色；

97【枯熟期】籽粒很硬，全田植株几乎全部枯死；

99 后熟，储存及种子处理（回到00期）。

生产中，通常以全田50%的植株达到上述标准的日期作为各生育时期的记载标准。

三、玉米生长发育规律

（一）器官建成与环境条件

1. 营养器官建成与环境条件

（1）种子发芽

1）种子萌发出苗的过程。吸胀、萌动、发芽、出苗（图 3–3–1）。

图 3–3–1　种子发芽过程

2）影响种子发芽的因素。一是种子的活力与成熟度，玉米授粉后 15 d 后才有发芽能力，种子含水量要在 12%~14%。二是温度，最低 6~10 ℃，最适 25~30 ℃，最高 35~40 ℃。三是水分，要保证 60%~65% 的田间持水量。四是氧气，要保证氧气充足。

（2）根的生长

1）缓慢增长期。从发芽至拔节期前后，根干重增加缓慢，但相对量增加很快，一般平均每株日增重 0.05 g 左右。就整个生育期而言，从播种到拔节占 1/4~1/3 的时间，但根的生长量却只有其最大干物重的 5%~8%。

2）直线增长期。从拔节到抽雄、吐丝期，在这一阶段，根干物重直线增长，是次生根、气生根及其侧根大量形成期。

3）稳定增长期。直线增长后根干物重变化很小，稳定在一定水平上，因为这时老根死亡量和新根产生量差异不大，稳定时间长短与栽培条件有关，一般为 14~20 d。

4）下降期。指根干物重开始明显下降至成熟的时期，抽丝前后，光合产物主要用于籽粒形成和充实，地上部增加很快，这时老根死亡量大于新根产生量。

玉米根在土壤中的伸展方向与根的种类及生育时期有关。胚根从伸出到衰亡都是直向伸长，各层节根都呈辐射状倾斜伸长。拔节后节根伸展方向发生明显变化，由斜向伸长转为直向伸长（图 3–3–2）。

图 3–3–2　玉米根的生长

（3）**茎的生长** 玉米的茎起生于胚，其高度因品种、土壤气候和栽培条件不同有很大差异。矮至 0.5~0.8 m，高至 4 m，甚至 10 m。通常矮秆的生育期短，单株产量低；高秆的生育期长，单株产量高。生产上采用的杂交种一般植株为中矮秆型，秆粗穗大而结穗部位低。

茎由节与节间组成。节间数与叶片数一致（8~48 节），其中 3~7 个茎节位于地面以下，第 1~4 节较紧密，节间很短（0.1~0.5 cm），从第 5 节间开始伸长，地面以上的茎节数为 6~30 个。节间的粗度由茎基部向顶端逐渐减少，而节间长度从茎基部到顶端呈有规律变化。一种是完成正常生长的节间，表现为上部每一节间比下部所有节间长，最上面的一个节间最长，如一些极早熟品种；另一种是上部节间没有完成正常生长，表现为上部节间比中部节间短。

玉米茎节数目至拔节期已经形成，拔节后则主要是由居间分生组织增长，使节间不断伸长。各节间伸长的顺序是从下向上逐渐进行，每一个节间都经历一个慢、快、慢的伸长过程。至开花抽雄期，茎的高度一般不再增加。

（4）**叶的生长** 玉米一生中主茎出现的叶片数目因品种而不同，变幅在 8~48 片之间，多数在 13~25 片之间。早熟品种通常为 14~16 片，中熟品种为 17~19 片，晚熟品种为 20~24 片（图 3–3–3）。

图 3–3–3 玉米叶的生长

小贴士

叶原基分化——露尖——展开——发黄——枯黄。

可见叶：植株的某叶露尖1 cm时称为该叶的可见叶期。

展开叶：当叶环与前一叶环平齐时为该叶的展开期。

见展叶差：露尖叶位与展开叶位的差。

拔节期：植株雄穗伸长，茎节总长度达2~3 cm，叶龄指数为30左右。

大喇叭口期：雄穗主轴中上部小穗长度达0.8 cm左右，棒三叶甩开呈喇叭口状，叶龄指数为60左右。

棒三叶：玉米不同节位叶片对产量的效应有差别，其中以穗位叶、穗上1叶和穗下1叶这3片叶对产量的作用最大，称这3片叶为“棒三叶”。

2. 生殖器官建成与环境条件

（1）穗的发育

1）雄穗。生长锥伸长期：生长锥突起，表面光滑呈半球状圆锥体，宽 > 长，基部由叶原基包围，植株尚未拔节。生长锥明显伸长，长为宽的 2 倍，随着生长锥分化，下部形成叶原基突起（图 3-3-4）。

枝梗分化期：生长锥基部出现分枝原基，中部出现小穗原基（图 3-3-5）。

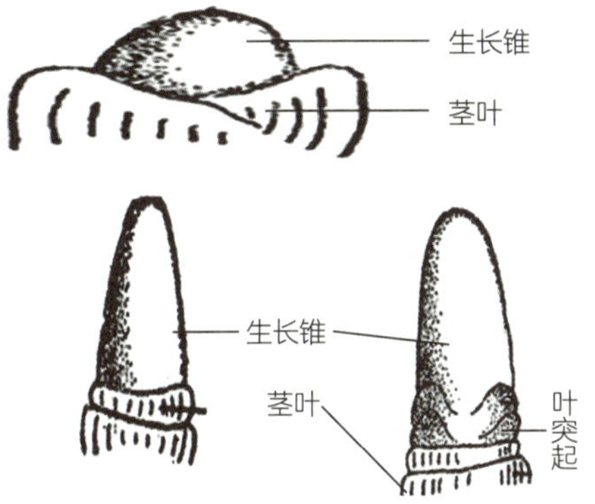

图 3-3-4 生长锥伸长期

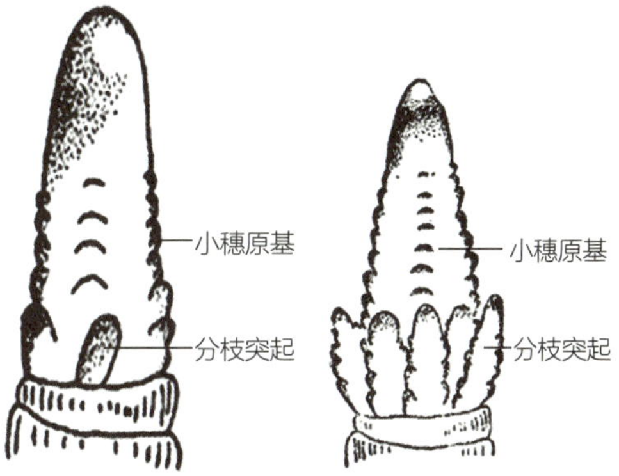

图 3-3-5 枝梗分化期

小穗分化期：每个小穗原基上又形成两个小穗突起，大的在上发育成有柄小穗，小的在下发育成无柄小穗，其后在小穗基部可形成颖片原基。同时，生长锥基部的分枝原基迅速发育成分枝，在分枝上又分化出成对小穗（图 3-3-6）。

小花分化期：每个小穗的颖片原基上方又分化出 2 个大小不等的小花原基，小花原基分化为 3 个雄蕊原始体和中央 1 个雌蕊（退化）。2 个小花中，上部小花发育较好，体积较大。每朵小花由内稃、外颖和浆片组成（图 3-3-7）。

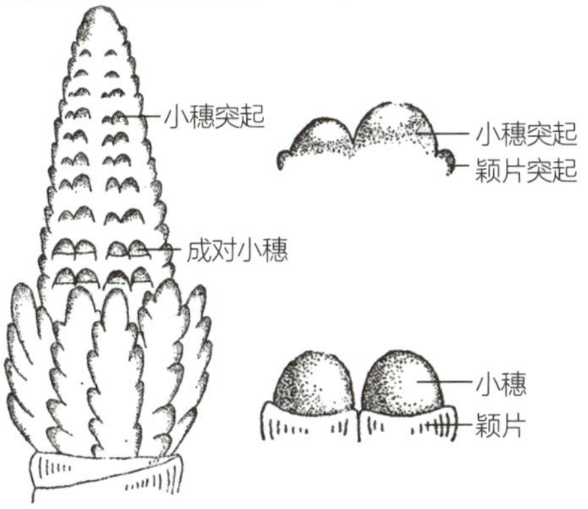

图 3-3-6 小穗分化期

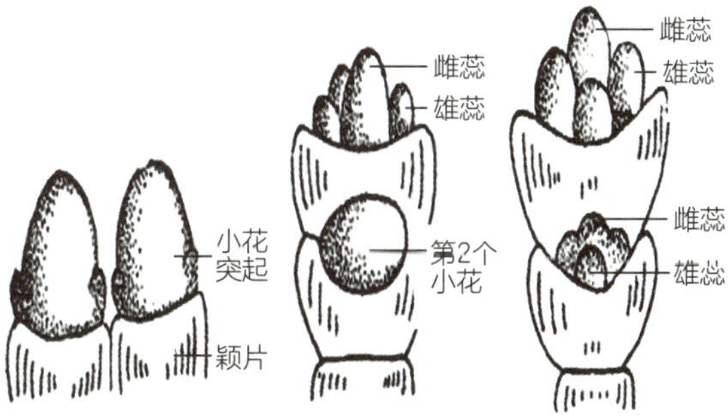

图 3-3-7 小花分化期

性器官形成期：雄蕊迅速生长并产生花药，花粉囊中花粉母细胞进行四分体期，随后花粉粒形成，内容物充实，穗轴节片迅速生长，雄穗体积迅速增长，外部形态进入孕穗期（图 3–3–8）。

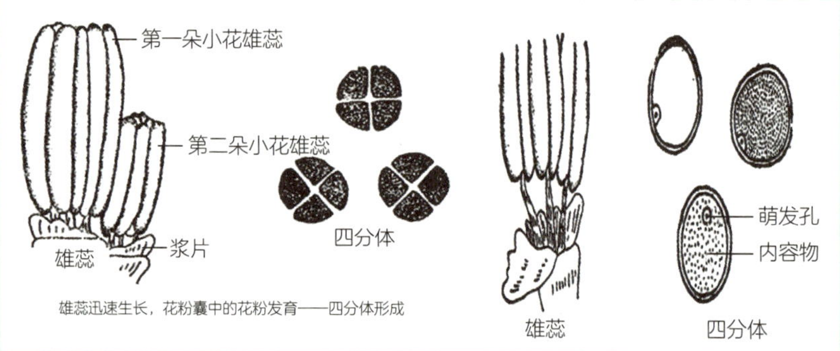

图 3-3-8 性器官形成期

2）雌穗。生长锥伸长期：生长锥下方已分化出节和缩短的节间，将来发育成穗柄，每节上有叶的原始体，将来发育成苞叶。生长锥基部出现分节和叶原基突起，此时相当于雄穗的小花分化期，是争取大穗的关键时期（图 3–3–9）。

小穗分化期：生长锥继续伸长，在叶原基突起的叶腋间出现小穗原基。每个小穗原基进一步分化成 2 个并列的小穗突起，继而形成并列的小穗。小穗原基分化从穗中下部开始，逐渐向上、向下进行分化（图 3–3–10）。

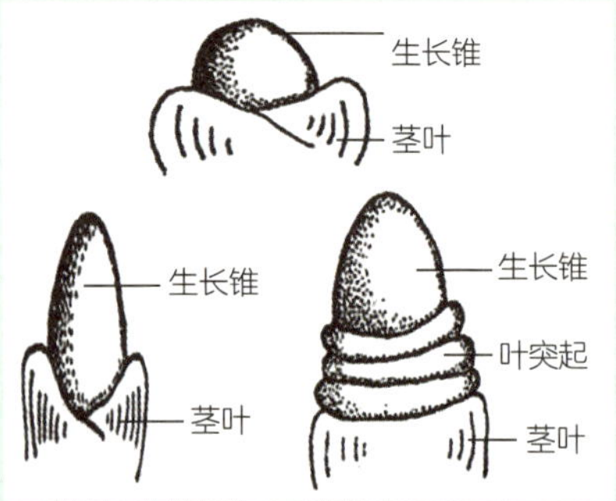

图 3-3-9 生长锥伸长期

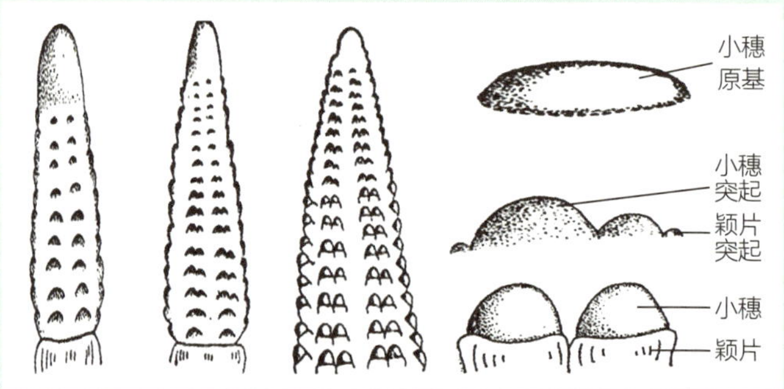

图 3-3-10 小穗分化期

小花分化期：小穗原基分化出上下 2 个大小不等的小花原基，上方较大的发育为结实花，下部退化为不孕花。在小花原基基部分化为 3 个雄蕊原始体（退化）和中央 1 个雌蕊。末期原始体发育成单性花，是影响粒数和整齐度的关键时期（图 3–3–11）。

性器官形成期：雌蕊柱头渐长，基部遮盖胚株并形成柱头通道，顶部分杈。同时，子房膨大，胚囊母细胞发育成熟。果穗急剧增长，花丝抽出苞叶（图 3–3–12）。

顶端终止分化期：生长锥不再伸长，小穗原基分化终止，小穗数确定。

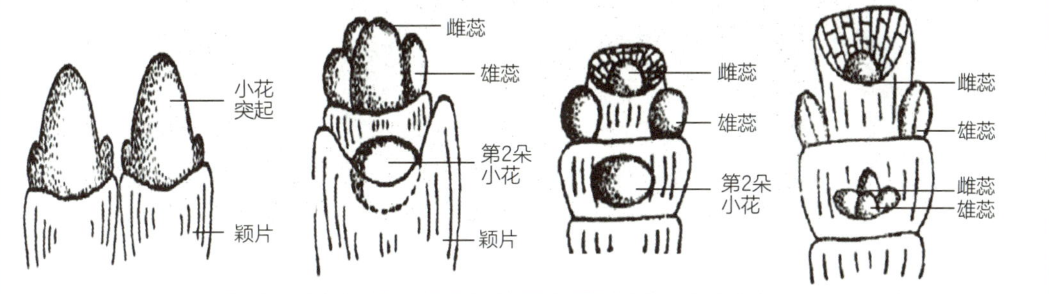

图 3-3-11　小花分化期

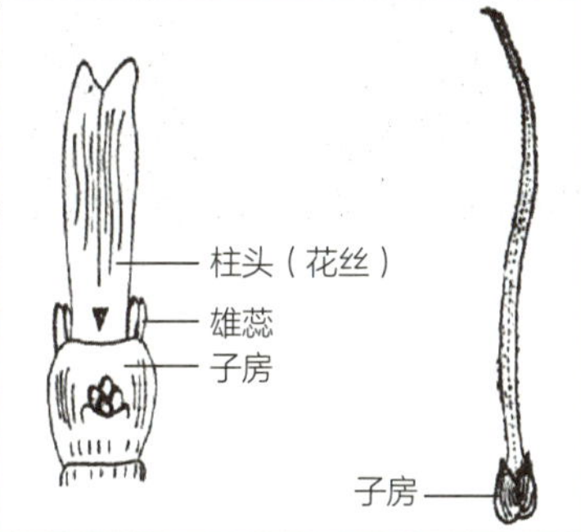

图 3-3-12　性器官形成期

（2）开花吐丝

1）雄花。开花顺序是主花序穗轴中上部小花先开放，然后从靠近主轴分枝开始向下部分枝依次开放。开花时间从抽雄后 5~7 d 开始，盛花期在开花后 2~5 d，占总数的 80%~90%，盛花时间为上午 8—10 时，占总数的 70%。

2）雌花。雄花始花的 1~5 d 开始伸长，果穗中下部花丝最先开始伸长，然后是果穗基部和顶部花丝伸长，果穗花丝受精能力一般可保持 7 d 左右，以抽丝后 2~5 d 受精能力最强，抽丝后 7~9 d 花柱活力衰退，11 d 丧失受精能力。

3）雌雄间隔。在玉米开花期因受环境胁迫会导致果穗生长减缓，雄穗和雌穗的开花间隔加大，此现象称为雌雄穗开花间隔。

4）高温杀雄。玉米雄穗开花散粉时，若温度持续超过 30 ℃、相对湿度在 60%以下，则开花甚少，雌穗不能正常受精，出现严重缺粒，造成减产。这种因高温干旱导致花粉丧失授粉能力的现象，称为高温杀雄。

（3）籽粒形成

1）籽粒建成期。授粉至吐丝后 15 d 形成籽粒的各部器官。

2）籽粒增重期。乳熟期（图 3-3-13）、蜡熟期（图 3-3-14）、完熟期（图 3-3-15）。

图 3-3-13　乳熟期玉米籽粒

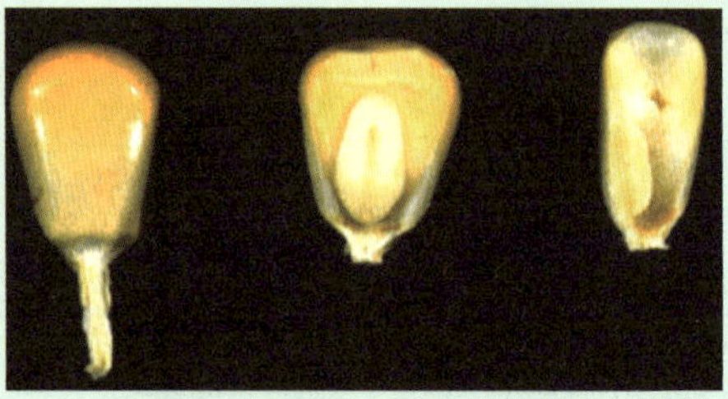

图 3-3-14　蜡熟期玉米籽粒

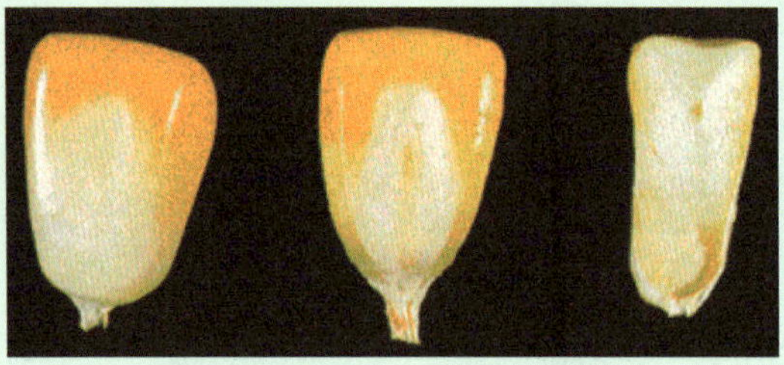

图 3-3-15　完熟期玉米籽粒

（二）玉米群体质量指标

1. 提高吐丝期至成熟期群体的物质积累量

玉米一生中积累的干物质，以吐丝期为界：以前的部分主要用于建成植株的根、茎、叶、幼穗等器官，形成灌浆结实期光合生产的基础群体；以后的部分主要用于籽粒的形成和充实（图 3-3-16）。因此，吐丝后群体干物质积累量的高低是玉米能否获得更高产量的决定因素，提高群体的光合生产量是玉米高产栽培的重点。

图 3-3-16　玉米营养生长和生殖生长时期

控制群体吐丝期叶面积指数在适宜值，既是控制吐丝期群体干物质积累在适宜范围的基础，也是增加花后群体干物质积累量的最基本条件；它能统一光合势与净同化率的矛盾，可产生最大的光合生产量，即形成强大的产量源。

2. 控制吐丝期群体适宜的叶面积指数（LAI）

玉米群体的物质积累量主要取决于叶系的光合生产，而光合生产是由光合势和净同化率共同决定。群体最大 LAI 一般出现在抽雄吐丝期，但由于品种、栽培措施的不同，此规律也不尽相同。有学者研究高产品种与普通品种的最大 LAI，结果发现前者各生育期的 LAI 与光合势均比普通品种高。

吐丝期 LAI 越大，光合势也越大，而同化率越小。因此，LAI 过大或过小均不能形成最高的花后干物质积累量，只有吐丝期 LAI 值适宜，才是统一光合势和净同化率这对矛盾的基础，才能产生最大的光合生产量。

3. 增加总结实粒数

玉米产量越来越高的主导因素是群体总粒数，其次是千粒重。提高玉米产量必须提高群体总粒数，总粒数不足，粒重再高也难以高产；增加总粒数，扩大了籽粒库容，使其对光合产物的需求量增加，促进花后的物质生产，并使物质积累量对籽粒的分配比例增加。因此，总粒数的增加不仅是玉米高产的一项形态数量指标，更是提高籽粒生长期群体光合生产力，促进物质积累更多地分配给籽粒的一项质量指标。

4. 提高群体粒叶比

粒叶比是库源协调程度的数量表示方法，是综合反映库源关系的生理指标。同一品种在合适 LAI 前提下，群体粒叶比越高，表明分配指数和叶片光合速率越高。在生产中，提高总结实粒数不仅能提高粒叶比，同时也是提高单位面积产量的必要措施。研究表明，在源库同时减少 50% 时，小穗型和大穗型品种籽粒产量均下降约 50%，源不变库容减少或是库容不变源减少，干物质积累量和籽粒产量下降均为 20%~30%。因此，在控制有限的最适 LAI 的同时，不断提高总粒数，扩大库容，才能提高粒叶比，才能进一步发挥强源畅流的作用（图 3–3–17）。

图 3–3–17 玉米成熟期

5. 改善叶系组成

玉米群体的最大叶系在吐丝期已建成，而不同叶系的组成是影响粒叶比和花后光合效率及产量形成的关键所在（图 3–3–18）。与平展型相比，紧凑型玉米更能充分发挥群体的光能利用效率，为实现更高产量奠定基础。群体植株有空株和结穗株两部分，空株是无效株，可通过提高群体整齐度减少甚至消灭空株来提高叶系质量。另外，在保证吐丝期最大最适 LAI 前提下，不断提高棒 3 叶（穗位叶、穗上叶与穗下叶）和穗位第 2 叶的叶面积，挖掘更大的物质生产效能，这也是提高叶系质量的有效手段。

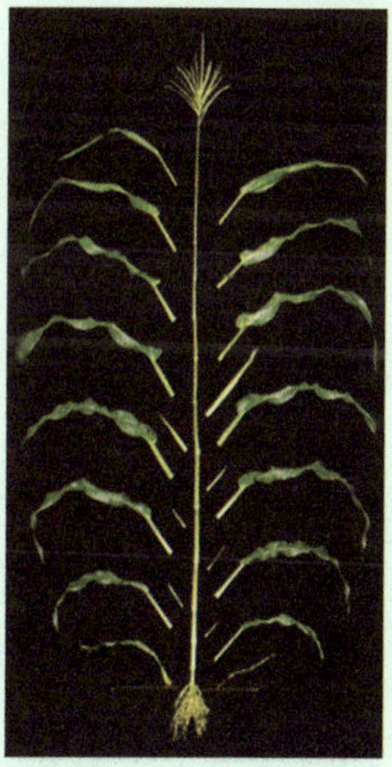

图 3–3–18 玉米叶系组成

6. 提高茎系结构的质量

茎秆是协调源库的纽带，在增强植株抗倒能力、改良叶系受光态势等方面起主导作用。研究表明，在同一密度群体中，大小不同植株的茎基粗、茎鞘重与粒叶比及穗粒数和穗粒重呈极显著正相关，所以茎秆越粗、单株茎鞘重越大，越有利于源与库关系协调，形成大穗（图 3–3–19）。群体的倒伏受种植密度的影响，但主要与植株的高度和茎秆的强度有关。因此，在高产栽培中应以培育秆壮、株高整齐度高的群体为主，提高抗倒能力，促进高产群体的形成。

7. 改善群体的根系性状

若根系发达则活力旺盛，有利于提高群体水分和养分利用（图 3–3–20）。玉米气生根的发生在大喇叭至吐丝期，与果穗分化同步，气生根与大穗关系密切；吐丝期群体过大，根系伤流量显著下降，群体气生根量和吐丝期伤流量与花后物质积累、籽粒产量密切相关，是根系发达活力旺盛的标志，是高光效群体地下部重要的质量指标。因此，增加气生根数量有助于提高玉米花后物质积累量。

图 3-3-19　玉米茎系结构质量

图 3-3-20　玉米根系性状

（三）肥水吸收规律

1. 氮的吸收规律

玉米在整个生育期中都吸收氮肥，对氮的吸收是比较平稳的，吸收高峰在抽雄吐丝期，灌浆成熟阶段吸收速度减慢（图 3-3-21）。

2. 磷的吸收规律

玉米对磷的吸收也是在抽雄开花期达到高峰，后期吸磷下降；但玉米苗期对磷特别敏感，如果苗期缺磷，即使以后补施，也挽回不了苗期缺磷所造成的影响（图 3-3-21）。

3. 钾的吸收规律

玉米对钾的吸收以拔节至孕穗期最多，开花期达到最高峰，以后停止对钾的吸收，靠植物体内的钾素再分配（图 3-3-21）。

正常　缺氮　缺磷　缺钾

图 3-3-21　玉米正常、缺氮、缺磷、缺钾叶片形态

4. 水分吸收规律

玉米播种后，需要吸取本身干重 48%~50% 的水分，才能膨胀发芽。如果土壤水分过多，通气性不良，那么种子容易霉烂造成缺苗。播种时，耕层土壤必须保持在田间持水量的 60%~70%，才能保证出苗良好。玉米在出苗到拔节的幼苗期间，植株矮小，生长缓慢，叶面蒸腾

量较少，所以耗水量不大，占总需水量的 20% 左右。这时的生长中心是根系，如果上层土壤水分过多，根系分布在耕作层之内，那么反而不利于培育壮苗。玉米拔节后进入旺盛生长阶段，茎、叶增长量大，雌雄穗分化形成，是玉米营养生长与生殖生长并进时期。因此，玉米对水分的要求比较高，占总需水量的 30%~40%。特别是抽雄前半个月左右，雄穗已经形成，雌穗正加速小穗、小花分化，对水分条件的要求更高。这一阶段土壤水分以保持田间持水量的 70%~80% 为宜。

（四）产量形成规律

1. 产量构成

玉米单位面积上的籽粒产量由单位面积有效穗数、每穗粒数和粒重构成。理论产量的计算见式 3–3–1。

$$\text{产量（kg/亩）}=\frac{\text{每亩有效穗数}\times\text{每穗粒数}\times\text{千粒重（g）}}{1\times10^{6}} \quad (3\text{–}3\text{–}1)$$

（1）**单位面积穗数** 玉米不能产生有效分蘖，单位面积穗数主要取决于种植密度。在一定种植密度范围内，单位面积有效穗数与密度呈正相关。当密度增加到一定程度后，有效穗数增加幅度逐渐降低，空秆率明显增加。与水稻、小麦相比，玉米单株穗数的调节能力较低，一般每株只有一个果穗，遇逆境会出现大量空株。因此，培育耐密植的品种，通过合理密植增加单位面积有效穗数，对提高玉米产量具有重要作用（图 3–3–22）。

（2）**每穗粒数** 玉米每穗粒数差别较大，对产量影响较大（图 3–3–23）。每穗结实粒数与分化的小花数有关，而每穗分化的小花数由品种特性和环境条件共同决定。决定每穗粒数的临界期在吐丝后各 15 d 的时期内（具体时间因品种不同而有差异）。吐丝前，雌穗进入性器官形成期以后，雌穗顶端的一些小花常退化成发育不完全的败育小花。高密度种植下败育的小花数量显著多于低密度。吐丝期如果遇到养分不足、阴雨寡照、水分胁迫、极端温度等恶劣环境条件，那么会造成部分小花（特别是果穗顶端的小花）花丝不能抽出或抽出过晚，导致授粉困难，致使籽粒数量大幅减少。

图 3–3–22 单位面积玉米穗数

图 3–3–23 每穗粒数

（3）**粒重** 不同品种玉米粒重差异显著，但同一品种的玉米粒重变化幅度较小（图 3–3–24）。玉米受精后胚和胚乳细胞数目的增加、体积的增大和胚乳细胞干物质的积累都会影响玉米籽粒的最终粒重。籽粒形成期和灌浆充实期分别是影响粒重的基础时期和决定时期。灌浆时期的光照时间、温度和水肥供应等对粒重都有很大影响，加强后期栽培管理是增加粒重的重要措施。

图 3–3–24 不同玉米品种粒重差异

2.“源 · 库 · 流”理论

从物质生产角度来看，玉米籽粒产量的形成必须经过 3 个过程：

（1）**叶通过光合作用制造光合产物，产量物质来“源”要足** 叶片光合产物以及根系从土壤吸收的养分；源（生物产量）= 光合速率 × 光合时间 × 光合面积 – 呼吸消耗；源决定最大产量潜力。

（2）**要求运转系统能将光合产物运输给籽粒，“流”要通畅** 流对应茎秆等组织中的维管组织，将源营养输送到库中；“流”畅是高产的重要前提。

（3）**要有能足够容纳光合产物的籽粒，储存物质的“库”要大** 库主要指籽粒，库容大小决定最终的产量水平；库容可用产量构成因素（单位面积穗数 × 每穗粒数 × 粒重）来表示；从光合性能角度，籽粒产量（库）= 生物产量（源）× 收获指数。

（五）品质形成规律

1. 品质指标

玉米籽粒品质的分类指标见图 3–3–25。

2. 品质形成

玉米籽粒主要由皮层、胚和胚乳组成（图 3–3–26）。

皮层：包括由子房壁形成的果皮和由珠被形成的种皮。皮层无色，表面光滑，占粒重的 6%~8%。

胚：由胚芽、胚轴、胚根和子叶（盾片）组成，占粒重的 10%~15%。

胚乳：位于种皮内部，最外层为单层细胞，是富含蛋白质的糊粉粒，又称糊粉层。糊粉层内的胚乳又分为粉质和角质，占粒重的 80%~85%。

籽粒形成：完成受精后，玉米子房需要经过 40~50 d 的生长发育，增长约 1 400 倍而形成籽粒。胚和胚乳完成发育和养分积累需要 35~40 d，其余的时间用于脱水和成熟，最终形成种子。随着籽粒的发育，胚乳中淀粉粒数量增加、体积增大，淀粉含量逐渐增多（图 3–3–27）。

成熟标志：“乳线”消失是玉米籽粒完全成熟的标志。所谓“乳线”实际上就是籽粒中的淀粉、蛋白质等固体和乳浆的交界面，从外表来看，像一条线横贯籽粒，是在籽粒生长发育过程中出现的，并且随着籽粒的生长发育而缓慢地向籽粒基部移动，最后在籽粒成熟时消失（图 3–3–28）。

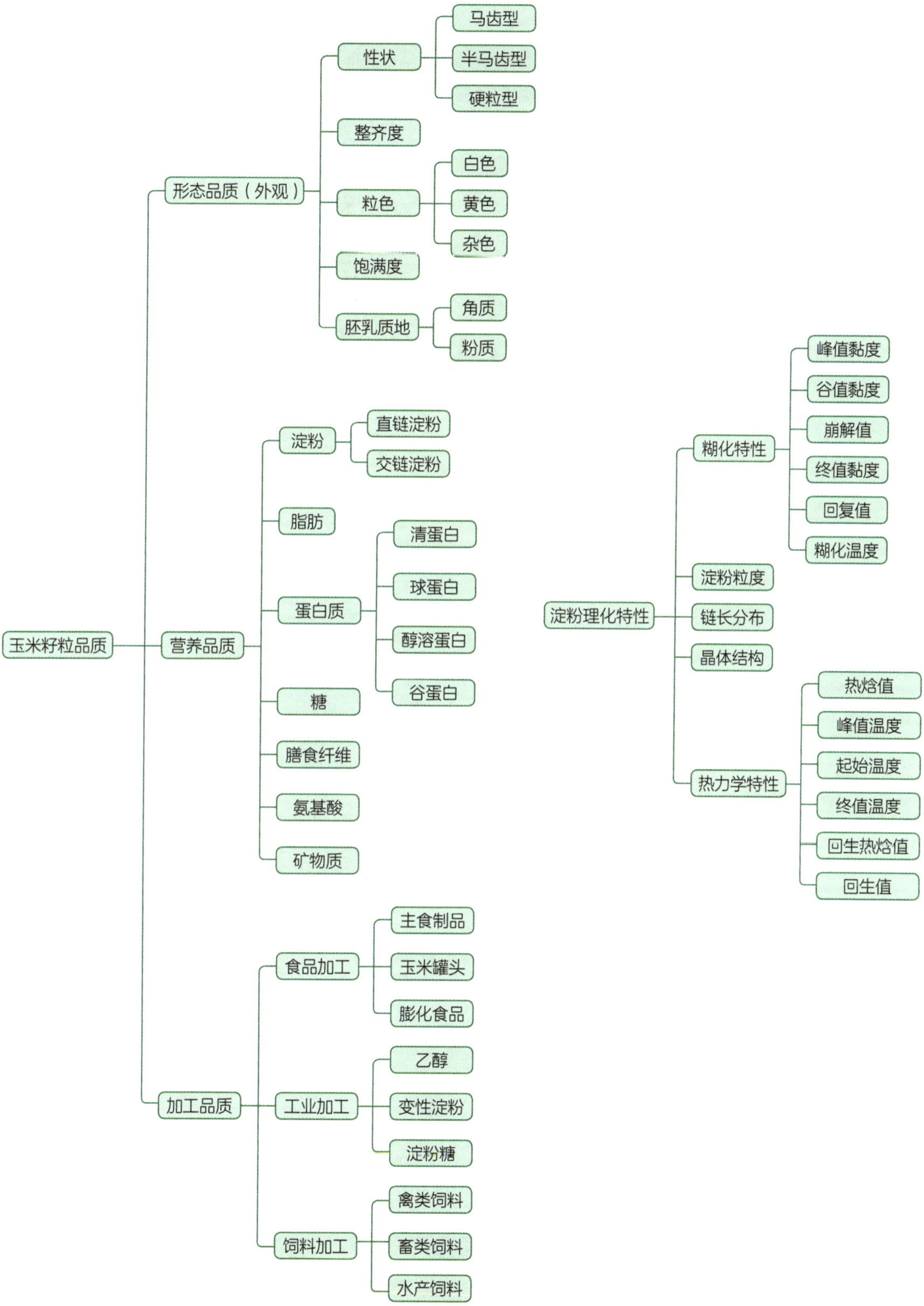

图 3-3-25　玉米籽粒品质的分类指标

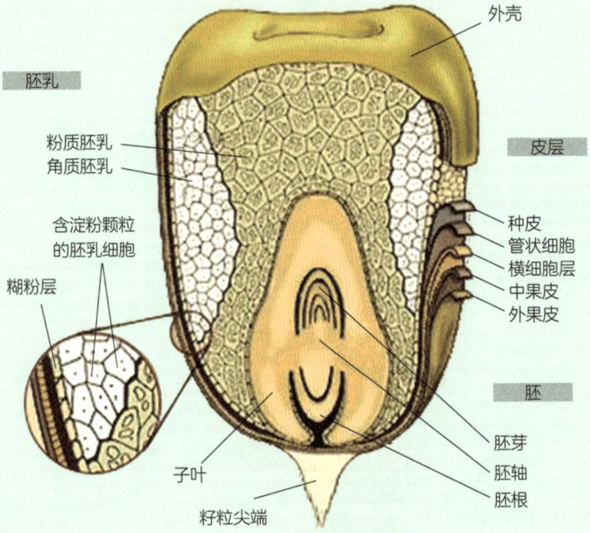

图 3-3-26　玉米籽粒构成

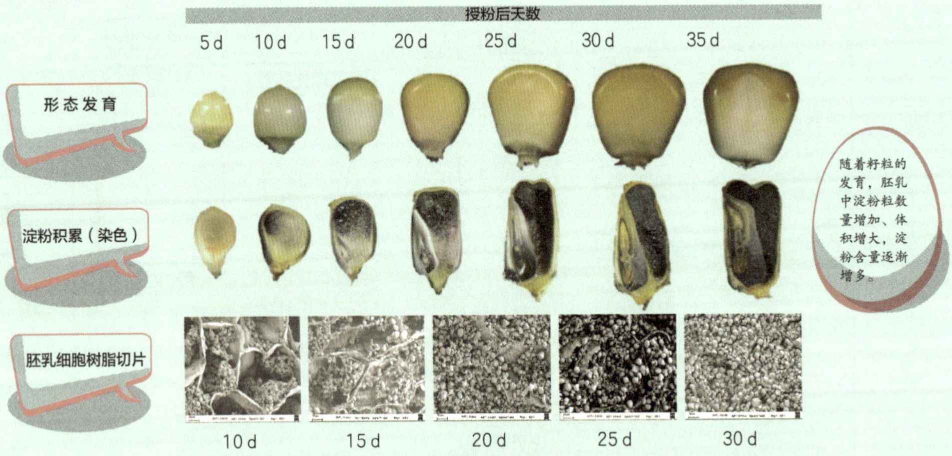

图 3-3-27　玉米籽粒形成过程

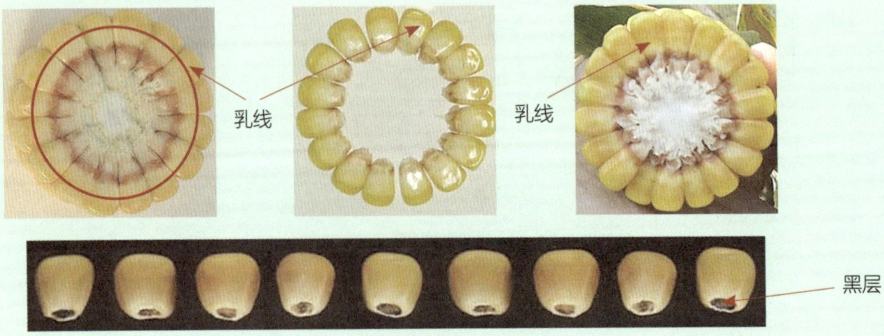

图 3-3-28　玉米籽粒乳线和黑层的形成

四、玉米高产优质管理技术措施

玉米播种技术

（一）整地播种

1. 整地

（1）**选地** 高产玉米田要选择地势平坦、耕层深厚、疏松透气、保水保肥能力强、土壤肥沃的农田，不要选择地势低洼和盐碱地块种植玉米（图 3-4-1）。

（2）**整地方式** 播种前要进行整地，可使用深翻、浅旋等方法进行，也可使用玉米免耕种植技术（图 3-4-2）。

深翻整地是指通过拖拉机牵引深翻机具（深度为 20~30 cm），疏松土壤，打破犁底层，将土壤中的底层和表层颗粒重新混合，从而改善土壤结构。翻耕可以增加土壤通气性和渗透性，提高土壤保水能力，并促进有机物质的分解和释放。同时，深翻整地还可以减轻土壤压实，打破土壤板结提高土壤肥力。因此，深翻整地是增强土壤蓄水保墒和抗旱排涝能力的一项耕作技术。

图 3-4-1 高产玉米田形态

深翻整地　　浅旋　　免耕播种

图 3-4-2 整地方式

浅旋是旋耕作业的一种形式，特指对免耕播种地表浅层进行旋耕处理的作业，通常处理的深度为 8~10 cm。浅旋作业能够松土平地、除草，并将秸秆部分粉碎混入土中，有利于为播种创造良好的种床。

玉米免耕种植技术的核心是在保留地表覆盖物的前提下免耕播种，不翻动土壤，不仅减少作业次数，节省时间、劳动力和能耗，大幅度降低生产成本，而且能控制土壤水土流失，保持土壤自我保护机能和营造机能，增加土壤有机质，提高水分利用率，改善土壤的可耕作性，是对传统生产方式的重大变革，是未来玉米可持续生产的技术发展方向。

2. 播种方式

玉米播种方式

（1）**条播**　条播是按一定的行距开窄条沟播种，可分为机播、耧播和用犁开沟播等（图 3–4–3）。

（2）**穴播**　通过人工开穴、人工撒种、人工覆土的方法完成播种。将种子按规定的行距、株距、播深定点播入穴中，每穴播 2~3 粒，可保证种子在田间分布均匀，提高出苗率（图 3–4–3）。

（3）**机播**　通过简易播种机、复式播种机、精确定量播种机等机械完成播种（图 3–4–3）。

（4）**免耕机播**　通过玉米免耕机播可一次性完成开沟、深施肥、播种、覆土等作业工序。免耕机播具有以下优势：① 在不破坏土壤耕层结构的情况下，可减少耕层土壤水分蒸发；② 可一次性完成多道作业工序，降低农业生产成本；③ 可不用间苗；④ 规范玉米种植行距利于玉米抗倒伏，实现玉米机械收获（图 3–4–3）。

盘育乳苗移栽

条播

穴播

精量播种机作业

复式播种机作业

免耕机播

图 3–4–3　播种方式

（二）品种选择

（1）**粒用玉米品种选择**

1）高产优质。选用通过国家或省级审定的耐密型高产品种，耐肥水，密植不倒，果穗全、匀、饱；具有较大的密度范围和较强的抗倒伏能力。根据土壤、气候、生产水平及玉米品种特性等，因地制宜选择适合本区域种植的熟期适宜、高产稳产、广适多抗的品种。

2）适合机收。选用耐密抗倒、后期籽粒脱水快、适合机械化收获，特别是抗茎腐病、叶斑病和抗虫性强的优良机收品种。

机收玉米

3）质量合格。选择发芽率高、活力强、整齐一致、适合单粒精量播种的高质量包衣种子，避免购买和使用散籽和套牌种子，保证单粒精播地块的田间出苗率和幼苗整齐度，节省间苗定苗的人工成本。

（2）**青贮玉米品种选择** 青贮玉米主要以鲜嫩茎叶作饲用，因而在栽培上应以追求全株的最大值为目标，在选用良种时要考虑植株高大，茎、叶、穗产量均高，生育期适中，且适应当地土壤及气候的优良品种。一般要求品种植株粗壮，生长旺盛；穗大粒多，整齐一致；抗逆性强，适应性广。整株青贮玉米产量高、成熟度适中、茎秆强度大，且抗倒伏、抗病性优、茎叶消化率高。青贮饲料玉米品种要求达到“双 30”标准，即干物质含量和淀粉含量均达到 30%以上。

（3）**鲜食玉米品种选择** 甜（糯）性好、口味纯正、质地柔嫩、营养丰富、果穗一致、籽粒整齐、结实饱满、皮薄渣少、出籽率高的品种。

速冻及罐装甜玉米粒加工选用加强甜玉米和普甜玉米品种，加工后粒色鲜黄，果皮柔软，甜中有黏。

超甜玉米果穗甜脆可口，酷似水果；糯玉米消费主流是白色，黑色、彩色玉米属于时尚食品，可适量种植。

（三）合理密植

1. 密度确定

（1）**合理的群体结构（即种植密度）** 玉米个体与群体，地上部分与地下部分，营养器官与生殖器官，前期生长与后期生长，都能健全、协调地发展，从而经济有效地利用光能、地力，促使穗多、穗大、粒多、粒重，达到高产目的。一般可按照式（3-4-1）确定种植密度（图 3-4-4）。

$$密度（株/亩）= 最佳叶面积指数 / 单株叶面积（m^2）\times 1 亩 \quad (3\text{-}4\text{-}1)$$

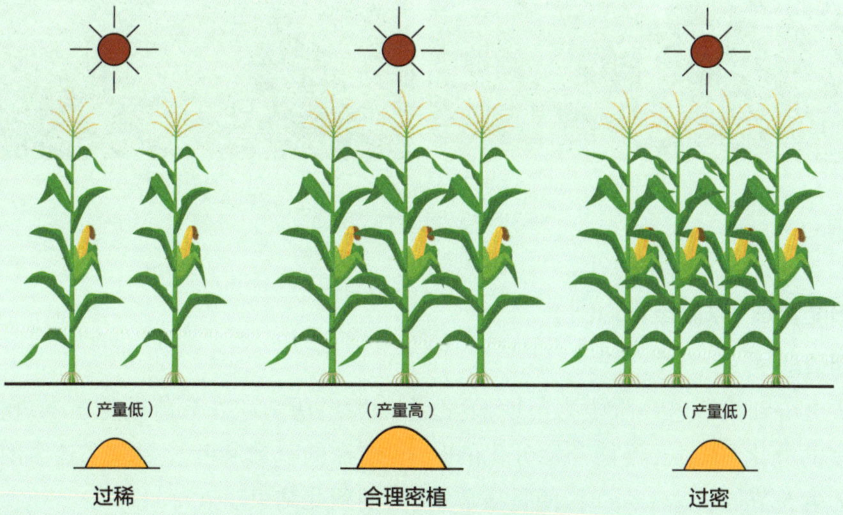

图 3-4-4 合理密植对玉米产量的影响

（2）**确定合理密植的条件** 各地密植的适合幅度，应根据当地的自然条件、土壤肥力及施肥水平、品种特性、栽培水平等确定。相同品种在同一地区，阳坡地应比阴坡地或平原密些，光照足、雨水少的地区应比阴雨多、光照弱的地区密些，土壤肥沃、施肥水平高的地块应密些，茎叶紧凑上冲、生育期短、单株生产力低的品种应密些，晚熟的应稀些，反之则相反。

2. 不同品种类型播种密度

选择适合当地栽培密度的品种，作为良种在不同条件下也有其相对性，只能根据当地气候条件、地理条件、水肥条件选择适合密植的品种。不同品种类型适合密度：平展型中熟品种为 3 500~4 000 株 / 亩。平展型早熟品种为 4 000~4 500 株 / 亩。紧凑型中晚熟品种为 4 000~5 000 株 / 亩。紧凑型中早熟品种为 5 000~6 000 株 / 亩。

3. 种植方式

玉米种植方式多样，在密度增大时，配合适当的种植方式，更能发挥密植的增产作用。当前主要种植方式有以下 2 种。

一是等行距种植，行距一般为 60~75 cm，株距随密度而定。其特点是植株抽雄前，叶片、根系分布均匀，能利用养分和阳光、便于播种、定苗、中耕、除草和施肥等作业顺利开展，但在肥水足密度大时，在生育后期行间郁闭、光照条件差，群体个体矛盾尖锐，则影响产量提高（图 3–4–5）。

二是宽窄行种植亦称大小垄，大行 83~100 cm，窄行 33~50 cm，株距根据密度确定。其特点是植株在田间分布不均，生育前期对光能和地力利用较差，但能调节玉米后期个体与群体间的矛盾。在高密度、高肥水条件下，加宽大行，有利于中后期通风透光（图 3–4–5）。

等行距种植　　宽窄行种植

图 3–4–5　玉米种植密度

机械化种肥问题

（四）田间管理（以夏玉米为例）

1. 苗期管理

玉米从出苗到拔节这一阶段为苗期，夏玉米一般经历 20~25 d，苗期是玉米进行根、茎、叶等营养器官的分化和生长，雄穗开始分化的时期，植株的节数和叶片数是在这个时期决定的，当主茎基部第 5 节伸长达 1 cm 时，便是拔节期，苗期到此结束。

（1）**查苗、补苗** 全苗是玉米丰产的基础，必须做好查苗补缺，确保全苗，凡是漏播的，刚出苗时要及时补种（图 3–4–6）。为了补种后早出土，赶上早苗，补种的种子应先进行浸种催芽，以促其早出苗。但补种的玉米苗往往赶不上原来的苗，造成大苗欺小苗，生长不齐，因此可在幼苗生长到 3.5~4.0 叶时采取以密补稀移栽。若缺苗较少，则可以带土移栽；如果缺苗在 10% 以上时，那么可囤苗补栽。所谓囤苗补栽，是把大田间出来的苗放在阴凉处，根部用土封好，泼点水，经过 24 h，生出新根，即可补栽。补栽苗要比缺苗地的苗多 1~2 片叶，并注意浇水。施少量化肥，促苗速长，赶上直播苗。移栽时间应在下午或阴天，以利于返苗，提高成活率。

玉米囤苗　　玉米补苗

图 3–4–6　玉米查苗补苗

间苗、定苗

（2）**间苗、定苗**

1）间苗时间。玉米间苗和定苗时间的早迟对保证全苗壮苗关系很大。培育壮苗要早间苗、早定苗，一般在 3~4 叶期进行，原则是间密留稀，间弱留壮。由于玉米在 3 叶期前后正处在“断奶期”，要有良好的光照条件，如果幼苗期植株过分拥挤，株间根系交错，会出现争水争肥的现象。夏玉米在 5~9 叶期定苗比 3~4 叶期定苗每亩减产 14%~27%，因此间苗、定苗工作应及早进行。

2）定苗时间。在幼苗长到 5 叶时进行，定苗时应做到去弱苗，留壮苗；去除大苗和弱小苗，留大小一致的苗；去病残苗，留健苗；去杂苗，留纯苗，一次性留好苗。

3）推迟间苗、定苗时间的情况。套种玉米通常草多、虫多、残伤苗多，土壤墒情差，虫害较重，这些田块保全苗难度大，应适时间苗，适当推迟定苗时间，以避免出现死苗、缺苗，导致苗数不足，影响产量。掌握 3~4 片可见叶时间苗，5~6 片可见叶时定苗，但最迟不宜超过 6 片叶。

4）注意事项。间苗、定苗的时间应在晴天下午，那些病苗、虫咬苗及发育不良的幼苗在下午较易萎蔫，便于识别淘汰。对那些苗矮叶密、下粗上细、弯曲、叶色黑绿的丝黑穗浸染苗，应彻底剔除（图 3–4–7）。

（3）**中耕除草**　中耕除草是苗期管理的一项重要工作，也是促下控上、增根壮苗的主要措施。

1）中耕除草。玉米苗期中耕一般可进行 2~3 次。中耕深度一般应掌握“两头浅，中间深，苗旁浅，行中深”的原则。定苗以前幼苗矮小，可进行第 1 次中耕，中耕时要避免压苗。中耕深度以 3~5 cm 为宜，苗旁宜浅，行间宜深。此次中耕虽会切断部分细根，但可促发新根，控制地上部分旺长。

玉米间苗

玉米定苗

图 3-4-7　玉米间苗、定苗

2）化学除草。在播种后出苗前地表喷洒除草剂，也可苗期进行（图 3-4-8）。主要化学除草剂如下。

莠去津（阿特拉津）：每亩用有效成分 100 g 加水 40~50 kg 喷雾，在杂草出土前和苗后早期施药可防除 1 年生禾本科杂草和阔叶杂草。

乙草胺：每亩用有效成分 70 g 加水 40~50 kg，在玉米播种后、出苗前喷药，可防除 1 年生禾本科杂草。

乙阿悬乳剂（乙草胺 + 阿特拉津）：每亩 250 mL 加水 40~50 kg，在播种后、出苗前喷药。

玉米苗期机械中耕除草

玉米苗期化学除草

图 3-4-8　玉米中耕除草

（4）**蹲苗促壮**　蹲苗应从苗期开始到拔节前结束。蹲苗应掌握“蹲黑不蹲黄，蹲肥不蹲瘦，蹲干不蹲湿”的原则（图 3-4-9）。套种玉米播种生长条件较差，一般不宜蹲苗。苗期在短时含水量低于 11% 有利于蹲苗，所以应抓好水肥管理工作，促弱转壮。

图 3-4-9　玉米蹲苗促壮

（5）**水肥管理**　玉米苗期由于植株较小，叶面积不大，蒸腾量低，需水量较小。苗期追肥量，原则上磷、钾肥全部施入，氮肥追肥量因地、因苗确定（详见“水肥运筹”部分）（图 3-4-10）。

苗期人工追肥　　苗期机械追肥

图 3-4-10　玉米苗期施肥

苗期灌溉

苗期追肥

（6）**防治虫害**　玉米苗期害虫种类较多，尤其是夏玉米。目前，苗期危害玉米的主要害虫有地老虎、蚜虫、蓟马、棉铃虫、夜蛾、麦秆蝇等，应及时做好虫情测报工作，发现害虫及时防治（详见“病虫草害综合防治”部分）。

2. 穗期管理

穗期阶段是玉米从拔节至抽雄的一段时间，夏直播玉米一般需要 25~30 d。拔节就是茎基部节间开始明显伸长，而抽雄是指雄穗开始露出剑叶（最后 1 片）。玉米穗期田间管理的主要目标是促叶、壮秆、攻穗，就是以促为主，促控结合，使玉米植株实粗壮，叶片生长挺拔有劲，雌雄穗分化加快，营养生长和生殖生长协调，构建合理产量结构，力争打好丰收基础。

（1）**抗旱防涝**　夏玉米是需水量比较多而又不耐涝的作物，拔节后是攻大穗的关键时期，也是旱、涝、风、雹等灾害性天气多发季节，此时应抗旱、防涝一齐抓，做到旱能及时浇水，涝能及时排水。

1）浇水。拔节孕穗期玉米生长迅速，水肥需求旺盛，而 7—8 月天气炎热，田间蒸发量大，及时灌溉是玉米夺高产的重要保证（图 3-4-11）（详见“水肥运筹 ”部分）。

图 3-4-11　玉米穗期浇水

2）防涝。玉米虽是需水分较多的作物，但玉米生育中期喜水但不耐渍，对土壤通气要求高，田间长时间积水易导致玉米生理代谢失调，植株干枯，严重影响产量，所以防渍也是玉米田间管理的重要内容，田间持水量超过 80% 时就对玉米生长不利。因此，秋田遇涝要及时开沟排水和中耕散墒，一般玉米田块要开通地头沟、地中沟和排灌沟，做到旱能浇、涝能排。地中沟开沟方法为玉米大喇叭口期，每隔 4 行玉米用犁开沟，开沟适当深一点，以能顺畅排灌为宜（图 3-4-12）。

图 3-4-12 玉米穗期排涝

（2）**重视追施穗期肥** 在玉米整个生育期中，穗期阶段对矿质养分的吸收量最多、吸收强度最大，是玉米吸收养分最快的时期，也是最重要的施肥时期（详见“水肥运筹”部分）（图 3-4-13）。

图 3-4-13 玉米穗期施穗肥

（3）**做好病虫害防治** 夏玉米生长中期主要病害有大斑病、小斑病等叶斑病，主要虫害有玉米螟、黏虫、蓟马等，一定要通过预报预测加强预防控制（详见“病虫草害综合防治”部分）。

（4）**中耕培土** 中耕可以疏松土壤、铲除杂草、蓄水保墒、利于根系发育，同时可除去田间杂草并使土壤更多地接纳雨水。培土则可以刺激次生根发育，有效地防止因根系发育不良引起的根倒。拔节至小喇叭口期（6 叶展至 10 叶展）应进行深中耕，深度 6~7 cm，通过中耕，灭麦茬松土、除草，并可促进有机物质分解，改善玉米的营养条件，促进新根大量形成，扩大吸收营养物质范围，还能提高地温，对玉米的健壮生长有重要意义。

中耕和培土作业可结合起来进行，大喇叭口期结合施肥进行中耕培土，连续 2 次，增厚玉米根部土层，利于气生根形成伸展，增强抗倒能力，培土高度以 7~8 cm 为宜，行间深一些、根旁浅一些（图 3-4-14）。排水良好的地块不宜培土太高，在潮湿黏重地块以及大风多雨地区，培土的增产效果比较明显。培土对防倒抗倒、供应营养物质以及防涝均有重要意义。

图 3-4-14　玉米穗期中耕培土

（5）**去分蘖**　玉米每个节位的叶腋处都有 1 个腋芽，除植株顶部 5~8 节的叶芽不发育，其余腋芽均可发育；最上部的腋芽可发育为果穗，而近地表基部的腋芽则形成分蘖。由于玉米植株的顶端优势现象比较强，一般情况下基部腋芽形成分蘖的过程受到抑制，因此生产上玉米植株产生分蘖的情况也比较少见。

作为大田粒用玉米生产，田间出现分蘖后应该尽早拔除，拔除分蘖的时间越早越好，以减少分蘖对植株体内养分的损耗和对生长造成的影响（图 3-4-15）。拔除分蘖的时间以晴天的 9—17 时为宜，以便使拔除分蘖以后形成的伤口能够尽快愈合，减少病虫侵染和危害的机会。但是，作为青贮玉米或青饲玉米生产的地块，田间出现分蘖以后，可以不拔除。

图 3-4-15　玉米分蘖展示及去分蘖

（6）**防止倒伏减产**　倒伏尤其是中后期倒伏是限制玉米增产的主要因素。在种植耐密植抗倒伏品种、合理密植、合理施肥、中耕培土、及时去除小弱空株等措施的基础上，如发现密度过大、有严重倒伏危险的地块可提前喷施植物生长调节剂，如在孕穗前用 50% 矮壮素水剂

150 mL，兑水 30 kg 喷施，加以预防（图 3-4-16）。

喷施生长调剂前后效果

喷施生长调节剂防倒伏效果

图 3-4-16　玉米喷施植物生长调节剂效果

（7）**喷施叶面肥**　如果前期连续低温，影响了玉米生育进程，可结合使用杀虫剂喷施叶面肥，促进玉米生长，还可以缓解除草剂对玉米的伤害。为防止后期脱肥，确保植株健壮生长，也可结合病虫防治进行叶面施肥，每亩用尿素 200~300 g 加磷酸二氢钾 100~120 g，兑水 30 kg，再加入杀虫药兼防治施（详见“水肥运筹”部分）（图 3-4-17）。

图 3-4-17　玉米喷施叶面肥

3. 花粒期管理

玉米花粒期阶段是指从抽雄到成熟期间的生长发育阶段，包括开花、散粉、吐丝、受精及籽粒形成，经历 50 d 左右。玉米花粒期阶段管理的目标：促秆壮穗，防止倒伏，防治病虫害，为开花、授粉、结实创造有利条件，保证植株正常授粉受精，促进籽粒灌浆；防止后期叶片早衰，还要防贪青晚熟，以达到穗多、穗大、粒饱、高产的丰产长相。

（1）**适期浇水**　玉米抽雄至开花期是需水高峰期，土壤相对含水量要达到 80% 左右；籽粒形成至蜡熟期需要充足的水分，此期土壤相对含水量以 70%~75% 为宜，该阶段应该根据天气、墒情等环境条件，浇好 2 次水。第 1 次在开花至籽粒形成期，是促粒数的关键水，充分供给水分，对提高花粉活力和受精能力，增强玉米结实力，减少秃顶缺粒有重要作用；第 2 次在乳熟期，是增加粒重的关键水。同时，如果降水多，土壤和空气湿度大，甚至出现田间渍水，根系活力受阻不利于开花授粉，则影响授粉受精；籽粒灌浆过程中，如果田间积水，那么应及时排涝，大雨过后应及时查田清沟，排除田间渍水，防止涝害（图 3-4-18）。

花粒期浇水

花粒期排涝

图 3-4-18 玉米花粒期水分管理

（2）**追攻粒肥** 玉米生长后期叶面积大，光合效率高，叶片功能期长，是实现高产的基本保证（详见"水肥运筹"部分）（图 3-4-19）。

图 3-4-19 玉米追施粒肥

（3）**防治病虫害** 夏玉米病虫害的防治要采取"预防为主，综合防治"的原则。玉米后期主要虫害有玉米螟、棉铃虫、黏虫、红蜘蛛和蚜虫等，主要病害有大斑病、小斑病、茎腐病和穗腐病等，当达到一定防治指标时，要及时进行防治（详见"病虫草害综合防治"部分）。

（4）**去除空秆、病株和无效穗** 在玉米田内，总有一定数量的植株形成不结果穗的空秆或低矮小株，它们不但白白地消耗养分，而且还会影响其他植株的光合作用。对这样华而不实的植株，一定要结合去雄和人工授粉等工作，及早将其拔掉，还要注意拔除病株、小株、弱株、杂株和分蘖，从而把有限的养分集中供应给正常的植株。玉米可长出几个果穗，但成熟的只有 1 个，最多是 2 个。为促早熟增产，每棵玉米植株最好保留最上部的 1 个果穗，其他全部除掉，这样可以改善田间通风透光条件，减少肥料消耗，利于植株正常生长发育，促使大穗大粒的形成，提高产量（图 3-4-20）。但要注意，在掰除玉米多余穗时，不能损伤和掰除穗位叶，否则得不偿失。

图 3-4-20 玉米去空秆和病株

（5）**防治玉米倒伏**　由于秋季多风，往往造成玉米倒伏，因此，在玉米追肥后要及时培土，防止倒伏。玉米生长发育后期倒伏多为根倒，由于上部较重，植株很难直立，必须在暴风雨过后立即扶起，时间拖延越长，减产越重。在扶起时，要使茎秆与地面形成适当角度，若扶得过直，伤根多则减产加重。根据以往经验，玉米根倒扶起的适合角度为 30°~50° ，扶起的时间越早越好，扶起的同时要将玉米根部用土培好（图 3-4-21）。

图 3-4-21　暴风雨后扶起倒伏玉米

（五）水肥运筹

1. 肥料运筹

（1）**营养生长（播种期至拔节期）**　不同类型肥料概念见表 3-4-1。

表 3-4-1　不同类型肥料概念

肥料分类	定义
复混（合）肥	至少有 2 种标明养分含量的由化学方法和（或）掺混方法制成的肥料
有机肥料	粪尿肥类、堆沤肥、秸秆类肥、绿肥类、土杂肥类、饼肥类等
有机—无机复混肥	含有一定有机肥料的复混肥料
微生物肥料	是以微生物的生命活动导致作物得到特定肥料效应的一种制品
叶面肥	通过作物叶片被吸收，为作物提供营养物质的肥料
缓（控）释肥料	养分按设定释放率和释放期缓慢或控制释放的肥料

用好种肥和基肥。种肥是指在播种时将肥料施在种子附近或与种子一起施入的方式，进而促进种子的发芽及幼苗的生长情况。在通常情况下种肥多是速效化肥；在使用缓（控）释肥或复合肥时，可采用种肥同播技术（图 3-4-22）。

基肥是指在播种前施用的肥料，通常主要是以有机肥并结合一些化肥一起施用的方式。基肥主要包括条施、撒施及穴施 3 种施肥方法。在这 3 种方法中，效果最为显著的是条施及穴施，采用这 2 种施肥方法会使肥料靠近玉米根系，进而促进肥料的吸收与利用。在使用前，首先应确保将肥料充分捣细混匀，与耕地工作相结合，将肥料翻入土壤中即可。其间基肥如采用氮、磷化肥，则要尽量采用集中条施或穴施的施肥方式。

在施用氮素化肥时，首先要按照不同的肥料性质来进行选择。对于含氮形态方面，硝态氮

种肥同播

聚合物包膜控释肥

图 3-4-22 玉米种肥施用

肥及铵态氮肥在确保适合的用量及合理的施用方法时，可利于根系吸收，而且在使用时不超过规定的用量不会产生危害。在种肥中较为安全的包括磷酸氢二铵、碳酸氢铵、尿素，在实际的施用过程中应距离种子 10 cm 以上，以防出现烧伤现象。

在选择磷、钾肥混合作为种肥时，效果较为显著。相关调查研究表明，与单施氮肥相比，增施钾肥或磷、钾肥会有一定幅度的增产情况。而且在播种时如果集中穴施氮、磷、钾肥，还会对根系的吸收情况有一定的促进作用。在实际的使用过程中，具体的施用数量要按照实际的土壤肥力及基肥用量来确定。如果施用基肥较多，则可视情况少施或不施种肥；如果施用基肥较少，则可视情况多施种肥。在通常情况下可施入优质有机肥 300~500 kg/ 亩或施入尿素 8~10 kg/ 亩或施入磷酸氢二铵 8~10 kg/ 亩。

（2）**营养生长和生殖生长（拔节期至开花吐丝期）** 不同类型肥料使用量见表 3-4-2。

表 3-4-2 不同类型肥料使用量

单位：kg/ 亩

亩产目标		施肥总量		
		氮（N）	磷（P_2O_5）	钾（K_2O）
一般产量	500~700	15~20	4~6	7~9
高产高效	700~900	18~22	6~10	9~15
超高产	900~1100	22~27	10~14	15~21

营养生长和生殖生长肥料施用方法：缓（控）释肥一次性基施或基施复合肥，在拔节期—大喇叭口期追施尿素。

施穗肥：此次追肥工作通常是在拔节期至抽雄穗期之间进行。春玉米具体的施肥时期应在 13~15 片展开叶时，夏玉米在 11~13 片展开叶时，此时处于雌穗小花分化盛期，因此需要给予充足的养分，此次的施肥对于果穗大小及行数分化有着直接的影响。中攻穗肥可选择速效氮肥，与浇水及中耕结合施用，会促进肥料充分发挥（图 3-4-23）。

（3）**生殖生长（开花吐丝期至成熟期）** 具体的施肥时期应在抽雄穗前后 10~15 d 之间开始，此阶段的植株叶片即将完全展开或已经完全展开，且雌穗已结束受精，此次的施肥会对玉米增加粒重、提高产量有着直接的影响。在通常情况下可施入尿素 120~150 kg/km^2,或是采取叶面喷肥的方式(图 3-4-24)。

追施苗肥壮秆促拔节

大喇叭口期施穗肥

图 3-4-23　玉米追肥

玉米抽雄

叶面喷肥

图 3-4-24　玉米施粒肥

2. 水分管理

玉米高产栽培需水特点:苗期怕涝渍,中后期怕干旱。在高产玉米栽培生长过程中,苗期防受涝受渍,不让僵苗发生,中后期防止干旱,特别是"卡脖子旱"(雄穗不能抽出)和结实期缺水影响灌浆。

玉米需水量可分为 6 个主要时期:① 播种期至拔节期,叶面蒸腾量少,耗水量不大。② 拔节期至抽雄期,耗水量增大。③ 抽雄期至开花吐丝期,为需水临界期,水分不足将导致玉米显著减产。④ 吐丝期至灌浆前期,此时期耗水量较大,是籽粒形成关键时期。⑤ 灌浆期至乳熟末期,耗水量开始减少。⑥ 乳熟末期至完熟期,植株衰老进程加快,水分消耗较少。

(1)**营养生长(播种期至拔节期)** 玉米从播种出苗到拔节,生长慢,植株小消耗水比较少,占全生育期需水总量的 15%~25%,期间玉米根系发育较快,水分过多会影响根系下扎伸长,所以田间持水量在 60%~80%(图 3-4-25)。总体要求:旱区浇足蒙头水,遇旱灌拔节水。

(2)**营养生长和生殖生长(拔节期至籽粒形成期)** 拔节至抽雄这个时间内,玉米根、茎、叶会迅速增长,此期间玉米需水最多,占需水总量的 30%~40%,特别是喇叭口期,缺水会造成花粉发育不健全,穗小花减少,造成减产,这时田间持水量要保持在 70%~80%。要求:旱区大喇叭口期灌水、抽雄吐穗期喷灌(图 3-4-26)。

浇足蒙头水促进萌发　　遇旱灌溉拔节水

图 3-4-25　玉米营养生长时期需水情况

旱区大喇叭口期灌水　　抽雄吐穗期喷灌

图 3-4-26　玉米拔节—抽雄期需水情况

抽雄至籽粒形成期占总需水量的 15%~25%，需水相对较少，但缺水易导致穗小、粒稀、秃顶甚至空秆，造成严重减产，这时田间持水量要保持在 70%~80%。要求：微喷带滴灌节水，雨期及时排水防涝降渍（图 3-4-27）。

穗期滴灌节水　　穗期及时排水防涝渍

图 3-4-27　玉米抽雄—籽粒形成期需水情况

（3）**生殖生长（籽粒形成期至成熟期）**　籽粒形成期至成熟期对水分要求略有减少，占总需水量的 20%~30%。此时缺水会导致籽粒不饱满，千粒重下降（图 3-4-28）。生育后期如遇多雨气候将会导致籽粒黄曲霉毒素含量增高，降低品质（3-4-29）。

图 3-4-28　玉米籽粒形成—成熟期干旱缺水导致穗小、秃顶、空秆，严重减产

图 3-4-29　玉米籽粒形成—成熟期多雨导致难以收获、黄曲霉毒素含量增高，降低品质

（六）看苗诊断

1. 幼苗异常

（1）**黄叶苗**　症状：幼苗叶色淡绿，逐渐变黄，植株矮小，生长缓慢，根系发育差（图 3-4-30）。

原因：凡影响玉米正常生长的障碍因素均会造成幼苗生长不良，形成黄叶苗。例如，种子不饱满，苗不壮，播种过深，出苗弱，密度过大，水渍苗，土壤缺肥，除草剂使用不合理，病虫危害以及污水灌溉污染等。

措施：针对具体原因解决。

（2）**僵化苗**　症状：苗龄长而苗体小，颜色较深，根系老化，发棵慢（图 3-4-30）。

原因：土壤板结，化肥用量过大，种、肥隔离不足，除草剂药害以及播后土壤干旱、地温低等。

措施：针对具体原因解决。

（3）**牛尾巴苗**　症状：上部叶片扭曲形成葱状叶，下部茎叶浓绿、丛生，初生根畸形上卷，不与土壤接触，雄穗很难抽出，植株脆、易折（图 3-4-30）。

原因：多为除草剂药害或蓟马危害所致，也有品种遗传生理性问题。

措施：防治蓟马，除草剂药害防治见本节除草剂使用部分。

（4）**分蘖**　症状：多从第 3、4 叶腋内长出，形成侧株，不能成穗（图 3-4-30）。

原因：品种特性，苗期低温、干旱，群体密度小，施肥多，以及玉米粗缩病、霜霉病、疯顶病和丝黑穗病等病害造成。

措施：及时拔除。

（5）**肥害**　症状：抑制种子发芽或致出苗不齐、缺苗、植株生长缓慢、幼苗矮化、叶色变黄，甚至逐步枯死；叶面发生肥害时，叶片边缘褪绿变黄或变白枯死，叶面皱缩甚至干枯（图 3-4-30）。

原因：化肥施用过量或种类、方法不当。干旱天气根系生长缓慢、吸水受限时更易发生肥害。

措施：播种时种、肥隔离，高温季节追肥，避免氯化铵、氨水烧苗，发生肥害后及时浇水，缓解症状。

（6）**花叶苗**　症状：叶片上有黄绿或黄白相间的条纹，或黄绿斑驳。

原因：矮花叶病、地下害虫危害、缺素症、遗传性条纹病。

措施：针对具体原因解决。

（7）**矮化苗（异常苗）**　症状：叶片黄色褪绿或白色失绿纵向条纹，植株矮缩，根系不发达；茎基部有大小不等类似虫孔的组织开裂，叶片皱缩扭曲，边缘失绿，不能正常拔节和结实（图3-4-30）。

图 3-4-30　玉米异常幼苗

原因：具体原因尚不清楚。

措施：选用含有克百威的种衣剂包衣（克百威含量在 7% 以上），还可兼防地下害虫和丝黑穗病。

2. 果穗异常

（1）**秃尖**　原因：授粉、籽粒形成及灌浆阶段遇干旱、高温或低温、连续阴雨、缺氮、叶部病害等造成，土壤瘠薄、水分供应不足、后期脱肥、种植过密地块更易发生（图 3-4-31）。

措施：合理密植，科学肥水管理，及时防治病虫草害，防止杀虫剂和除草剂药害，遇不良条件人工辅助授粉。

（2）**缺籽**　原因：孕穗、授粉、籽粒形成及灌浆期遇高温（≥ 35 ℃）、低温（≤ 15 ℃）、干旱、阴雨，寡照及缺氮、缺磷，除草剂药害，种植密度偏大，叶部病害和蚜虫危害及叶片脱落等造成花期不遇、授粉不良和籽粒败育（图 3-4-31）。

措施：针对具体原因解决，如选用抗 / 耐病虫、适应性强、结实性好的品种，合理密植、科学肥水管理,遇不良条件人工辅助授粉等。

(3)**空秆** 原因:品种不适合当地生态条件;种植密度偏大;施肥量不足、病虫草危害造成营养不良,孕穗期缺水或严重受涝,抽雄授粉期前后高温干旱、连绵阴雨,不能正常授粉受精;化学控制剂施用过量和喷施不匀(图 3-4-31)。

措施:选用良种,合理密植,提高播种质量和群体整齐度,保障水肥供给,及时防治病虫草害,遇不良条件人工辅助授粉。

(4)**果穗畸形** 原因:果穗呈脚掌状、哑铃状等畸形,可能与果穗中部的花丝因阴雨或某些不明原因造成受精不良有关。香蕉穗是由果穗苞叶叶芽发育,形成如香蕉的多个无效穗,与品种基因型及环境条件诱发有关(图 3-4-31)。

措施:偶发现象,无需预防。

(5)**果穗发育不全** 原因:① 穗中、上部籽粒行数减少。7~10 叶展开受严重逆境胁迫,或乙酰乳酸合成酶(ALS)类除草剂药害。② 行粒数减少,穗短粗。8~12 叶展开受温度等逆境胁迫(如短时低温)及抽雄前杀虫剂危害等。③ 穗行数、行粒数都减少。营养生长中期至乳熟期严重干瘪及种植密度偏大、缺氮(图 3-4-31)。

措施:针对具体原因采用对应措施。

(6)**籽粒发霉** 原因:灌浆成熟阶段遇连续阴雨天气易发生。品种抗病性差、苞叶短、脱水慢和果穗被害虫咬食后会加重(图 3-4-31)。

图 3-4-31 玉米果穗异常

措施:选用优良品种,防治穗腐病及玉米螟。

(7)**顶生雌穗** 原因:多为分蘖形成果穗的变形。当植株生长点受到冰雹、涝害、除草剂及机械等损伤后发生分蘖,易产生顶生雌穗。一些品种在早期土壤紧实或水分饱和情况下易发生分蘖(图 3-4-32)。

图 3-4-32　玉米顶生雌穗

措施：减少分蘖产生。

3. 苗前除草药害

（1）**酰胺类**　药害表现：植株矮化，有的种子不能出土，幼芽生长受抑制，根茎变褐，须根减少，生长缓慢（图 3-4-33）。

措施：喷施赤霉素溶液可缓解药害；采取趟地、灌水等措施，尽量把土壤中的残留药剂冲洗掉；人工剖开扭曲叶片，助心叶展开。

（2）**三氮苯类**　药害表现：从心叶开始，叶片从尖端及边缘开始叶脉间褪绿变黄，然后变褐枯死（图 3-4-33）。

措施：随植株生长逐渐恢复正常；严重时喷叶面肥或赤霉素、芸薹素内酯等减轻药害。

（3）**有机磷类**　药害表现：着药叶片先呈水浸状，叶尖、叶缘黄枯，然后逐渐干枯，整个植株呈现脱水状，叶片向内卷曲（图 3-4-33）。

图 3-4-33　玉米苗前除草药害表现

措施：此类药剂遇土钝化，苗前使用对玉米无药害。

（4）**二硝基苯胺**　药害表现：茎叶卷缩、畸形，生长受到抑制。须根短粗，次生根稀疏，根尖膨大呈棒状（图 3–4–33）。

措施：加强田间管理；喷施叶面肥或植物生长调节剂赤霉素、芸薹素内酯等，减轻药害。

（5）**联吡啶**　药害表现：着药叶片产生白色枯斑，施药时苗较小或施药量过大会造成死苗（图 3–4–33）。

措施：遇土钝化，苗前使用对玉米无药害。

（6）**取代脲类**　药害表现：植株矮小，叶片褪绿，心叶从叶尖开始发黄枯死（图 3–4–33）。

措施：根外追施尿素和磷酸二氢钾，增强玉米生长活力。

4. 苗后除草药害

（1）**苯氧羧酸**　药害表现：叶色浓绿，严重时变黄；茎扭曲，叶片有时皱缩，心叶卷曲呈“葱管”状，易倒（图 3–4–34）。

措施：可喷洒赤霉素或撒石灰、草木灰或活性炭等，以减轻药害。

（2）**苯甲酸类**　药害表现：玉米初生根增多，生长受抑制，叶变窄、扭卷，叶尖、叶缘枯干，茎秆变脆易折（图 3–4–34）。

措施：增强玉米根系对水分和养分的吸收；喷施叶面肥或植物生长调节剂如赤霉素、芸薹素内酯等，减轻药害。

（3）**磺酰脲类**　药害表现：心叶褪绿、变色，或叶缘皱缩、丛生（图 3–4–34）。

措施：甜玉米、爆裂玉米、黏玉米和玉米制种田不宜使用，与有机磷药剂使用的间隔期为 7 d 左右。

（4）**杂环化合物**　药害表现：甲基磺草酮表现为叶片局部白化。嗪草酸甲酯表现为叶尖发黄，叶片出现灼伤斑点（图 3–4–34）。

图 3–4–34　玉米苗后除草药害表现

措施：正常剂量下对玉米安全，低温影响化学除草效果，甜玉米和爆裂玉米不宜使用。

（5）**三酮类** 药害表现：叶脉一侧或两侧出现黄化条斑，严重时呈白化条斑（图 3–4–34）。

措施：玉米 2~3 叶期施药；玉米、大豆套种田不宜施用。

（6）**联吡啶** 药害表现：水渍状灰绿色斑，产生枯斑，边缘常黄褐色。受害严重时，叶片枯萎下垂，植株枯死（图 3–4–34）。

措施：灭生性除草剂，施药时切忌污染作物。

（七）病虫草害综合防治

玉米病虫草害防控以预防为主，绿色防控，即以种植抗性品种、农业防治、物理防治、生物防治为主，化学防治为辅，建议使用生物农药和性诱剂等绿色防控方法。

1. 病害识别与绿色防控

玉米中常发的病害有以下几类：

（1）**根腐病** 根腐病由腐霉菌引起，主要表现为中胚轴和整个根系逐渐变褐、变软、腐烂，导致植株矮小、叶片发黄、幼苗死亡（图 3–4–35）。

防治：以预防为主，播种前采用 18% 辛硫・福美双种子处理微囊悬浮剂包衣或 26% 塞虫・咯・霜灵悬浮种衣剂包衣。发病后加强栽培管理，喷施叶面肥；湿度大的地块中耕散湿，促进根系生长发育。

（2）**矮花叶病** 也称花叶条纹病，玉米整个生长期均可受害。玉米根茎腐烂而死苗，植株雄穗不发达，果穗变小，秃顶严重，有的还不结实。

防治：① 种植抗病品种。② 控制蚜虫，减少毒源传播。③ 及时拔除病苗。

（3）**粗缩病** 以带毒灰飞虱传播病毒，主要危害叶片、叶鞘、苞叶、根和茎部等，玉米整个生长期均可受害，其中苗期感染概率最高（图 3–4–36）。

防治：以预防为主，发病后无有效挽救措施。及时调整播种期，使玉米苗期避开灰飞虱迁飞期。可用噻虫嗪、氟虫腈、吡蚜酮、吡虫啉等种子处理剂拌种或包衣。

图 3–4–35 根腐病症状

图 3–4–36 粗缩病症状

（4）**大斑病** 主要危害叶片，严重时也危害叶鞘和苞叶，一般先从底部叶片开始发生，逐步向上扩展，叶片上产生椭圆形、黄色或青灰色点状斑，很快形成长梭形、中央灰褐色的病斑点，严重时能遍及全株（图 3–4–37）。气温适宜，又遇连续阴雨天，病害发展迅速，易大流行。氮肥不足时发病较重。低洼地、密度过大、连作地易发病。

（5）**灰斑病** 又称尾孢叶斑病、玉米霉斑病，病斑沿叶脉方向扩展并受到叶脉限制，田间湿度高时，在病斑两面产生灰色霉层。发病严重时病斑连片导致叶片枯死（图 3-4-37）。氮肥过多会促使灰斑病的发生。发病后，可扒掉底叶控制灰斑病向上发展。

（6）**小斑病** 又称玉米斑点病，病斑主要发生在叶片上，有 3 种。① 长形斑，受叶脉限制。② 梭形斑，病斑不受叶脉限制，多为椭圆形。③ 点状斑，在玉米整个生育期都可发生，以抽雄、灌浆期发病严重（图 3-4-37）。

大斑病

灰斑病

小斑病

图 3-4-37 玉米拔节期主要病害

小贴士

大斑病、灰斑病、小斑病防治

① 选用抗病良种，在发病初期及时摘除病叶并带出田外集中烧毁。② 发病早期可采用75%肟菌·戊唑醇水分散粒剂，或41%甲硫·戊唑醇悬浮剂，或250 mL吡唑醚菌酯乳油，或43%唑醚·氟酰胺悬浮剂，或200亿芽孢每毫升枯草芽孢杆菌可分散油悬浮剂等喷雾。③ 病株秸秆要焚烧，不可喂猪、牛等牲畜，以免通过农家肥传播。

（7）**茎腐病** 一般在乳熟后期开始表现症状，茎基部发黄变褐，内部空松，根系水浸状或红褐色腐烂，果穗下垂。发病症状分为青枯型和黄枯型：青枯型为整株叶片突然失水干枯，呈青灰色；黄枯型为病株叶片从下部开始逐渐变黄枯死（图 3-4-38）。

防治：发病后无有效方法挽救，应防患于未然。① 播种时用福美双 · 克百威悬浮种衣剂包衣，可降低部分发病率。② 播种时，每亩用 1.5~2.0 kg 硫酸锌作种肥，可有效预防茎腐病发生。③ 施穗肥时增施钾肥也可降低发病率，并增加植株的抗倒伏性。

青枯型茎腐病

黄枯型茎腐病

图 3-4-38 玉米茎腐病症状

（8）**丝黑穗病** 发病有2种类型：① 黑穗型，受害果穗较短，基部粗顶端尖，不吐花丝，除苞叶外整个果穗变成黑粉包，其内混有丝状寄主维管束组织。② 畸形变态型，雄穗花器变形，不形成雄蕊，颖片呈多叶状；雌穗颖片也可过度生长成管状长刺，呈"刺猬头"状，长刺的基部略粗，顶端稍细，中央空松，长短不一，由穗基部向上丛生，整个果穗畸形。成株期只在果穗和雄穗上表现典型症状（图3-4-39）。

防治：① 用戊唑醇种子处理悬浮剂或灭菌唑悬浮种衣剂或三唑酮可湿性粉剂或氟唑环菌胺悬浮种衣剂或精甲咯·灭菌悬浮种衣剂拌种或包衣。② 精细整地，适当浅播，足墒下种，促进快出苗、出壮苗，提高植株的抗病能力。③ 采用地膜覆盖提高地温，保持土壤水分，使玉米出苗和生育进程加快，从而减少发病机会。④ 及时清除病穗，减少菌源。

黑穗型丝黑穗病

畸形变态型丝黑穗病

图3-4-39 玉米丝黑穗病症状

（9）**瘤黑粉病** 在玉米植株的任何地上部位都可产生形状各异、大小不一的瘤状物，病瘤呈球形、棒形，大小及形状差异较大（图3-4-40）。主要着生在茎秆和雌穗上，叶、叶鞘、雄花等幼嫩组织均可被害，在整个生长期均可发生。

防治：及早将病瘤摘除，并带出田间销毁。病瘤成熟后不能随意割除，否则黑粉扩散，易传播病害。玉米瘤黑粉防治以减少菌源、种植抗病品种为主，来年种植抗病品种，并加强栽培管理。

图3-4-40 玉米瘤黑粉病穗部症状

2. 虫害识别与绿色防控

（1）**播种期至壮苗期主要虫害** 此期主要受到地下害虫危害，包括蝼蛄、蛴螬、地老虎和金针虫等（图3-4-41）。

对于地下虫害，可用吡虫啉、氯氰菊酯、辛硫磷等拌种或包衣预防处理；对于土传虫害可用福美双、精甲霜灵等进行药剂拌种预防控制。

蝼蛄

蛴螬

地老虎

金针虫

药剂拌种

图 3-4-41 主要地下害虫

（2）**壮苗期至拔节期主要虫害** 草地贪夜蛾：寄主广泛，多食性，玉米全生育期均可受到危害（图 3-4-42）。1~3 龄幼虫多取食叶片背面使其形成半透明薄膜；4~6 龄幼虫取食叶片后使其形成不规则孔洞，甚至造成生长点死亡；高龄幼虫还会蛀食玉米雄穗和果穗。草地贪夜蛾防治：① 种子处理，用氯虫苯甲酰胺、溪氰虫酰胺包衣或拌种。② 理化诱控，用高空诱虫灯、性

草地贪夜蛾幼虫形态

草地贪夜蛾成虫形态

二点委夜蛾

黏虫

图 3-4-42 玉米壮苗期—拔节期主要虫害

诱捕器等诱杀成虫。③ 生物防治，用球孢白僵菌、绿僵菌、甘蓝夜蛾核型多角体病毒等防治。④ 科学用药，乙基多杀菌素、氨虫苯甲酰胺、茚虫威、甲维盐等轮换用药防治。

二点委夜蛾：幼虫主要从玉米幼苗茎基部钻蛀到茎心后向上取食，钻蛀较深切断生长点时，心叶失水萎蔫，形成枯心苗；严重时直接蛀断植株，使整株植株死亡；或取食玉米根系，造成玉米苗倾斜或侧倒（图 3-4-42）。二点委夜蛾防治：① 物理诱杀，用高空诱虫灯、性诱剂等。② 化学防治，用 40% 溴酰·噻虫嗪种子处理悬浮剂包衣，或 0.7% 噻虫·氟氯氰颗粒剂撒施，或 200 g/L 氯虫苯甲酰胺悬浮剂喷雾。

黏虫：又称粘虫、剃枝虫、行军虫，俗称五彩虫、麦蚕，暴发时可把作物叶片食光，我国从北到南 1 年可发生 2~8 代（图 3-4-42）。危害夏玉米时，咬食幼苗，造成缺苗断垄，甚至毁种。黏虫防治：① 对成虫用草把、糖醋液、性诱剂、杀虫灯等诱杀。② 对幼虫可用 S- 氯戊菊酯、氯虫苯甲酰胺、高效氯氟氰菊酯、溴氰菊酯、灭幼脲等喷雾灭杀。

（3）**拔节期至籽粒形成期主要虫害**　蚜虫：又名腻虫、蜜虫，是地球最具破坏性的害虫之一（图 3-4-43）。蚜虫防治：① 及时清除田间杂草，消灭蚜虫滋生地。② 拌种，每 100 kg 干种子用 5% 氟虫氰悬浮种衣剂 2 500~3 000 mL 加清水稀释后进行机械或人工拌种，或用 30% 噻虫嗪种子处理悬浮剂，或用吡虫啉种子处理可分散粉剂或悬浮种衣剂进行拌种，对苗期蚜虫、蓟马、灰飞虱等刺吸式口器害虫防治效果较好。③ 喷雾防治，每亩用 25 g/L 溴氰菊酯乳油 10~20 mL，或 22% 噻虫·高氯氟微囊悬浮剂 10~15 mL 喷雾。

玉米螟：又名玉米钻心虫（图 3-4-43）。北方春播玉米区 1 年 1~2 代、黄淮海夏玉米区 3 代。以老熟幼虫在玉米茎秆、穗轴越冬，幼虫取食叶片、果穗、雄穗，钻蛀茎秆；大发生年份产量损失

蚜虫

玉米螟幼虫

红蜘蛛

褐足角胸叶甲

图 3-4-43　玉米拔节期至籽粒形成期主要虫害

达25%以上。玉米螟防治：① 农业防治，用秸秆粉碎还田等方法处理玉米秸秆，消灭越冬虫源。② 化学防治，在玉米小喇叭口期至抽雄期前以颗粒剂丢心防治效果最佳，可用 3% 辛硫磷颗粒剂或 16 000 IU/mg 苏云金杆菌 50~100 g 加细沙灌心，或用 0.4% 氯虫苯甲酰胺颗粒剂丢心或拌细沙后撒施，也可用 10% 氯虫苯甲酰胺悬浮剂 20~30 mL 兑水喷雾。

红蜘蛛：又名棉红蜘蛛，俗称大蜘蛛、大龙、砂龙等，学名叶螨，寄生广泛（图 3-4-43）。红蜘蛛防治：① 每亩用 20%唑螨酯悬浮剂 7~10 mL 等兑水喷雾。② 高温干旱时，可采取浇水措施，控制虫情发展。

褐足角胸叶甲：成虫可将作物叶片咬成孔洞或网眼状，严重时可吃光叶片残留叶脉，影响作物产量（图 3-4-43）。褐足角胸叶甲防治：当田间成虫数量较大时，应及时喷施杀虫剂，如用 2.5% 功夫菊酯乳油 2 000 倍液，或 1.8%阿维菌素乳油 2 000 倍液，或 4.5% 高效氯氰菊酯乳油 1 500 倍液喷雾。

3. 草害识别与绿色防控

玉米草害主要集中在苗前，即播种期至壮苗期。主要草害包括大叶苋菜、马齿苋、稗草、狗尾草、马唐和车前草等（图 3-4-44）。

大叶苋菜　马齿苋　稗草

狗尾草　马唐　车前草

图 3-4-44　玉米主要草害

防治方法：主要通过化学除草，即播种后出苗前土壤较湿润、墒情适宜时，趁墒对玉米田进行“封闭”除草。使用除草剂时，应不重喷、不漏喷，以使土壤表面湿润，利于药膜形成，达到封闭地面的作用为原则。作业时尽量避免在中午高温（≥ 32℃）前后喷洒除草剂，以免出现药害和人畜中毒；同时要防止在大风天喷洒，避免因除草剂飘移危害其他作物。间套作玉米地，需选择对两种作物都安全的除草剂。

土壤墒情好的地块可选择苗前封闭除草，3~5 叶期是喷洒苗后除草剂的关键时期。

（八）防灾减灾

玉米在不同生育期的灾害类型及其防治方法如下。

1. 苗期灾害及其防御措施

（1）**苗期干旱** 江苏夏玉米播区受到高温干旱影响，播种至出苗阶段若表层土壤水分亏缺，种子处于干土层，则不能发芽和出苗；出苗地块由于干旱苗势弱、植株小、发育迟缓，群体生长不整齐（图 3–4–45）。

防御措施：① 加强农田基本水利建设。② 增施有机肥、深松改土、培肥地力，提高土壤缓冲能力和抗旱能力；因地制宜采取蓄水保墒耕作技术，建立“土壤水库”。③ 选择耐旱品种。

（2）**苗期涝渍** 玉米在萌芽和幼苗阶段特别怕涝，属涝害敏感期（图 3–4–45）。黄淮海夏播玉米区在播种至 3 叶期常发生芽涝，抑制根系生长和养分吸收，造成叶片萎蔫变黄、生长缓慢和干重降低，甚至幼苗大面积死亡；部分春播玉米地区有倒伏现象出现。这种灾害在地势低洼、土壤紧实、降水频繁地区易发生。

防御措施：① 注意配套排灌沟渠。② 选用耐涝品种。③ 调整播种期，使最怕涝的敏感期尽量赶在雨季开始之前。④ 平整低茬地。⑤ 采用垄作等适合的耕作方式。

（3）**苗期高温** 苗期遇高温，幼嫩叶片从叶尖开始出现干枯，导致半叶甚至全叶干枯死亡；高温使叶片叶绿体结构被破坏，光合作用减弱，呼吸作用增强，消耗增多，干物质积累下降；植株生长较弱，根系生理活性降低，易受病菌侵染发生苗期病害（图 3–4–45）。苏北夏玉米区常由于异常天气，导致苗期高温受损。

防御措施：① 注意选育推广耐热品种。② 调整播种期，避开高温天气。③ 适当降低密度，宽窄行种植，培育健壮植株。④ 适期灌水，改变农田小气候，但要避免高温天气中午井水灌溉导致骤然降温损伤根系。

图 3–4–45 玉米苗期灾害

（4）**风灾倒伏** 幼苗倒伏和折断；沙尘天气造成幼苗被沙尘覆盖、叶片损伤（图 3-4-45）。土壤紧实、湿度大及虫害等影响根系发育，造成根系小、根浅，容易发生根倒。苗期和拔节期遇风倒伏，植株一般能够恢复直立，不用人为管理。

防御措施：① 选用抗倒伏品种，土壤深松破除板结。② 风灾较重地区，注意适当降低种植密度，顺风方向种植玉米。③ 苗期倒伏常伴随降水多，涝害，受害后应及时排水。④ 加强管理，如培土、中耕破除板结，还可补施速效氮肥，提高植株生长能力。

（5）**苗期冰雹** 直接砸伤夏玉米幼苗，毁坏叶片，冻伤植株；土壤表层被雹砸实，地面板结；茎叶创伤后易感染病害（图 3-4-45）。灾害发生时常伴有大风，造成低洼地幼苗倒伏或被泥浆掩盖而死亡。雹灾危害程度取决于雹块大小和持续时间。

防御措施：完善土炮、高炮、火箭等人工防雹设施，及时预防，消雹减灾。灾后尽快评估对玉米生长和产量的影响。

（6）**低温冷害** 南方地区延滞型、障碍型冷害发生频繁。春玉米在春季 4—5 月遇倒春寒常会发生冷害危害（图 3-4-45）。

防御措施：① 做好品种区划，选用耐冷型品种。② 种子处理。用浓度 0.02%~0.05% 的硫酸铜、氯化锌、钼酸铵等溶液浸种，可提高玉米种子在低温下的发芽力，减轻冷害。③ 地膜覆盖和育苗移栽种植。

2. 穗期灾害及其防御措施

（1）**穗期干旱** 穗期植株生长旺盛，此时受旱易使植株叶片卷曲并进一步由下而上干枯，植株矮化；吐丝期推后，易造成雌、雄穗花期不遇（图 3-4-46）。抽雄前受旱，植株抽雄困难，影响授粉；幼穗受旱则易发育不好，果穗小，俗称“卡脖（子）旱”。

防御措施：① 集中有限水源，实施有效灌溉。② 加强田间管理，喷施叶面肥（如磷酸二氢钾 800~1 000 倍液）或抗旱剂（如旱地龙 500~1 000 倍液）降温增湿，增强植株抗旱性。③ 加强田间管理。有灌溉条件的田块，灌后采取浅中耕，减少蒸发。④ 干旱绝产地块及时青贮；割黄腾地，发展保护地栽培或种植蔬菜等短季作物。

（2）**穗期涝渍** 抑制根系发育和有氧呼吸，引起根系中毒，使之发黑、腐烂；叶色褪绿，光合能力降低，同化产物向根系的分配减少；植株软弱，基部呈紫红色并出现枯黄叶，生长缓慢或停滞；雄穗分枝少（图 3-4-46）。吐丝推迟，雌、雄穗花期不遇，授粉困难，穗粒数减少；严重的全株枯死。

防御措施：① 尽快组织人力物力排除积水。② 清除已倒折的玉米植株，中耕松土，破除板结。③ 及时追肥，增施尿素等适效氮肥改善植株营养，恢复和促进其生长。④ 加强对玉米螟、叶斑病、纹枯病和茎腐病等病害发生动态的监测与防治。

（3）**穗期高温热害** 高温减弱光合作用，增加呼吸消耗，使干物质积累下降；加速生育进程，缩短生育期，穗分化时间缩短，雌穗小花分化数量减少，果穗变小（图 3-4-46）。高温持续时间长，叶片将大量枯死。土壤水分不足或干热风，会加重热害。

穗期遭遇高温防御措施：① 注意苗期蹲苗进行抗旱锻炼，提高其耐热性。② 科学施肥，健壮个体发育，减轻高温热害。③ 适期喷、灌水，改变农田小气候。注意避免高温季节中午用井水灌溉骤然降温导致根系受损。

（4）**风灾倒伏** 玉米前期茎倒一般可自行恢复直立状态；玉米中后期根倒后，由于上部较重，植株很难自行直立，必须在暴雨、大风过后立即扶起（图 3-4-46）。

暴风雨倒伏防御措施：① 注意增施有机肥和磷肥、钾肥，忌偏肥，苗期和拔节期避免过多追施氮肥。② 喷施玉米生长调节剂。③ 茎折玉米一般很难恢复生长，可任其自然生长，不提倡扶直，以免造成二次损伤。茎倒一般无须采取补救措施，可自行恢复直立。抽雄吐丝后根倒玉米要随倒随扶，3 d 内扶起，同时培土 6~8 cm，并用脚踏实，也可将 3~5 株玉米扶直后，在结穗部位用细线绳捆扎秸秆，但不要捆扎叶片，以免影响光合作用。④ 风灾常伴随雨涝，受灾后应及时排水，破除板结，适时增施速效氮肥，加速生长。⑤ 防控玉米螟、小斑病、褐斑病、锈病及茎腐病。

（5）**遭遇梅雨** 梅雨季节是江淮地区春玉米的粒期，夏玉米的苗期。受连续阴雨影响，春玉米光合作用受限，根系早衰加速，影响花后物质积累和产量形成；夏玉米易发生芽涝，根系发育不良，光合作用和干物质积累较弱（图 3-4-46）。因此，梅雨对玉米生长发育利小于弊，要做好玉米田间管理工作，力争安全渡过梅雨季节。

干旱 涝渍

高温 倒伏 遭遇梅雨

图 3-4-46 玉米穗期灾害

防御措施：① 提前做好控旺工作，避免玉米生长过旺。② 提前做好玉米促壮工作，多施钾肥，促进玉米茎秆粗壮。③ 在中耕除草的时候，加固玉米根部，防止玉米倒伏。④ 控制草荒，避免杂草快速疯长。⑤ 要加强田间排水，防止洪涝灾害的发生。

（九）适期收获

1. 适时收获

籽粒机收 + 秸秆全量粉碎还田

为保证玉米的产量和品质，确定玉米的最佳收获时间非常重要。由于玉米的籽粒着生在果穗上，成熟后不易脱落，能够在植株上完成后熟。因此，玉米可以在籽粒完全成熟时收获，从其外观特征上判断，植株的中、下部叶片已变黄，基部叶片干枯，果穗黄叶呈黄白色而松散，籽粒乳线消失，籽粒变硬、黑层出现，并呈现本品种固有的色泽时即可收获。

机收玉米籽粒

2. 收获方法

由于各地玉米种植品种和气候条件的不同，收获时玉米的长势和物理机械特性不同，尤其是茎秆和籽粒的含水率存有较大的差异，所以收获的方法和使用的机械也不同。目前，国内外玉米机械化收获的方法大致可分为 3 种：分别收获法、联合收获法和两段收获法。

（1）**分别收获法** 用不同功能的相对独立的多种机械，分别完成玉米的摘穗、运输、剥皮、脱粒、茎秆处理等作业的方法。该方法所用机械结构简单、价格低廉、易于操作，但生产效率低，收获损失大（图 3-4-47）。

履带式自走小型玉米收获机

玉米摘穗机

玉米摘穗后运输

玉米脱粒机

玉米茎秆粉碎机

玉米茎穗收获机

茎秆打包机

图 3-4-47 玉米分别收获法使用的部分机械

（2）**联合收获法** 用专用玉米联合收获机，在田间一次完成摘穗、剥皮、脱粒、分离、清选、秸秆处理等作业，直接获得清洁籽粒（此时籽粒湿度为 25%~29%）（图 3-4-48）。

专用玉米联合收获机

谷物联合收获机换装玉米割台

图 3-4-48 玉米联合收获法使用的部分机械

也可用谷物联合收获机换装玉米割台，在田间一次完成摘穗、剥皮、脱粒、分离、清选、秸秆处理等作业，直接获得清洁籽粒。该种方法可提高机器利用率（此时籽粒湿度为25%~29%）（图 3-4-48）。

（3）**两段收获**　用玉米摘穗剥皮联合作业机，在田间完成摘穗、剥皮和秸秆粉碎等作业，然后将光果穗运回场院晾晒，水分适度后进行脱粒。

也可用割晒机将玉米割断呈条铺晾晒于田间，然后用装有捡拾器的谷物联合收获机拾禾脱粒。

五、玉米仓储和加工

（一）仓储

针对玉米正确进行仓储保管对于确保其质量和保值增值至关重要。常用的玉米仓储方式有筒仓储存法、平房储存法和立式储存法等。仓储温度通常在 13~15℃之间。这个温度范围适合防止玉米受潮、发霉和变质。在储存玉米时，还需要注意储存的环境。建议使用通风良好、干燥清洁的仓库或存储设施。这有助于降低湿度并避免玉米受到霉菌和虫害的侵袭。此外，尽量避免将玉米长时间存放在仓库中，因为过长的储存时间可能导致玉米品质下降。如果需要长时间储存玉米，可以考虑采用冷藏或冷冻的方式，以延长其保质期（图 3-5-1）。

图 3-5-1　玉米仓储

（二）物流

1. 国际物流情况

全球玉米出口量高度集中。2022 年，出口量排名前四的国家是美国、阿根廷、乌克兰和巴西。中国、墨西哥、日本和韩国等是玉米最主要的进口地，2022 年度四国（地区）进口量分别为 1 800 万 t、1 770 万 t、1 500 万 t 和 1 150 万 t。

玉米贸易与消费利用

2. 国内物流情况

从玉米生产来看，我国玉米生产主要集中在东北和华北黄淮海地区，其中东北产区是国内第一，占全国玉米总产量的 37%。尤其是吉林和黑龙江两省是我国玉米产出大省，玉米产业也是两省重要的支柱产业。华北黄淮海地区是国内第二大玉米主产区，占全国玉米总产量的 35%。从玉米消费来看，工业用玉米消费集中在主产区；饲用玉米消费则主要集中在华北黄淮海和南方地区，东北地区饲用玉米消费量较低。产销不平衡导致国内跨省长途流通量较大，年跨省流通量接近 4 000 万 t，占总产量的 25%。玉米主要从东北流向南方，即北粮南运，并形成了三大北粮南运通道：第一通道，东北产区铁水联运到东南沿海，常年约 2 100 万 t；第二通道，东北产区铁路直达内陆销区，常年约 1 300 万 t；第三通道，华北产区销往华东和华中地区，常年约 500 万 t。

（三）加工

1. 直接食用

玉米是世界上最重要的食粮之一，现今全世界约有三分之一人口以玉米作为主要食粮，其中亚洲人的食物组成中玉米占 50%，部分国家或地区达 90% 以上，非洲占 25%，拉丁美洲占 40%。随着玉米加工工业的发展，玉米的食用品质不断改善，新的玉米食品如玉米片、玉米面、玉米渣、特制玉米粉、速食玉米等随之产生，并可进一步制成面条、面包、饼干等。玉米还可加工成玉米蛋白、玉米油、白酒等，这些产品在国内外市场上很受欢迎（图 3-5-2）。

玉米片　玉米面　玉米渣

特制玉米粉　速食玉米

图 3-5-2　玉米直接食用方法

2. 饲料用途

玉米是饲料之王。据报道，100 kg 玉米的饲用价值相当于 135 kg 燕麦、120 kg 高粱或 150 kg 籼米。以玉米为主要成分的饲料，每 2~3 kg 即可换回 1 kg 肉食，玉米的副产品秸秆也可制成青贮饲料。世界上 65%~70% 的玉米都用作饲料，发达国家高达 80%，是畜牧业赖以发展的重要基础（图 3-5-3）。

饲用玉米籽粒

饲用青贮玉米

图 3-5-3 饲用玉米

3. 工业加工用途

玉米籽粒是重要的工业原料，初加工和深加工可生产两三百种产品。初加工产品和副产品可作为基础原料进一步加工利用，在食品、化工、发酵、医药、纺织、造纸等工业生产中制造种类繁多的产品，穗轴可生产糠醛。另外，玉米秸秆和穗轴可以培养生产食用菌，苞叶可编织提篮、地毯、坐毯等手工艺品，畅销国内外（图 3-5-4）。玉米工业加工主要有以下几种产品。

玉米淀粉

玉米发酵制酒

玉米糖浆

玉米油

图 3-5-4 玉米工业加工用途

（1）**玉米淀粉** 玉米在淀粉生产中占有重要位置，为满足对玉米淀粉量与质的要求，玉米淀粉的加工工艺已取得了引人注目的发展。特别是在发达国家，玉米淀粉加工已发展成重要的工业生产行业。此外，现代医药工业用玉米淀粉作为培养基原料可生产青霉素、链霉素、金霉素、红霉素、氯霉素等。玉米淀粉还可制造葡萄糖、降压剂、麻醉剂、消毒剂和利尿剂等。

（2）**玉米的发酵** 加工玉米为发酵工业提供了丰富而经济的碳水化合物。通过酶解生成的葡萄糖，是发酵工业的良好原料。加工的副产品，如玉米浸泡液、粉浆等都可用于发酵工业，生产工业酒精、啤酒等许多种产品。

（3）**玉米制糖** 随着科技发展，以淀粉为原料的制糖工业正在兴起，品种、产量和应用范围大大增加，其中以玉米为原料的制糖工业尤为引人注目。专家预计，未来玉米糖将占甜味市场的 50%，玉米将成为主要的制糖原料。

（4）**玉米油** 由玉米胚加工制得的植物油脂，主要由不饱和脂肪酸组成（表 3–5–1）。其中的亚油酸是人体必需脂肪酸，是构成人体细胞的组成部分，在人体内可与胆固醇结合，呈流动性和正常代谢，有防治动脉硬化等心血管疾病的功效。玉米油中的谷固醇具有降低胆固醇的功效，富含维生素 E，有抗氧化作用，有防治干眼症和夜盲症、皮炎、支气管扩张等多种功效，并具有一定的抗癌作用。

表 3–5–1　玉米油及其他类型油脂脂肪酸含量比较

品名	饱和脂肪酸	单不饱和脂肪酸	多不饱和脂肪酸	
		ω–9（油酸）	ω–6 脂肪酸（亚油酸为主）	ω–3 脂肪酸［α 亚麻酸二十碳五烯脂肪酸（EPA）、二十二碳六烯酸（DHA）］
沙棘油	5%~8%	27.5%~38.6%	16.0%~32.5%	25.5%~32.3%
橄榄油	9%~11%	84%~86%	4%~7%	1%
山茶油	10. 5%	76.8%	11. 6%	0.7%
杏仁油	8.2%	69.4%	17. 4%	0.3%
红花籽油	8.5%	11. 7%	78. 6%	7.9%
核桃油	8%	23. 6%	60. 4%	7%
葡萄籽油	10. 66%	19%	70%	0%
豆油	10%~ 13%	20%~25%	50%~55%	1%
花生油	17%~18%	50%~68%	22%~28%	0
玉米油	10%~13%	23%~30%	56%~60%	0
猪油	30%~40%	23%~30%	56%~60%	0
棉籽油	23%~22%	15%~40%	50%~55%	1%
菜籽油	5%~10%	70%~80%	5%~10%	25.5%~32.3%
葵花籽油	21%	19%	59%	1%

（5）**玉米燃料乙醇加工** 玉米燃料乙醇是一种以玉米等为原料，经过微生物发酵、蒸馏等加工工艺而制成的可混合燃料。其生产工艺主要包括原料预处理、水化、发酵、蒸馏等环节（图 3–5–5）。

（6）**速冻鲜食玉米加工** 新鲜玉米速冻生产线是一种将新鲜玉米经过一系列加工步骤后进行快速冷冻的生产线。这种生产线通常由剥皮、切割、清洗、风干、快速冷冻、真空包装等多个工序组成（图 3–5–6）。

（7）**鲜食玉米罐头加工** 鲜食玉米罐头是以鲜嫩玉米为原料经过一系列加工工艺制成的罐头产品，具有便于保存、方便食用的特点。玉米罐头的生产工艺般包括以下环节（图 3–5–7）。

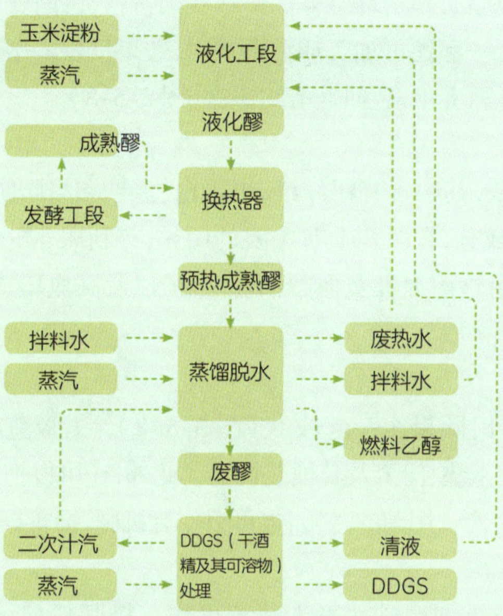

图 3-5-5 玉米燃料乙醇加工路线

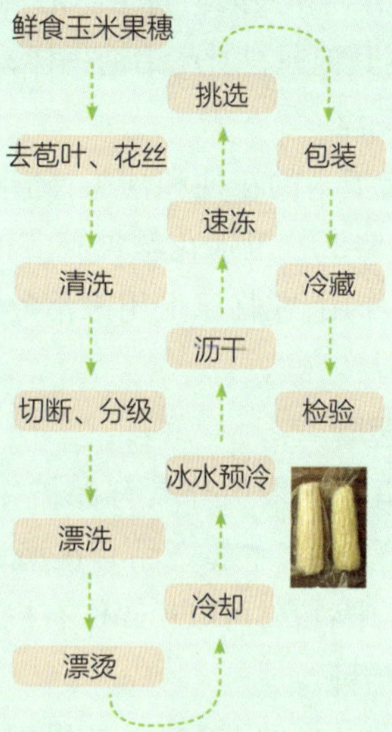

图 3-5-6 速冻鲜食玉米加工路线

图 3-5-7 鲜食玉米罐头加工路线

（四）利用

1. 玉米穗轴

穗轴是玉米脱去籽粒后的玉米芯。一般占玉米穗的 20%~30%。我国每年有大量的玉米芯被丢弃或作为燃料烧掉，这其实是很大的浪费。玉米芯可加工成一种理想的木炭代用品——植物炭，它无烟、无尘、无废渣，效果理想，用量是木炭的 4/5，价格却便宜许多，既有经济效益又有社会效益。英国把煅烧的谷壳灰加到磨碎的玉米芯中，制成清洁粉，用于清除机械部件的油污，效果极好。此外，玉米芯营养比较丰富，含粗蛋白、粗脂肪和粗纤维等。早在我国古代，民间就用其入药来利尿、清热和去火。将玉米芯与油脱色漂土一起还可加工成混合饲料，效果良好。用玉米芯生产饴糖与其他原料所产饴糖一样，不但用途广、营养丰富，而且节约粮食（图 3-5-8）。

2. 玉米花丝

花丝是指玉米的花柱和柱头，随果实一起收获，其中含有粗纤维、粗蛋白、多糖和粗脂肪，可作药用(图 3-5-8)。玉米花丝含有多种有用化学成分，在医药上有重要的用途，有利尿、降血压、利胆、止血的作用，在临床上用来治疗慢性肾炎、急性溶血性贫血、肾病综合征以及高血压、糖尿病等。

3. 玉米苞叶

苞叶是指玉米果实外具有保护作用的变态叶，随果实一起收获（图 3-5-8）。玉米苞叶在编织业被广泛应用，主要产品有提篮、地毯、床垫、坐垫、门帘及其他装饰品。此外，还可以把玉米苞叶打包冬天喂牲畜；可以粉碎作有机肥，或用作生产食用菌的基质，也可以作有机肥、饲料等。

4. 玉米秸秆

秸秆是指玉米的茎和叶，是果实收获后的重要副产品。玉米秸秆可作有机肥料，改善土壤结构，提高土壤肥力；也可作为家畜饲料，并过腹还田；还可粉碎后作为基质培养食用菌（图 3-5-8）。近来，中国农业科学院生物技术研究所微生物蛋白设计与智造创新团队与国内相关科研单位合作，开发了一种利用玉米秸秆高效生物合成人造淀粉和单细胞蛋白的新技术，进一步降低了人造淀粉的生产成本，为粮食生产提供了新的途径。

图 3-5-8 玉米副产品综合利用

六、新型技术模式简介

（一）玉米轮作与间套复种

1. 玉麦周年轮作

小麦和玉米轮作，不但能够改良土壤，而且还能充分利用自然环境。种植期间利用作物高产栽培技术，能提高作物产量。小麦玉米周年轮作技术主要包括周年秸秆还田技术、小麦季深翻土壤技术、玉米季深松多层施肥技术等（图 3-6-1）。

图 3-6-1　玉米小麦轮作

2. 玉米和其他经济作物年度内轮作

（1）**鲜食蚕豆—鲜食玉米—鲜食大豆**　采用 140 cm 组合，鲜食蚕豆于 10 月中旬至 10 月下旬播种于两侧各 140 cm 播幅中，次年 5 月上中旬采收，收获结束及时清理蚕豆茬；中间 140 cm 播幅留作 3 月下旬至 4 月上旬播种鲜食春玉米，玉米采用双行播种，7 月中旬收获青玉米，收获结束及时清理玉米茬；夏（秋）毛豆于 7 月中、下旬点播于秋玉米行间（即原春玉米茬），于 9 月下旬至 10 月上中旬青荚成熟收获；秋玉米于 7 月下旬至 8 月上旬直播于蚕豆茬口处，于 10 月中下旬青玉米成熟收获（图 3-6-2）。

图 3-6-2　玉米鲜食豆间作

（2）**青贮玉米—鲜食玉米—冬季蔬菜**　选择春青贮玉米、秋鲜食玉米和秋冬蔬菜，在一个周年各茬口净作下，进行 3 茬连作种植：第 1 茬春青贮玉米于 3 月 10 日前后大田直播，6 月 15 日左右收获；第 2 茬秋鲜食玉米于 7 月 15 日前后育苗移栽、双行种植，10 月 15 日左右收获；第 3 茬秋冬蔬菜于 10 月 20 日左右移栽或撒播，次年 2 月 10 日前收获完毕（图 3-6-3）。

（3）**鲜食玉米—草莓**　该方法要求 7 月底鲜食玉米采收结束后进行秸秆还田和高温闷棚 30 d，后茬于 8 月底接种大棚草莓，次年 4 月底草莓采收结束后继续于草莓垄上接种鲜食玉米，形成周年生产（图 3-6-4）。

图 3-6-3　鲜食玉米种于蔬菜大棚内与冬季蔬菜轮作

图 3-6-4　鲜食玉米种于草莓大棚内与草莓轮作

3. 小麦—玉米—小麦—大豆（花生或甘薯等）年度间轮作

小麦—玉米（大豆）轮作模式：第1年为小麦—玉米轮作，6月播种玉米，10月玉米收获后播种小麦；第2年为小麦—大豆轮作，6月小麦收获后播种大豆，10月大豆收获后播种小麦。之后依次循环轮作。

4. 玉菜（瓜）间套复种

蔬菜、瓜类品种多，适合范围广，且易于设施栽培，可利用四季时空交错种植，模式丰富多样，具有较高的经济附加值（图3-6-5）。

玉米与辣椒间作

玉米与豇豆间作

玉米与西瓜间作

图3-6-5　玉菜（瓜）间套复种

5. 玉油间套复种

以"玉米／大豆""玉米／花生"为主。玉米大豆带状复合种植模式，带宽200 cm，每带种植2行玉米、2行大豆。玉米4月初播种，大豆6月中旬播种。玉米密度为每亩4 500株，株距20 cm。玉米和花生复合种植，单作花生采用等行距条播种植，密度为每亩12 000穴，每穴2粒。行距35 cm，株距16 cm；间作模式中，玉米和花生按4∶6模式种植，即4行玉米、6行花生，玉米与花生间距为50 cm，带宽为455 cm（图3-6-6）。

玉米大豆带状复合种植

玉米花生间套复种

图3-6-6　玉油间套复种

（二）特用玉米生产

特用玉米，是指除普通玉米外的各种类型玉米，是具有特殊用途的各种玉米的总称。因其用途较为特殊，故称为特用玉米。特用玉米的概念是相对于普通玉米而言的，它们在种质、生物学性状、栽培方法、生理特点与普通玉米差别不大，主要是在其加工利用方面存在着独特之处。这类玉米基本上已经超出并有别于普通玉米的食用、饲用和工业使用的一般概念。特用玉米的种类比较多，一般可分为高淀粉玉米、高直链淀粉玉米、高赖氨酸玉米、高油玉米、甜玉米、笋用玉米、爆裂玉米、糯玉米、青饲玉米等。特用玉米的一般种植技术如下（图 3-6-7）。

甜玉米　糯玉米　笋玉米

图 3-6-7　部分特用玉米类型

1. 隔离种植

特用玉米和普通玉米不能种在一起，即便是特用玉米本身类型不同也不能种在同一生产区内，必须在严格的隔离条件下种植。隔离种植主要有 3 种形式。

（1）**空间隔离**　种植特用玉米首先要选好隔离区。要求 200~400 m 的范围内不种其他类型玉米，这样最安全，一般在稻、麦及经济作物地区采用。

（2）**时间隔离**　即采用错期播种。使所种特用玉米与其他类型玉米抽雄开花期不同，花期错开至少 30 d 以上，但播种太晚影响作物产量。

（3）**障碍物隔离**　空间隔离难以做到，亦可利用村庄、山岭、高秆作物等障碍物进行隔离（图 3-6-8）。

大棚隔离种植　山岭障碍物隔离

图 3-6-8　鲜食玉米隔离种植

2. 精耕细作，适时播种

特用玉米是一种特殊的经济作物，其生长是否整齐一致对产量和品质影响很大。植株应生长整齐，吐丝时集中，收获时成熟度一致，籽粒含水量变化幅度小，同时空秆率低，双穗率高，出籽率高。

（1）**精细整地**　整地播种质量好坏对鲜食玉米生长整齐度影响极大。选择集中连片、光温条件好、保水保肥、排灌水条件好的优良地块。要做到深耕整地，使鲜食玉米得以在深、松、细、匀、肥、湿的土壤环境中生长，确保出苗快而齐、全而壮。

（2）**合理施肥** 施足基肥，增施磷肥。做到氮、磷、钾无机肥与有机肥配合使用。也可在苗期、抽穗期、灌浆期各施一遍高效液肥，有利于改善鲜食玉米的品质及风味。

（3）**适期播种** 用于鲜食的鲜食玉米早播早熟是提高市场竞争力的措施。上市越早，效益越高。鲜食玉米在气温稳定在 13 ℃以上能正常发芽，若采用地膜覆盖可提前 7~10 d 播种。同时考虑采收和加工能力要分期播种，做到新鲜上市，一般每隔 10 d 播一期，注意不能播种太晚，以免影响产量和品质。

（4）**播种方法** 糯玉米或甜糯玉米可采用玉米精量播种机播种，一次完成施种肥、播种、开沟、镇压等工序。甜玉米由于发芽力差，可用盘育乳苗进行移栽（图 3-6-9）。土壤墒情较好的地块，播深 3~4 cm；黏土或土壤过湿时，播深 2~3 cm；底墒不足，特别是沙土、沙壤土，播深 4~5 cm。

图 3-6-9 特用玉米播种移栽

3. 防治害虫不能延误

（1）**苗期防虫** 苗期害虫主要是地老虎、蝼蛄、蛴螬等，如不防治会造成缺苗断垄现象，植株生长不整齐，严重影响产量。为防苗期害虫要早施地药和用种衣剂拌种，保证苗全。若出苗后发现虫咬现象，则立即用高效低毒农药做成毒饵顺玉米行撒施。

（2）**生长期防虫** 生长期害虫主要是玉米螟，如不防治，钻入茎秆会造成茎秆和雄穗折断，钻入果穗会危害籽粒，大大影响果穗质量。采用高效低毒农药在心叶期灌心和穗期施于雌穗顶端花丝基部，可以熏杀穗部玉米螟幼虫。

虫害具体防治方法与普通玉米类似，可参考“病虫草害综合防治”部分。

4. 田间管理非常关键

（1）**适时间苗、定苗** 间苗于 3~5 片叶时，定苗于 6~7 片叶时，特别要去掉黄苗、白苗、弱苗、病苗，留壮苗，一般每穴留一株（图 3-6-10）。

图 3-6-10　特用玉米适时间苗、定苗

（2）**中耕除草**　中耕除草具有提高地温，保持土壤水分和改善营养状况的作用。一般鲜食玉生育期间进行 3 次中耕除草，分别是定苗前后、拔节前后和小喇叭口期至大喇叭口期；分别遵循“浅 — 深 — 浅”的原则，同时结合中耕除草适当培土（图 3-6-11）。

图 3-6-11　玉米生育不同时期进行中耕除草

（3）**及时去蘖**　鲜食玉米比普通玉米更易产生分蘖。为避免分蘖消耗水分、养分，要及时打掉分蘖。去蘖还可改善田间通风透光条件（图 3-6-12）。

图 3-6-12　玉米分蘖及去分蘖

（4）**灌溉排水**　因为鲜食玉米主要讲究其鲜食期的风味，如果生育中期缺水，那么会造成结实率低、籽粒小、种皮硬化、风味欠佳；反之水分过多难以排除，根系不能正常呼吸而死亡，严重影响产量和品质，甚至失去商品价值。所以，要做到旱要灌溉，涝要排水。无灌溉条件和排水不良的地块不宜种植鲜食玉米。

5. 适时采收

（1）**适时采收的重要性**　采收期对特用玉米商品的品质和营养的含量影响很大。食味随着籽粒的生育进程而变化，最佳食味期就是最适合的采收期。收早了籽粒含水量过多，干物质太少，味淡、产量低、不易保存；收迟了籽粒内的糖分转化成淀粉，种皮变厚，食起来渣多，失去甜、脆、糯、香的风味。

（2）**确定适采期的方法**　特用玉米的采收期要根据品种特性、种植地区、用途及当时气候特点来确定。品种类型不同，生育期长短不一，春夏播种期不同，种植地区不同，采收时间也不同。近年来根据授粉后天数和籽粒含水率、含糖量，结合风味初步确定普甜玉米，加强甜玉米在授粉后 24~27 d 采收，此时含糖量最高，含水率在 68% 左右。风味最佳的糯玉米，宜在授粉后 23~25 d 采收，此时含水率在 62% 左右。但要注意糯玉米灌浆速度快，采收要抓紧时间，判断适采期还可以凭经验看果粒，一般颜色呈正常的色泽，粒饱满，挤破时粒中流出乳状或糊状物质即是适合采收期。对于鲜穗玉米，需带苞叶采收，可起到保鲜、卫生、耐运输的作用（图 3-6-13）。

剥苞确定采收时间

鲜食玉米带苞采收运输

图 3-6-13　鲜食玉米采收

（3）**采后处理**　采后处理越快越好。鲜食玉米保鲜难度大，采后随着时间的变化其品质发生急剧变化，因此采后要及早上市和尽快加工，同时要按销售和加工能力确定采收量（图 3-6-14）。

图 3-6-14　鲜食玉米加工包装

甘薯篇

甘薯篇

第四章 甘薯优质高产高效生产

甘薯是旋花科植物，是一种具有蔓生习性的多年生草本植物，在热带地区，四季常绿，开花结果，多年不死；在温带地区基本不开花，茎叶遭遇霜冻会枯死，被认为是1年生植物。甘薯块根、茎叶等营养器官营养丰富，加之具有适应性广、抗逆性强、高产稳产以及具有医疗保健作用等特点，不仅可作主副食和饲料，也是价廉的工业原料，经济价值很大，是世界上最主要的粮食作物之一。甘薯的能量、脂肪含量、蛋白质含量、糖含量、磷铁含量与大米、小麦、马铃薯和芋头等不相上下，而食用纤维、钙以及胡萝卜素的含量远远高于上述主要食物。另外，甘薯还富含多酚、黄酮等活性成分，营养均衡全面。因此，甘薯独特的营养元素和生化结构对人体产生的生理保健功能正在被越来越多的人所青睐。

我国甘薯种植历史有400多年，在生产过程中别名甚多，如白薯（北京市、辽宁省）、地瓜（山东省）、甘薯（江西、湖南、湖北等省）、番薯（浙江省）、山芋（江苏省）、白芋（安徽省北部）、红苕［四川、贵州、重庆等省（市）］，历史上还有朱薯、红山药、番薯蓣、金薯、番茄、土瓜等名称。当前，甘薯是我国主要粮食作物之一，其栽培面积和总产量仅次于水稻、小麦和玉米，居第4位。一般根据用途，可以将甘薯品种分为淀粉型、食用型、兼用型、叶菜型、高花青苷型、高胡萝卜素型及其他类型。

一、甘薯概述

（一）起源与传播

一般认为甘薯起源于热带美洲，在秘鲁的古墓里发现了8 000年前的甘薯块根，证明甘著在当地种植已有8 000~10 000年的历史，这也是迄今发现的最早的甘薯。1492年哥伦布发现美洲新大陆后，航海家、殖民者和商人把甘薯从美洲带到了太平洋的夏威夷诸岛、菲律宾等地，一直带到欧洲。16世纪初，西班牙已普遍种植甘薯。西班牙水手又把甘薯携带至菲律宾的马尼拉和摩鹿加岛，再传至亚洲各地。

甘薯传入我国的路线较多，明代甘薯由印度、缅甸传入我国云南、四川，迄今已有400多年的栽培历史。影响深远的传入路线是明朝万历年间(16世纪末叶)经东南路菲律宾群岛（吕宋）至福建（图4–1–1，福建建有先薯亭，纪念陈氏引进甘薯）、广东传入我国，而后向长江、黄河流域及台湾省等地传播，被各地劳动人民迅速接受。在传播过程中，人们通过劳动实践逐渐解决了留种、栽培管理等多方面的问题，如陈氏所著《金薯传习录》（图4–1–2），记录了番薯的引进、推广、种植历史，对番薯的适宜土壤、生物学特性、栽培、种子保存、养苗、储存、食用方法等都做了详尽的阐述，为我国粮食生产提供了宝贵的实践经验。

图 4-1-1　福州先薯亭

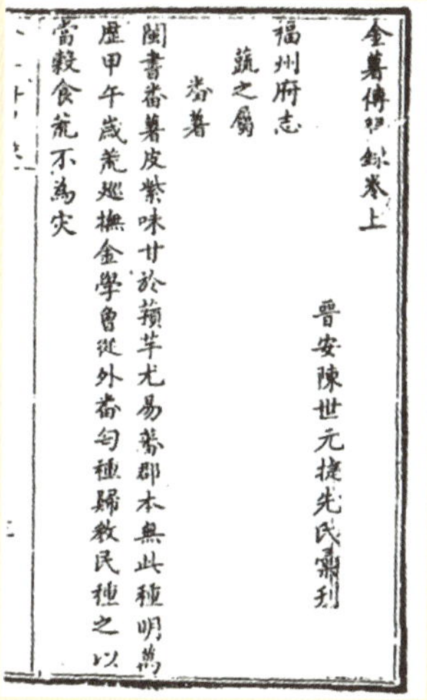

金薯傳習錄卷上

晉安陳世元捷先氏彙刊

福州府志

蔬之屬

番薯

閩書番薯皮紫味甘於蕷芋尤易蕃郡本無此種明萬歷甲午歲荒巡撫金學曾從外番匀種歸教民種之以當穀食荒不為災

图 4-1-2　《金薯传习录》

（二）甘薯生产概况

1. 世界甘薯生产概况

甘薯广泛栽培于热带以及亚热带地区，全球有 113 个国家种植甘薯，但主要分布在亚洲、非洲，其次为美洲、欧洲，大洋洲种植面积极少。北纬 40° 以南较适合甘薯生长。在世界粮食生产中，甘薯总产量排名位列前 10。2020 年世界甘薯收获面积为 1.16 亿亩，鲜薯总产量为 9 145.4 万 t，平均单位面积产量为 788.4 kg/ 亩（图 4-1-3）。甘薯产量靠前的国家主要有中国、马拉维、尼日利亚、坦桑尼亚、乌干达等（表 4-1-1）。全球甘薯平均产量以亚洲最高，其次是欧洲。尽管非洲甘薯收获面积较大，但生产水平较低，单产最低。

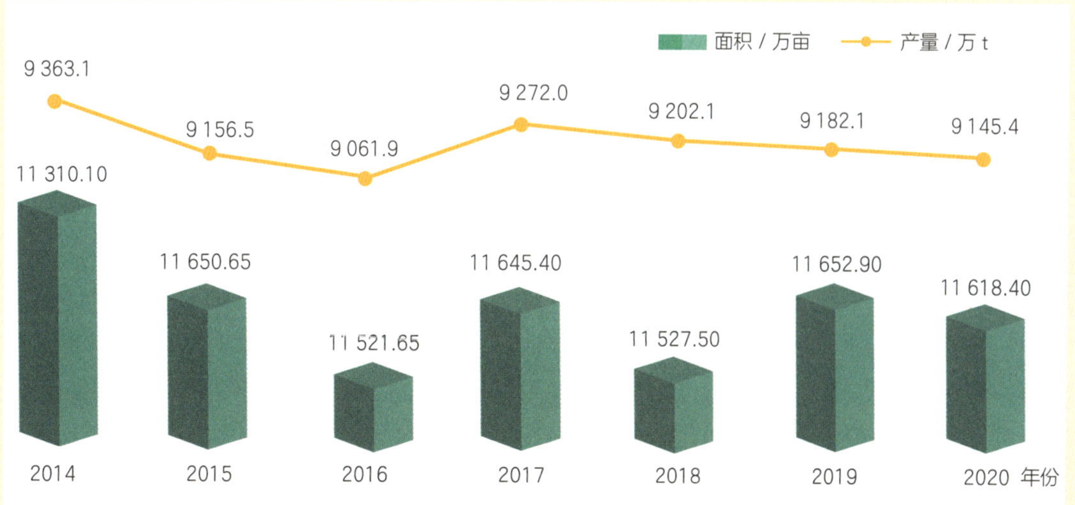

图 4-1-3　2014—2020 年世界甘薯收获面积与产量

表 4-1-1　2021 年世界前 10 国甘薯种植面积和产量

序号	国家	种植面积 / 万亩	国家	产量 / 万 t
1	中国	3 309.0	中国	4 783.5
2	尼日利亚	2 265.0	马拉维	745.0
3	坦桑尼亚	1 020.0	坦桑尼亚	499.2
4	马拉维	471.0	尼日利亚	394.3
5	乌干达	448.5	安哥拉	178.8
6	卢旺达	288.0	埃塞俄比亚	169.8
7	安哥拉	282.0	印度尼西亚	164.9
8	马达加斯加	205.5	卢旺达	132.9
9	巴布亚新几内亚	205.5	美国	130.9
10	刚果（金）	172.5	乌干达	126.7

2. 中国甘薯生产概况

中国是全球最大的甘薯生产国。根据相关资料，我国甘薯产量曾一度接近世界甘薯产量的 90%。随着经济的发展及农村产业结构的调整，我国甘薯种植面积呈现波动下降趋势，种植面积由 1960 年的 1.57 亿亩降低到 2020 年的 0.35 亿亩，但甘薯单产自 20 世纪 90 年代以来不断上升，1990 年鲜薯单产为每亩 1 100 kg，2020 年单产为每亩 1 470 kg（图 4-1-4）。由于种植面积的下降和单产水平的提高，目前我国甘薯产量约占世界甘薯产量的 50%。

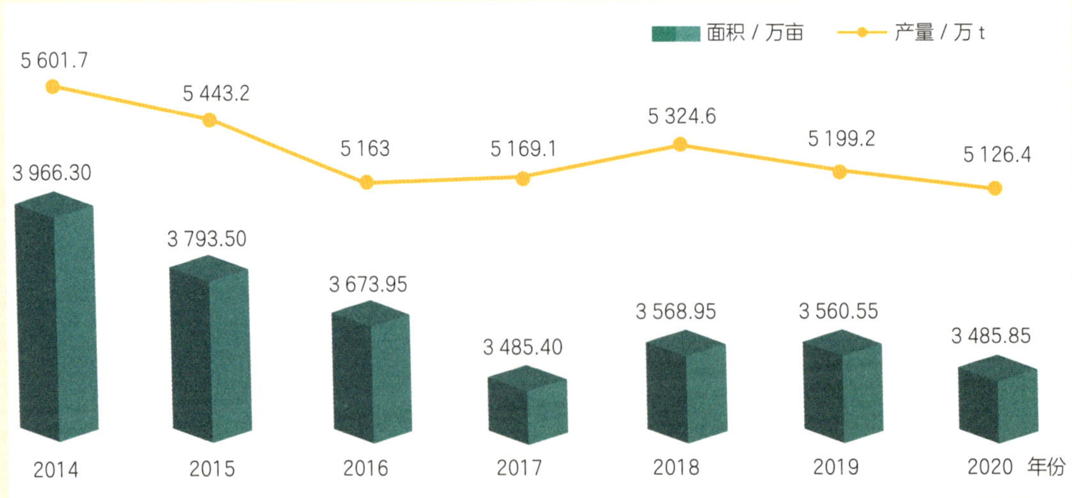

图 4-1-4　2014—2020 年中国甘薯种植面积及产量

甘薯在我国分布广泛，南起海南省、南海诸岛和台湾省，北到长城内外的河北、陕西和宁夏等省（区），东北延伸到黑龙江省北纬 48° 以北的部分地区，西南直至四川盆地西部边远山区和云贵高原。在我国北方，甘薯多分布于旱地平原或丘陵山区；淮河以北和黄河流域，甘薯多分布于平原，与其他旱地作物轮作，是我国甘薯的重点产区；淮河以南，由于平原种植水稻，甘薯多分布在丘陵山地；江南丘陵区及其以南地区，出现了甘薯与水稻水旱轮作，越往南方，水旱轮作在甘薯栽培总面积中所占的比重越大。根据气候条件与栽培制度，同时参考地形、土壤等条件，我国甘薯生产可分为五个生态区，区界大体上和纬度平行。

（1）**北方春薯区**　位于北纬 41° 左右，无霜期较短，只能种一季春薯，包括辽宁、吉林、北京等地，黑龙江省中南部，河北保定和陕西秦岭以北，山西、宁夏南部及甘肃省东南地区。甘薯 5 月中下旬栽植，9 月下旬至 10 月初收获，生长期 130~140 d。

（2）**黄河流域春夏薯区**　该区气候温和，年无霜期平均为 210 d，甘薯栽培面积占全国的 40% 左右，包括山东、河南中南部，山西南部，江苏、安徽、河南淮河以北，陕西秦岭以南地区以及甘肃武都地区。该区甘薯生产分为春薯、夏薯 2 种，春薯 4 月下旬至 5 月中旬栽植，10 月上旬至下旬收获，生长期 150~180 d；夏薯于 6 月中下旬至 7 月上旬栽植，与春薯收获期相同。近年来，夏薯面积稳步增加，春薯面积则逐年下降。

（3）**长江流域夏秋薯区**　该区年无霜期平均为 260 d，包括青海以外的整个长江流域：江苏、安徽、河南三省的淮河以南，陕西的南端，湖北、浙江全省，贵州的绝大部分，湖南、江西、云南三省的北部，以及川西北高原除外的全部四川盆地地区。夏薯于 4 月下旬至 6 月中下旬栽种，10 月下旬至 11 月中旬收获，生育期 140~170 d；秋薯于 7 月下旬到 8 月上旬栽插，11 月下旬到 12 月上旬收获。

（4）**南方夏秋薯区**　位于北纬 26° 以南，北回归线以北，年无霜期平均 310 d。包括福建、江西、湖南三省南部，广东、广西北部，云南中部和贵州的小部分地区，以及台湾省嘉义以北的地区。该区甘薯生育期 120~150 d，夏薯于 5 月下旬至 6 月上旬栽插，10 月下旬到 11 月中旬收获；秋薯于 7 月下旬到 8 月上旬栽种，11 月下旬到 12 月上旬收获。

（5）**南方秋冬薯区**　位于北回归线以南，属热带湿润气候，包括广东、广西、云南、台湾等地区南部及沿海诸岛。该区甘薯四季均可种植，但夏季温度高，昼夜温差小，不利于甘薯生长，故主要种植秋薯和冬薯。秋薯又有水田薯和旱地薯两种。水田秋薯在 7 月中旬至 8 月中旬栽插，旱地秋薯在 7 月上旬至 8 月上旬栽插，11 月上旬至 12 月下旬收获，生长期 120~150 d。但秋薯也有越冬栽培的，多延迟至翌年春季收获，变成越冬薯。冬薯在 11 月栽插，次年 4—5 月收获，生长期 170~200 d。

经过多年实践，结合气候条件、甘薯生态型、行政区划、栽培面积和种植习惯等，现在一般将甘薯种植区划为 3 个大区，即北方春夏薯区（辽宁、河北、河南、山东、山西、陕西）、长江中下游流域夏薯区（四川、重庆、贵州、湖北、湖南、江西、安徽、江苏、浙江）和南方薯区（云南、广西、广东、福建、海南、台湾）。

二、甘薯的一生

甘薯从播种到种子成熟所经历的过程称为甘薯的一生，也称为生育期。其长短因品种特性、生态条件和播种早晚的不同而有很大的差别。由于生产上常用甘薯的块根或者茎蔓进行无性繁殖，且块根没有明显的成熟期，一般把收获期作为生育期的终点。一般而言，从栽秧到收获，春薯 150~190 d，夏薯 110~120 d。

（一）甘薯的生育时期

根据器官形成的顺序并便于认知和生产管理，可以把甘薯生育期分为播种期（又称发芽期）、幼苗期、团棵期、封垄期、薯块膨大期、现蕾期、开花期、结果期、果实成熟期和枯熟（衰老）期等 10 个生育时期。

小贴士

甘薯的生长发育特征诊断

0 播种期

00 块根/干种子（播种）；

01 新芽可见，芽长小于1 mm/种子吸水膨胀；

02 芽直立，芽长小于2 mm；

03 芽长2~3 mm/湿种子膨胀结束（萌动）；

05 开始生根/胚根从种子伸出；

07 开始抽茎/胚轴和子叶破出；

08 茎/胚轴和子叶伸向土壤表层；

09 幼茎/子叶从土壤表面露出（破土）。

1 幼苗期

10 主茎首叶/子叶完全展开；

11 主茎第1片叶完全展开（>4cm，下同）；

12 主茎第2片叶完全展开；

……

19 主茎第9片或更多叶完全展开。

一旦主茎叶腋出现腋芽抽出，则按20计。

2 团棵期

21 主茎第1叶腋侧枝伸出5 cm；

22 主茎第2叶腋侧枝伸出5 cm；

……

29 主茎第9或更多叶腋侧枝伸出5 cm。

一旦出现行间植株枝叶交错，则按30计。

3 封垄期

31【开始封垄】10%的植株间枝叶交错；

32 20%的植株间枝叶交错；

……

39【完全封垄】90%的植株间枝叶交错，块根数目确定。

一旦枝叶交错的植株数量超过90%，或块根明显膨大，则按40计。

4 薯块膨大期

41 20%薯块总重量形成；

42 30%薯块总重量形成；

……

47 80%薯块总重量形成；

49 薯块总重量几乎全部形成；

一旦主茎上出现花蕾（苞），则按50计。

5 现蕾期

51 主茎第1花序花蕾（苞）初现（1~2 mm）；

55 第1花序花蕾膨大至5 mm；

59 第1花序第1朵小花花冠可见，但花蕾仍闭合。

6 开花期

60 全田第1朵花开放；

61【初花期】10%的植株第1花序开花；

63【开花期】50%的植株第1花序开花；

65【盛花期】全田植株第1花序开花，50%植株第2花序开花；

67 开花减少，花瓣开始脱落；

69【终花期】停止开花，花瓣大多脱落。

7 结果期

70 第1蒴果可见；

71 主茎第1果序10%的蒴果膨大完成；

72 主茎第1果序20%的蒴果膨大完成；

……

79 第1果序蒴果全部膨大完成。

8 果实成熟期

81 主茎第1果序蒴果绿色，种子浅色；

85 主茎第1果序蒴果绿褐色至褐色；

89 主茎第1果序蒴果枯黄，种子黑色。

9 枯熟（衰老）期

91 叶片开始转黄；

93 多数叶片黄化；

97【枯熟期】籽粒很硬，种子最佳收获期；

99 薯块收获，储存及种子处理（回到00期）。

（二）甘薯的生育阶段

甘薯属高温短日照作物，在北回归线以南（我国广东、广西、云南、台湾南部地区及海南）可以自然开花结实。但甘薯生产多以无性繁殖为主，其生长过程一般不经过生殖生长阶段，这也使得甘薯在整个生育时期内没有明显的发育阶段。经过长期经验积累与研究，一般认为把甘薯生长分为以下 4 个阶段。

1. 发根缓苗阶段

指薯苗栽插后，入土各节发根成活。地上苗开始长出新叶，幼苗能够独立生长，大部分秧苗从叶腋处长出腋芽的阶段，到本阶段期终，根系基本形成（图 4-2-1）。一般春薯在栽后 5~15 d 开始发根，根系基本形成约在栽后 30 d。夏薯因当时气温较高，生长比春薯快，根系基本形成需 15~20 d。

移栽 1 天　　团棵期

图 4-2-1　甘薯发根缓苗阶段田间长势

2. 分枝结薯阶段

该阶段根系继续发展，腋芽和主蔓延长，叶数明显增多。主蔓生长最快，其延伸生长称为“拖秧”，也叫爬蔓、甩蔓，茎叶开始覆盖地面封垄（图 4–2–2）。此时，地下部的不定根已分化形成小薯块，在本阶段后期成薯数已基本稳定，不再增多。一般春薯需要 30~75 d，夏薯需要 20~30 d。在本阶段初期根系已生长出总根量的 70% 以上，为促进茎叶生长新生打好了基础。结薯早的品种在发根后 10 d 左右开始结薯，肉眼难辨识，到 20~30 d 时已看到少数略具雏形的块根。在茎叶生长中，一些分枝少、薯蔓细长的品种没有圆（团）棵现象就直接伸长主蔓。从植株开始分枝到基本覆盖地面，茎叶的重量可达到甘薯一年中最高茎叶重量的 1/3 以上（图 4–2–3）。

图 4–2–2　甘薯分枝结薯阶段前期

图 4–2–3　甘薯封垄

3. 茎叶盛长阶段

茎叶盛长阶段指从茎叶覆盖地面开始到生长最高峰，这一时期茎叶迅速生长，生长量占整个生长期重量的 60%~70%（图 4–2–4）。地下薯块随着茎叶的增长，光合产物不断地输送到块根而明显肥大增重。薯块总重量的 30%~50% 是在这个阶段形成的，有的地方把这个阶段称为蔓薯生长阶段。茎叶增长加快，使叶面积的增加达到了最高峰，同时新老叶片交替更新，新长出来的叶数与黄化落叶数到本阶段末期达到基本平衡。这阶段所需要的时间，春薯在栽插后 60~100 d，夏薯 40~70 d。

图 4–2–4　甘薯茎叶生长阶段

4. 茎叶衰退薯块迅速膨大阶段

茎叶衰退薯块迅速膨大阶段指茎叶生长由盛转衰直至收获期，以薯块膨大为中心。茎叶开始停长，叶色由浓转淡，下部叶片枯黄脱落（图 4–2–5）。地上部同化物质加快向薯块输送，薯块膨大增重速度加快，增重量相当于总薯重的 40%~50%，高的可达 70%，薯块干物质的积蓄量明显增多，品质显著提高。

图 4–2–5　甘薯茎叶衰退块根迅速肥大阶段

由于植株的地上部与地下部是处于不同部位的统一体，地上部茎叶生长的繁茂程度取决于根系吸收养料的供应。地下部薯块产量的高低，又依赖于地上部茎叶光合产物的输送和积累程度。总之，各阶段相互交替，很难分开。每个阶段时间长短各薯区不尽相同，故上述4个阶段的划分不是绝对的（表4-2-1）。

表4-2-1 夏秋薯各生育阶段经历天数

生育时期		栽后天数/d	经历天数/d	薯重积累量/%
发根缓苗期	发根	3~4	5~7	0
	缓苗	5~7		
分枝结薯期	分枝开始形成	7~35	20~35	10~15
	开始形成块根、根系基本形成	15~20		
茎叶盛长块根膨大期	生长中心为茎叶	35~80	35~55	30~40
	功能叶片数达到最高值	约90		
茎叶衰退薯块迅速肥大阶段	夏薯	70~130	约60	约50
	秋薯	90~130	40~45	

三、甘薯生长发育规律

（一）器官建成

1. 营养器官建成

（1）根　甘薯用种子繁殖时形成主根和侧根，发育成双子叶植物典型的直根系。但生产上常用营养器官繁殖，在不同环境及栽培条件下，形成了粗细不同的不定根（图4-3-1左），一般包括纤维根、柴根和块根（图4-3-1右）。

茎节上的不定根

甘薯根系

图4-3-1 甘薯的根

纤维根又称细根，呈纤维状，细而长，有很多分枝和根毛，具有吸收水分和养分的功能。纤维根在生长前期生长迅速，分布较浅；后期生长缓慢，并向纵深发展。纤维根主要分布在30 cm深的土层内，少数深达1 m以上。

柴根又叫粗根、梗根、牛蒡根，根长0.3~1.0 m，粗0.2~2.0 cm。柴根是由于受到不良气候条件（如低温多雨）和不良土壤条件（如氮肥施得过多，而磷、钾肥施得过少）等的影响，使根内组织发生变化，中途停止加粗而形成的。柴根徒耗养分，无利用价值，应减少其产生。

块根也叫储藏根，是根的一种变态产物。它就是供人们食用、加工的薯块。甘薯块根既是储藏养分的器官，又是重要的繁殖器官。块根是蔓节上比较粗大的不定根，在土壤条件好，肥、水、温度等条件适宜的情况下形成。甘薯块根多生长在 5~25 cm 深的土层内，很少在 30 cm 以下土层发生。单株结薯数、薯块大小与品种特性及栽培条件有关。块根通常有纺锤形、圆形、圆筒形、块状等几种形状。块根形状虽属品种特性，但亦随土壤及栽培条件发生变化。块根皮色有白、黄、红、紫等颜色，主要由周皮中的色素决定。薯肉基本色是白、黄、红、紫等，薯肉里胡萝卜素和花青素的含量影响肉色的浓淡。块根里有乳汁，俗称白浆。

（2）茎　甘薯的茎通常称为蔓或者藤（图 4-3-2 左）。主蔓上长的分枝叫作侧蔓（图 4-3-2 右）。蔓的长相即株型，一般分为匍匐型和半直立型 2 种。蔓的长短因品种不同差异很大，最短的仅 0.7 m，最长的可达 7 m 以上。土壤肥力、栽插期和栽插密度对茎长也有很大影响。短蔓品种分枝多，先丛生而后半直立或匍匐生长。长蔓品种分枝少，生长期间多为匍匐生长，且茎节着土生根较多，茎粗一般为 0.4~0.8 cm，茎的颜色有纯绿、褐绿、紫绿和全紫几种，也有绿色茎上具有紫色斑点的。茎的表面有茸毛，茎上有节。茎节有芽和根原基，能长枝发根（图 4-3-3）。茎的皮层部分分布有乳管，能分泌白色乳汁。采苗时如乳汁多，则表明薯苗营养较丰富，生命力较强，乳汁可作为诊断薯苗质量的指标之一。

图 4-3-2　甘薯的茎和分枝

图 4-3-3　甘薯茎节上的不定根

（3）叶　甘薯属双子叶植物。种子栽培时最先露出 2 片子叶，接着在其上生长真叶。茎上每节着生 1 叶，在茎上呈螺旋状交互排列。叶有叶柄和叶片，没有托叶，是不完全叶。

大多数叶片长 7~15 cm，宽 5~15 cm。叶片的长、宽因栽培条件而有很大差异。叶片与叶柄交接处有 2 个腺体。叶柄长度 6~23 cm。叶片形状很多，大致分为心脏形、肾形、三角形和掌状等，叶缘又可分为全缘和深浅不同的缺刻（图 4–3–4）。甘薯叶形变异多，不仅品种间变异显著，而且同一植株在不同生育阶段和不同着生部位的叶形也有较大的变异。叶片、顶叶、叶脉（叶片背部叶脉）和叶柄基部颜色可分为黄绿、绿、绿带紫、紫等数种，这是品种的特征之一，也是鉴别品种的依据。

图 4–3–4　甘薯的叶

2. 生殖器官建成

（1）花　甘薯在植物学上属被子植物，具有开花本能，然而各甘薯区自然条件差异大，不同品种开花所要求的外界环境条件有别，所以甘薯在各地的开花情况也有很大差异。在北纬 23° 以南，我国夏秋薯区的南部以及秋冬薯区，一般品种均能自然开花。而在我国偏北地区长日照条件下，则很少自然开花。

甘薯花单生或数朵至数十朵丛集成聚伞花序，生于叶腋和叶顶，一般呈淡红色，也有紫红色的，形状似牵牛花（呈漏斗状），一般较小，花萼 5 裂，长约 1 cm，花冠直径和花筒长 2.5~3.5 cm，蕾期卷旋。甘薯花晴天在早晨开放，到下午闭合凋萎（图 4–3–5）。甘薯为异花授粉作物，自交结实率很低。

图 4–3–5　甘薯的花

（2）**果实与种子** 甘薯果实为圆形或扁圆形蒴果，幼嫩时呈绿色或紫色，成熟时为黄褐色（图 4-3-6）。1 个蒴果有 1~4 粒种子，多数为 1~2 粒。甘薯种子较小，千粒重 20 g 左右，直径 3 mm 左右。种子呈褐色或黑色，形状及大小因蒴果内的种子数目不同而异。1 个蒴果只结 1 粒种子的，种子近似球形；结 2 粒的，种子呈半球状；结 3~4 粒的，种子呈多角形。种皮角质，坚硬且不易透水。用种子播种时，事先要割破或擦伤种皮，或用浓硫酸浸种 0.5 h 左右后将酸冲洗干净再催芽播种。甘薯的子叶张开时，双裂片呈凹字形。幼苗出土 20 d 内就可长出 3~5 片真叶。

图 4-3-6 甘薯果实和种子

（二）肥料吸收规律

甘薯是吸肥力强，需肥较多的作物，虽可在贫瘠的土壤中生长，但必须供给充足的养分，才能充分发挥其高产特性。甘薯生产中除氮、磷、钾需要补充外，其他矿质元素在土壤中不缺乏。甘薯对氮、磷、钾的需要以钾最多、氮次之、磷最少。研究表明，在大田生产中，每生产 500 kg 鲜薯，需要从土壤中吸收约 2 kg 纯氮、1 kg 磷（P_2O_5）和 3.1 kg 钾（K_2O）。综合各地的经验，鲜薯亩产量 3 500~5 000 kg 的高产田，氮、磷、钾三要素的比例一般为 1 :（0.4~1.3）:（2.2~2.9）。

甘薯整个生育过程中的不同生长阶段吸收氮、磷、钾的量和速率有显著的差异，生长前、中期氮素吸收速度快、需求量大，主要用于茎叶生长，茎叶生产盛期对氮素的吸收利用达到高峰，后期茎叶衰退、薯块迅速膨大，对氮素吸收速度变慢，需求量减少；对磷素的吸收利用，随着茎叶的生长，吸收量逐渐增大，到薯块膨大期吸收利用量达到高峰；对钾素的吸收利用，从开始生长到收获均较氮、磷高，尤其以薯块膨大阶段最为明显。增施钾肥增产最显著，但过量地施用钾肥也会降低甘薯对钾肥的利用率和薯块的烘干率。

小贴士

甘薯是忌氯作物，当施用氯化铵、氯化钾等含氯化肥超过一定量时，不但会使薯块淀粉含量降低，而且薯块不耐储藏。

（三）水分吸收规律

甘薯根系发达，具有较强的耐旱能力，植株的水分含量高达 85%~90%，块根水分含量一般在 70%，在整个生长期间，田间总耗水量为 500~800 mm，相当于每亩用水量 400~600 m^3，但蒸腾系数为 300~500，比一般的旱田作物要低。所以甘薯既喜水又耐旱，田间的耗水量也与产量呈正相关。

从栽插到收获，甘薯的需水规律可概括为耗水强度由低到高，蔓、薯并长期达到高峰，然后再由高到低。发根分枝结薯期要求土壤水分含量为最大持水量的 60%~70%，耗水量占总耗水量的 20%~30%；茎叶盛长期要求土壤水分含量为最大持水量的 70%~80%，耗水量占总耗水量的 40%~45%；薯块膨大期要求土壤水分含量为最大持水量的 60% 左右，耗水量占总耗水量的 30%~35%。

甘薯对水分的要求有一个相对敏感的时期，即发根分枝结薯前期。此期干旱，田间持水量低于 50%，对以后生长及块根的产量影响很大；由于降水、灌溉、地下水位过高等因素形成土壤水分过高的状况，对甘薯生长也不利。田间持水量大于 90%，土壤通透性变差，易使茎叶徒长，影响块根形成、膨大，降低产量和品质。生长后期田间积水，薯块中不溶于水的原果胶含量增多会产生“硬心”现象，积水严重的会因无氧呼吸导致块根腐烂。

（四）产量形成规律

1. 产量构成因素

甘薯产量由单位面积株数、单株薯块数和单薯重 3 个因素构成，是单位面积上的株数、薯块数和平均薯块重的乘积，这 3 者的乘积愈大，产量就愈高。在相同产量的情况下，不同品种或同一品种不同生产条件，3 个产量因素的结构则不一样。因此，在不同薯区，不同的品种特性，不同的栽培条件，有各个不同的产量因素的最好组合。

2. 产量构成因素的协调

甘薯栽培的对象是群体。在一定的栽培条件下，构成产量各因素之间存在一定程度的矛盾。当单位面积上株数增到一定程度后，由于密度增加，个体所占的营养面积相应减少，个体的生物产量就有所削弱，每株薯块数和薯块重都会有不同程度的减少。但个体变小，并不意味着单位面积最终的产量就低。高产栽培的目的，是要求单位面积株数、单株薯块数、单薯重三者的乘积达到最大值。当这 3 个因素中某一个因素增加能超过另两个因素减少的损失时，就表现增产；与此相反，3 个因素中某一个因素增加但不能弥补另两个因素减少的损失时，则表现为减产。从地上部看甘薯高产，在具体的栽培条件下，都有一个最适宜的最高叶面积范围。在这个范围内，增加密度，可增加单位面积上的绿色面积，能有效提高光能利用率，从而增加干物质生产和积累，提高经济产量。

3. 甘薯高产生理特点

甘薯地上部茎叶生长，与甘薯的生物产量和经济产量关系密切。甘薯干物质的形成，有 90%~95% 是来自光合作用的产物。叶片为同化器官，它是制造和供应块根养分的基础。因此，块根产量的高低与绿叶数多少、功能强弱、功能期长短都有密切关系。

在合理的叶面积指数范围内，单株功能叶片愈多，愈有利于光合产物的制造和积累，鲜薯亩产量在 5 000 kg 以上的群体总叶数，在生长中期为 70 万 ~90 万片，到生长后期绿叶数保持 50 万片左右，占总叶数的 50% 以上。高产实践证明，在适宜的叶面积指数情况下，群体总绿叶数高峰持续时间愈长，对高产愈有利。一般而言，甘薯生长中期的群体总叶数基本相同，而到生长后期产量却有明显差异，主要与茎叶生死交替的次数多少、叶片功能期长短、功能强弱等有密切关系。凡施肥、灌水不合理的，尤其是土性黏、易板结的田块，由于土壤通气性较差，块根形成迟，茎叶含氮量较高，容易引起茎叶猛长，株间郁闭早而严重，通风透光差，光合效能低，茎叶生死交替频繁，叶片功能期短，黄叶、落叶出现早，数量多，植株养分分配失调，因而叶片数虽多，块根产量却不能相应地提高。

茎叶重量与块根重量的比值称为蔓薯比值（T/R 值）。出现蔓薯比值为 1 的时间，因品种特性而不同。在栽培条件相同的情况下，一般早熟品种出现的时间早，降低速度快；迟熟品种出现的时间迟，降低速度慢。在品种相同的情况下，又因水肥条件和长势的不同，造成出现时间的差异。凡是出现过早、降低速度过快的，表明茎叶生长不良，块根生长受到限制，产量低；凡是出现过迟、降低速度过慢的，是茎叶贪青的象征，也难获得高产；只有在茎叶重量较大，蔓薯比值下降得较早、较快，又不陡降的情况下，才表明块根持续增重速度快，能获得高产。

甘薯高产需要肥水适宜，通气性好的土壤。在此条件下，前期茎叶早发，结薯早，块根膨大快，春、夏薯分别在栽后约 60 d、46 d，叶面积指数达到 2.5~3.0；中期茎叶生长旺盛健壮，叶面积指数平稳上升，一般为 4.0~4.5，而且维持的时间较长，块根膨大较快；后期叶色稍有转淡，但不早衰，块根迅速膨大，收获时叶面积指数为 2.5~3.0，春薯 T/R 值为 0.4~0.5，夏薯 T/R 值为 0.6 左右。

四、甘薯高产优质高效生产管理措施

甘薯产量形成的过程极为复杂，它是各种因素共同作用的结果。要获得甘薯高产，必须做到因地制宜，采取综合栽培措施，使甘薯植株的各个生理过程与生态条件相适应，起到有利于高产的作用。

（一）育苗阶段管理

1. 良种选择

推广优良品种，并根据不同地力、不同用途和生产期合理搭配品种是发展甘薯生产的有效途径。引进和筛选特色专用型品种，发展专用薯生产产业化，提高甘薯生产的效益。良种选择时，优先选择抗病能力强，尤其是抗病毒病能力强的品种，以防病毒病蔓延导致减产或绝收。

2. 种苗繁育

选择好优良品种后，可以直接购买商品脱毒苗，也可以购买脱毒薯块进行自繁。育苗时要求苗早且与当地栽插季节和茬口相衔接，苗足保一次性全苗，苗粗壮而发根早。同时，育苗方式上要做到成本低、方法简便、易于操作。一般可采用塑料薄膜覆盖育苗、酿热温床覆盖薄膜育苗、露地育苗等方式（图 4-4-1）。

（1）**良种处理**　选择具有本品种特征、皮色鲜明、大小适中、不带病菌病毒的健薯。种薯消毒可杀死附着在薯块上的黑斑、茎腐等病菌孢子，一般用抗菌剂浸种或温汤浸种（图 4-4-2）。

生产实践中，一般以 150~250 g 的夏薯作为种薯。同时为提高种薯发芽质量，可采用赤霉素浸种促发芽。先把薯块浸入 10~15 mg/L 的赤霉素药液稀释液中浸泡 10 min，捞出晾干后再在苗床上排种育苗。

（2）**排种量**　根据育苗方法、育苗期、栽植密度、栽植面积及品种萌芽特性等情况而定。一

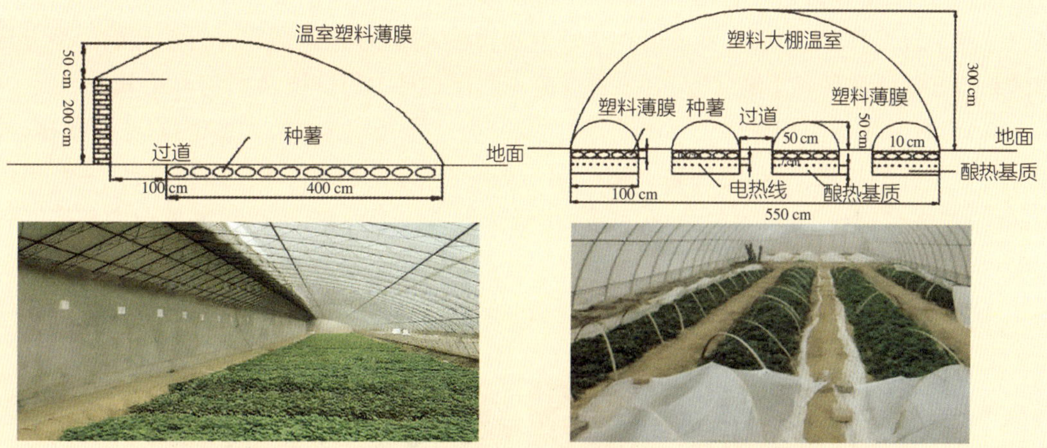

图 4-4-1　设施化育苗

图 4-4-2　甘薯浸种

般根据某甘薯品种不同大小薯块萌芽数范围、不同温度或积温下萌芽数变化、不同育苗期茎蔓长度、剪蔓节数和单位面积密度可大致求得单位面积排种量。一般春薯亩用种 60~70 kg，出苗多的品种和用火炕育苗的可减少到 50 kg。夏薯用采苗圃的每亩用种 25~35 kg，用露地育苗的每亩用种 35~40 kg。如剪蔓头苗，则亩用种 50~75 kg。

苗床面积的大小应根据排种数量和排种密度而定。一般火炕育苗每平方米苗床面积可排种薯 22~27 kg，温床育苗排种薯 18~22 kg，露地育苗 13 kg 左右。

（3）**排种时期**　适时排种是育好薯苗的重要条件之一。适时排种可以早出苗、多出苗，并有足够的炼苗时间来提高薯苗质量。排种过早，因天气寒冷，不易保温，育苗时间长，管理费工费时，浪费燃料，育苗效果差。薯苗育出后，因天气寒冷，不能在田间栽插，会出现“苗等地”的现象。这不仅延长了苗龄，影响薯苗质量，而且由于采苗不及时影响下茬薯苗生长，造成下茬苗弱、苗少的结果。若排种过晚，出苗迟，赶不上适期栽插，也会造成“地等苗”，晚栽减产。

甘薯育苗的排种期是以各地区的气候条件、栽培制度、栽苗期、育苗方法等来确定的。北方用火炕或温床育苗，一般掌握在栽苗适期前 20~30 d 排种为宜。育苗技术掌握得好的可推迟几天，以利用逐渐升高的温度，缩短育苗时间，节约燃料和劳力。北方夏薯以 6 月中下旬为栽苗适期，利用采苗圃繁殖夏薯苗，则以火炕或温床的第一、第二茬苗在谷雨前后栽插为宜。长江流域春季较温暖，采用温床育苗可在 3 月上旬排种，露地育苗一般在 4 月初开始。南方夏秋薯区和南方秋冬薯区春季温度较高，薯块育苗一般在 2 月中旬排种，4 月剪蔓苗栽采苗圃。

（4）**排种方法** 由于薯块大小不同，因而要分类选择，分别排种，大薯密排，小薯稀排，并掌握上齐下不齐的排种原则，使种薯顶端在同一水平上，这样才能使床土盖得厚薄一致，出苗均匀，便于苗床管理（图 4-4-3）。如有可能，尽量选择直线形种薯，可以提高薯苗的整齐度和均匀度（图 4-4-4）。

密排（种薯约 40 kg/m^2）　稀排（种薯约 15 kg/m^2）

图 4-4-3　种薯的密排与稀排

纺锤形种薯出苗　直线形种薯（脱毒微型薯）出苗

图 4-4-4　不同薯形种薯出苗

排种的方法有斜排、平排和直排3种（图4-4-5）。斜排是以头压尾，压三分之一，这样薯块中上部发芽多，薯芽容易出土，薯苗健壮，但不可压得过多，以免单位面积排种量增大，薯苗过密，影响苗质；平排种薯发芽分布均匀而不密集，利于培育壮苗，在露地育苗的

斜排　平排

图 4-4-5　不同排种方法

条件下可以采用；直排种薯上部发芽多，中部发芽少，薯苗密集而不健壮，除特殊情况外，一般不宜采用。排种后用细土填满薯间间隙，再泼浇净水和用营养土或细土盖种薯。

排种时要注意分清薯块的头尾，不能排倒，排倒的薯种出苗少，出苗晚，苗不齐，影响出苗的时间和数量。一般薯块上头（顶端）的皮色深，肉色也深，浆汁多，细根少；下头（尾端）的皮色浅，细根多，细根伸展的方向朝下。

（5）**苗床管理** 苗床管理的要点是正确使用温、水、气、肥等育苗条件，掌握以催为主、以炼为辅、催炼结合的原则，以保证薯苗正常生长。苗床管理一般分为薯块萌芽和薯苗生长阶段，不同阶段有不同的管理内容。

1）排种至出苗阶段。育苗时尽量采用新苗床，旧苗床应清除全部旧床土，更换新土，喷药消毒，且施用无菌净肥。

要以高温催芽和防病为中心。床温宜保持在 32~35 ℃，薄膜覆盖苗床需透气，酿热温床可轻浇温水，促进分解。以保持床上相对湿度 80% 左右，薄膜内相对湿度 95% 左右为宜。

2）出苗至剪苗阶段。从幼苗出土到薯苗长成是培育壮苗的阶段，这一阶段的任务是保证薯苗生长快而健壮（图 4-4-6）。在苗床管理措施上应以催为主，并做到催中有炼，催炼结合。床温保持在 25~28 ℃之间，床上的湿度应保持在田间持水量的 70%~80%，除雨、雪天外，每天都应揭开草苫，无风暖天可揭开薄膜，使薯苗充分见到阳光。当苗高 20 cm，具有 6~7 个节时，应转入以炼为主，停止浇水，夜晚也不必盖苫，并可适当掀开薄膜，使床温降到 20 ℃左右，不低于 18 ℃，使大苗得到锻炼，小苗仍能生长。一般经 3 d 炼苗后，即可剪苗栽插。

图 4-4-6 甘薯幼苗

一般苗龄 30~35 d，茎粗约 5 mm，薯苗长到 25 cm 高时，及时采苗。如果长度已经够长而不采，会造成薯苗拥挤，下面的小苗难以正常生长，减少下一茬出苗数（图 4-4-7）。

3）剪苗后。剪苗之后又转入以催为主，把床温再提高到 30~32 ℃，剪苗当天不浇水，之后浇透水，适当覆盖，促进小苗生长，同时注意通风、晒苗，做到催中有炼（图 4-4-8）。如此循环交替管理，到采过 2~3 茬苗之后，天气已经转暖，温度升高，不需增温和保温，这时的管理措施主要是浇水、晒苗和追肥。

图 4-4-7 甘薯剪苗期长势

图 4-4-8 剪苗后苗床管理

3. 整地作垄

甘薯对各种土壤有较强的适应能力，但要获得高产必须具备土层深厚、土质疏松、通气性好、保肥保水力强和富含有机质的良好土壤条件。甘薯对土壤酸碱性要求不严格，在 pH 值为 4.5~8.5 的范围均能生长，但以 pH 值为 5~7 的微酸性到中性土壤最为适宜。甘薯根系和块根多分布在 0~30 cm 土层内，薯地耕翻深度以 25~30 cm 为宜。整地时可结合化学除草，选用低毒低残留的除草剂，按说明书要求配制后，喷于地表除草。

垄作便于排灌，有利于防渍抗旱；能加厚土层，扩大根系和块根的活动范围；增大土壤与外界的接触面，增大垄土受光面积，加大土壤的昼夜温差，加强土壤与大气间的气体交换（图 4-4-9）。因此，垄作有利于甘薯根系对养分的吸收，同化物质的积累和运转，以及薯块的形成与膨大。通常垄作甘薯蔓长，分枝多，叶面积大，块根产量高。移栽前起好垄，起垄时可沟施杀菌剂防治病害。

图 4-4-9 整地作垄

垄作方法及规格：

（1）**大垄单行** 垄距带沟 1 m 左右，每垄插苗 1 行。多在雨水多或易涝地应用（图 4-4-10）。

（2）**大垄双行** 垄距带沟 1.0~1.2 m，每垄错窝双行插苗。适用于栽插密度较大、产量较高的薯田（图 4-4-11）。

（3）**小垄单行** 垄距带沟 73~86 cm，每垄插苗 1 行。在土壤贫瘠、土层较浅的山地或坡耕地应用较广（图 4-4-12）。对于间、套作田，垄距已固定，如西南薯区“麦 / 玉 / 薯”旱三熟套作，玉米带宽行 1.3 m，窄行 0.7 m，起独垄大厢，甘薯栽双行。

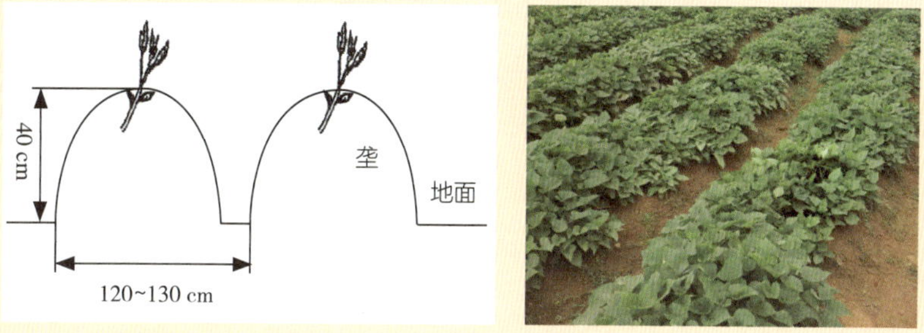

图 4-4-10　南方薯区大垄单行

图 4-4-11　高产田大垄双行

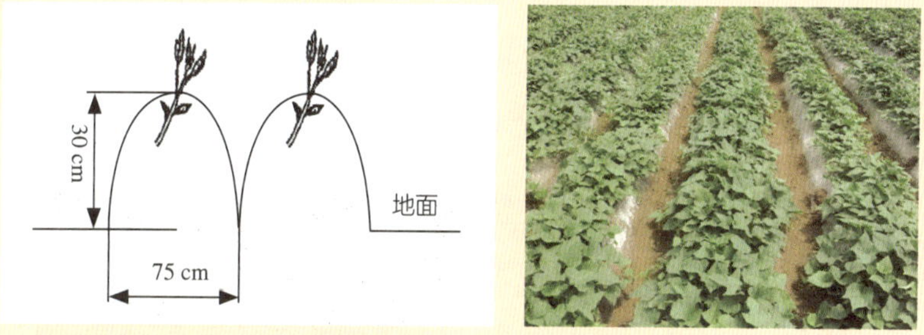

图 4-4-12　小垄单行种植

小贴士

要注意的是，垄的高度依据地势而定。若地势是地下水位较高的平地或者水田，则垄高需要在30 cm以上，垄沟需够深；若是地势较高或常年没有涝灾的地方，则垄高20 cm即可。

4. 施足基肥

甘薯多种在贫瘠的土壤上，施肥量也较少，但为了提高产量，必须增施有机肥，配合施用磷钾化肥。产量在 2 000~2 500 kg/ 亩的地块，基肥应施有机肥 2 000 kg / 亩、过磷酸钙 50 kg / 亩、硫酸钾 20 kg / 亩，在土壤含水解氮少于 40 mg/kg 时，每亩增加尿素 10 kg。如果不施加有机肥，可以亩施 50~80 kg 高磷高钾三元复合肥。

基肥施用可采用深层施肥与分层施肥相结合，粗肥深施与细肥浅施相结合，迟效肥料与速效肥料相结合的方法。深层施肥结合分层施肥，可满足甘薯整个生长期的需要；分层施肥还可使土壤中肥料浓度适当降低，供甘薯缓慢吸收，有利于控制茎叶徒长，并防止肥料发酵，影响薯块。在施用大量粗肥的基础上，把少量速效肥料施在土壤上层，可促进甘薯前期茎叶早发，早结薯。一般基肥用量占总施肥量的 80%。

（二）发根缓苗阶段管理

1. 高质栽插

（1）**高质采苗** 用顶段苗栽插的发根成活快，产量最高，中段苗次之，基段苗发根差，产量最低（图 4-4-13）。一般壮苗要求叶片鲜绿，舒展叶 7~8 片，叶大，肥厚；茎节粗短，苗高 25 cm 左右，苗茎上没有气生根，茎韧不易折断，折断有较多的白浆流出；百苗鲜重春薯苗 500 g 以上，夏薯苗 1 500 g 以上；薯苗不带病虫害。

图 4-4-13 壮苗与弱苗

甘薯采苗一般可以采用剪苗和拔苗的方式（图 4-4-14）。剪苗是防止甘薯病害传播的主要措施之一，剪苗时基部要保留 1 寸（3.33 cm）以上，剪苗特别是高剪苗可以减轻薯苗黑斑病、茎线虫病等病原物的携带量，可有效防止或减轻大田病害的发生。拔苗是将秧苗从种薯上拔下来，这种方法多用在苗密度大的情况下，省工但容易给种薯带来伤口，容易染病。

图 4-4-14 不同采苗方法

小贴士

剪苗后薯秧存放的时间不能太久，应及时栽插。最多存放5~7 d，且要存放在阴凉潮湿处，捆把要松，剪头向下，最好接触泥地。可用50%多菌灵1 000倍稀释液浸苗，防治病害。

（2）**适期栽插** 当平均气温稳定在 15 ℃以上，表土地温 17~18 ℃，达到薯苗发根的最低温度以上，为春薯栽插适期。夏、秋、冬薯栽插期气温已高，温度不再是限制因素。各薯区适宜栽插时间一般为：北方春薯区，5 月中下旬；黄河流域春夏薯区，春薯 4 月下旬至 5 月中旬，夏薯 6 月中下旬至 7 月上旬；长江流域薯区，春薯 4 月中下旬，夏薯 6 月，秋薯 7 月下旬至 8 月上旬；南方夏秋薯区，夏薯 5 月，秋薯 7 月上旬至 8 月上旬；南方秋冬薯区，秋薯 7 月上旬至 8 月中旬，冬薯 11 月。

（3）**适量栽插** 一般而言，生长期长的宜稀植，生长期短的要密植。一般春、夏、秋、冬薯依其生长期缩短程度，密度也要相应增加。春、夏薯生长期较长，茎叶长势旺，密度要稀。秋薯生长季节短，高温时间也短，密度要加大。越冬薯在地里生长时间虽长，但在南方的冬季，气温低、茎叶生长缓慢，只有增加密度才能更好地利用光能。综合各地资料，在大田条件下春薯生长期 160~180 d，每亩 3 000~4 000 株；夏薯生长期 120~140 d，每亩 3 500~4 000 株；秋薯生长期更短些，约在 100 d，每亩 5 000~6 000 株；越冬薯的种植密度比春薯要大，每亩多植 500~1 000 株。套作时比净作降低 500~1 000 株，套作甘薯每亩栽 2 500~6 000 株，都可能获得较高产量。

（4）**适法栽插** 栽插时必须掌握“苗要插得浅、节要插得多”的原则。

1）直插：将薯苗垂直插入土中 2~3 个节，其余节露在外（图 4-4-15）。因插苗较深，吸收下层水分、养分较多，比较抗旱耐瘠，成活率也较高。但直插入土节数少，加之结薯集中在上部节位，单株结薯数较少，影响产量提高。应适当增加栽插密度，以弥补单株结薯少对产量的影响。

2）斜插：将薯苗斜插入土中 3~4 个节（图 4-4-16）。单株结薯数比直插多，且近土表结薯较大，下部节位结薯少而小。插苗较深，较抗旱，成活率较高。

3）船底形栽插：一般薯苗稍长，将苗的中部压入土中，首尾稍翘起呈船底形（图 4-4-17）。由于多数节处在地表层，有利于结薯，因而产量较高。这种方法多用在平原，土层深厚，土质较肥，没有干旱威胁的地方。如薯苗过短，则容易成为钓钩栽法。

4）水平插：将薯苗平插入土中 3~5 个节（图 4-4-18）。这种插法入土节数较多，入土节位又较浅（均处于良好的土壤环境），结薯早而多，薯块大小均匀，产量较高。但用苗量多，不耐旱，栽插较费工。水平插适用于水肥条件好和生产水平高的薯地。甘薯栽插深度以 3~7 cm 为宜。

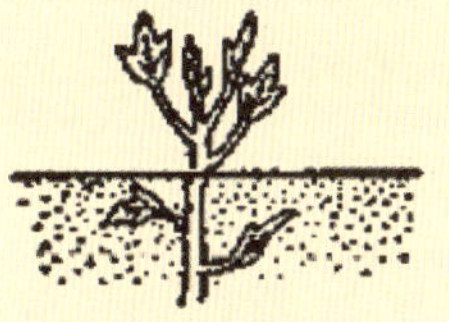

图 4-4-15 直插

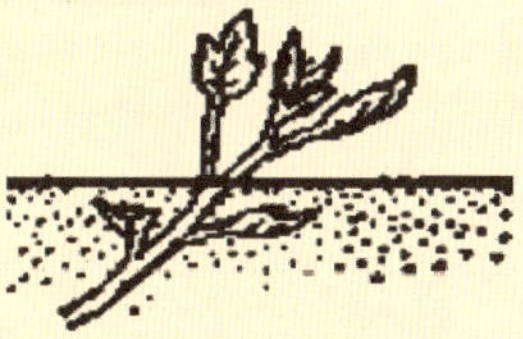

图 4-4-16 斜插

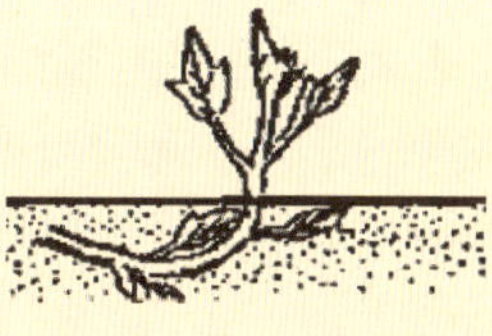

图 4-4-17 船底形栽插

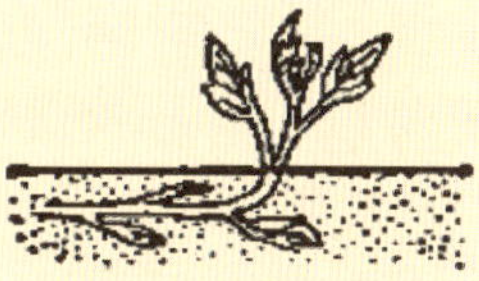

图 4-4-18 水平插

江苏徐淮地区徐州农业科学研究所在总结群众经验的基础上，提出的“抗旱‘留 3 叶’，保苗栽插法”，比习惯栽法增产 15% 左右。抗旱就是不论任何土质，天气阴晴，即使是雨后栽插，也要坚持带水栽插，且要防止薯苗叶片沾上泥水；“留 3 叶” 就是不论直插、斜插或船底形插，栽插时薯苗只留顶部 3 片展开叶，下面各节上的叶片全部埋在土里，这样可以控制地上部叶片数，减少蒸腾失水面积，增加地下部吸水面积，促进早成活，且苗匀苗壮。要注意的是，凡是使用长苗水平栽插法或是压长苗栽法的地块，以及南方多阴雨的地区，需要使每节叶片外露，促进腋芽萌发，不宜用“留 3 叶” 栽插法。

2. 护苗补苗

薯苗栽插后，遇晴天应连续浇水护苗，及时查苗补苗。查苗补苗一般在扦插后 3~4 d 就要进行，宜在插后 10 d 内完成。补苗时要选择壮苗补栽，并浇透水，成活后追施速效性的“偏心肥”，促使小苗快发，赶上大苗。在大田栽插时，田头栽些备用苗，缺株时把备用苗带土挖起，移补在缺株穴内，浇透水，盖好土，活棵较快。

应尽早加强对弱小苗的管理，采取重点追肥、浇水和中耕松土等法，促使弱小苗生长，尽快赶上壮株。重点追肥一般在栽后半个月内进行，在看苗诊断的基础上施用速效氮肥，并掌握小株多追、中株少追、大株不追的原则，以促进小苗迅速生长，赶上邻近大株。此外，为了消灭弱苗小株及带病毒苗，结合早期查苗补苗，采用“去劣补优” 的方法，对生长过弱的薯苗重新补换壮苗。

3. 中耕除草

在缓苗后（栽插 10 d 后）至封垄前，一般进行 2~3 次中耕。但遇多雨时可增加中耕次数，以加速土壤水分蒸发，增加土壤通气性。此外，黏性土质、杂草较多的薯地，亦应早中耕、多中耕，以改善土壤空气、温度和湿度等状况，并及时清除杂草。中耕时要掌握先深后浅，垄沟深锄垄面浅锄。第 1 次中耕较深（约 7 cm），要结合培土，使栽插时下塌的垄土复原，其后每隔 10~15 d 进行第 2 次、第 3 次中耕，深度渐浅。中耕除草要讲究质量，做到寸土不漏、棵草不留。垄面薯苗周围常因栽插浇水和封窝时被压实结成土块，形成“卡脖泥”，要细锄浅锄不伤薯苗，做到土碎疏松，草芽锄净。中耕除草要注意保持垄形，不要使垄土塌落，影响块根形成。

利用中耕培土机或中部刀轴去掉的起垄机，使垄顶部悬空，两侧传动箱对垄沟及坡进行旋耕，再结合培土铲冲沟除草，可实现大田快速中耕除草培土，较人工中耕培土效率提高数十倍（图 4-4-19）。

图 4-4-19　机械化中耕除草培土

4. 防治害虫

各地栽插甘薯季节里，小地老虎、蝼蛄、蛴螬、蟋蟀等害虫经常大量发生，咬断幼苗造成小株或缺苗（图 4-4-20）。结薯后蛀食薯块，咬成虫孔伤疤，并传播病害，危害很大。一般可在冬耕深翻土地或栽前打垄时拾蛹捕杀，栽插后撒施毒土、毒饵或喷药防治，必要时人工捕捉。

蛴螬　　金针虫　　小地老虎

图 4-4-20　甘薯地下害虫

甘薯分枝结薯阶段田间管理

（三）分枝结薯阶段管理

1. 合理灌排

一般春薯栽后 30~40 d，夏薯栽后约 20 d，地上部正常分枝拖秧，地下部薯块开始形成。此时地温逐渐回升，光照充足，土壤水分因蒸发加大而逐渐减少。但黄淮流域以北薯区的春薯、夏薯常处于春旱和伏旱期，影响正常生长，适当补充水分是这个阶段初期的重要管理措施。有灌溉条件的地块，采用小水沟灌，灌水量不超过垄高的一半，灌后随即中耕，或采用水肥一体化，进行滴灌。夏薯到 7 月中下旬才分枝结薯，很多地方已进入雨季，不需要灌水。该阶段的后期，大部分薯区已进入雨季，应搞好田间的垄沟、腰沟、田头沟，三沟配套，做到沟沟相通，达到雨后田间无积水的标准。

2. 控旺促弱

因地制宜追施肥料，此期若苗情不旺则追施壮棵肥，一般在栽后30~40 d，薯块已形成后，追施少量氮肥为宜，促进早结薯和早封垄，防止遇到阴雨天气造成地上部徒长，水肥条件好的田块不施。要注意茎蔓管理和控制徒长，甘薯地上部旺长判断标准为叶色浓绿、顶3叶节间明显拉长、叶柄长度与叶片宽度比正常生长条件下长（宽）1/3 ~1/2、垄顶与垄沟无明显区别等。对徒长的田块，采用提蔓、摘心、剪除枯枝老叶等措施，或使用生长抑制剂，如喷施矮壮素和多效唑等。

3. 绿色防控

此阶段危害地上部茎叶的害虫主要有卷叶虫、甘薯天蛾和斜纹蛾等（图 4-4-21）。为了不使它们严重危害茎叶，要经常检查田间发生情况，进行防除。应在三龄以前、耐药性较弱时防治为宜。可利用成虫的趋光性进行诱杀，减少田间虫源。也可科学施用农药，搞好化学防治，如用甲氨基阿维菌素苯甲酸盐兑水喷雾防治甘薯天蛾、斜纹夜蛾等害虫。由于甜菜夜蛾具较强的抗药性，应交替施用不同种农药。

此外，要注意防控甘薯病毒病，如发现田间有病毒病苗，应及时拔除清理。甘薯感染病毒病后，一般表现为叶片扭曲、畸形、褪绿、明脉以及严重矮化等症状，具体表现为叶片斑点、花叶卷叶、皱缩、黄化、薯块龟裂、丛枝 7 种类型（图 4-4-22）。

图 4-4-21　甘薯常见地上害虫

图 4-4-22　常见甘薯病毒病侵染植株后症状

（四）薯块盛长期田间管理

1. 清沟理墒

该阶段前期，很多地方已经是高温多雨季节，甘薯的茎叶生长迅速，养分主要分布在地上部，应注意排水减少土壤水分，增加土壤空气通透性，及时清沟排除积水。南方正是旱季，不存在排涝问题，仍需注意防旱。

甘薯薯块盛长期田间管理

2. 追促薯肥

追肥应以钾肥为主，过多施氮对薯块肥大不利。应在栽后 90~100 d 追施钾肥，能增加叶片中的含钾量，延长叶龄，提高光合效能，促进营养物质的运转。如追施硫酸钾，亩用量 10 kg。

3. 保护茎叶

此期应保护好茎叶，防止脱肥、受旱等原因引起的早衰现象，延长茎叶的功能期，以促使块根迅速膨大和延长膨大时期，增加块根积累量。该期不要翻蔓，翻的次数越多减产幅度越大。尽管雨后翻蔓，确能降低部分土壤水分，可是这种做法却损失大量茎叶，往往得不偿失，积极的办法是事前搞好田间排水系统。不过，在已遭水涝的地块上，这时的主要矛盾不在于保护茎叶，而是保产量的问题，可采取的措施有轻提秧理蔓、开沟排涝和较长时间晾晒。

该期继续注意防治茎叶害虫，同时注意清理带病毒植株。

（五）合理收获

1. 适期收获

甘薯主要是以收获其营养体块根为目标，不像种子作物那样有明显的成熟期和收获指标。一般而言，只要气候条件适宜，甘薯块根就能继续生长，且生育期越长，产量越高。然而我国大部分薯区由于气候条件的限制，各地各有其收获期。

确定甘薯收获适期：一是根据耕作制度，收获期安排在接茬作物播种适期之前；二是根据气温及霜期，当气温降至 15℃时，即可开始收获，至 12℃时收获结束。收获过早，会因缩短了甘薯大田生育期而降低薯块产量；收获过迟，因气温已下降至甘薯生长临界温度，对提高甘薯产量作用不大，而且常因低温冷害降低薯块品质，影响储藏。春薯多在 9 月下旬或者是 10 月上旬收获为宜，夏薯大多在 10 月中旬至 11 月上旬收获。收获应选择晴天进行，做到细收、收净、轻刨、轻装、轻运、轻放，尽量减少薯块破伤，以避免传染病害。在收获顺序上，应先收早栽薯，后收晚栽薯；先收留种用薯，后收一般用薯；先收无病地块，后收普通大田。

2. 适法收获

甘薯收获方式主要有人工挖掘和机械收获 2 种方式，各有适应。

（1）**人工挖掘**　人工挖掘是最为常见的收获方式（图4-4-23左）。但人工收获劳动强度大，费工多，往往不能保证收获适期，不但影响薯块的储藏品质，而且会延误后作适时播种。目前，人工收获多集中于南方的丘陵岗地、不宜机械化作业的薯区。

（2）**机械收获**　随着农村劳动力转移和科学技术的不断进步，我国有些薯区正逐步实现半机械化或机械化收获，收获效率大大提高（图 4-4-23 右）。机械化作业多适应于土地平整，田块较大的薯区，且对土质也有一定的要求，其中以沙性强、黏度小的沙壤土为宜。

图 4-4-23　甘薯收获方式

3. 薯块处理

收获时，宜在晴天上午进行。挖出的薯块要去除表面泥土，中午放置在田间晾晒。在黏土地或地下水位较高地区生长的甘薯，采后应及时除泥；在沙质土壤生长的甘薯，抹去甘薯表面附带的泥土即可，要注意避免伤薯。收获时要按照不同品种、不同用途（种薯、鲜食薯和加工薯）分别收获。

薯块在田间需经过严格筛选，剔除带病虫、腐烂、损伤、不完整、有裂皮、受冻、畸形薯块及杂薯等，筛选过程尽量避免机械损伤，减少转运次数（图 4-4-24）。收获的薯块需在当天下午及时运回窖内储藏，防止夜间遭受低温冷害。另外，人工、机械起薯时要发力均匀，避免戳伤和损伤薯块；从收获到储藏的过程中，要轻拿、轻放、轻装、轻运，以免碰伤薯皮。

图 4-4-24　甘薯收获后田间处理

五、甘薯仓储与加工

（一）甘薯仓储

1. 鲜薯储藏

（1）*鲜薯储藏特点*　甘薯原产于热带，喜温怕冷，若储藏期间温度低于最低临界点就会受到冷害或冻害而引起烂窖。甘薯薯块体积大、水分多、组织柔嫩，在采收、运输和储藏过程中容易造成机械损伤，增加病菌侵染机会，降低块根的耐贮性。因此，为了保证甘薯储藏质量和周年供应，必须掌握储藏期间薯块内部生理生化变化规律，以达到安全储藏的目的。

薯块在储藏期间生命活动仍在进行，且与薯块健康程度、所处的环境条件等有密切关系。储藏甘薯的目的就是尽量减少消耗并保持其新鲜度，因此通过控温、控湿等各种措施，把呼吸作用降到最低。

（2）*鲜薯储藏方法*

1）甘薯建储藏窖（库）原则。建储藏窖（库）是甘薯安全储藏的重要条件，其形式与质量的好坏直接关系到甘薯鲜薯的储藏效果。设计甘薯储藏窖（库）时，在结构上必须保证甘薯能安全越冬，使储藏窖（库）尽量少受不利气候条件的影响。在窖（库）型选择上，要充分利用当地的有利条件，就地取材，因地制宜，经济实用。建窖（库）的基本原则是：要有良好的通气设备，储藏初期能避免高温、高湿，不使温湿度超过储藏所需的安全指标；要有良好的保温防寒性能；结构坚固耐用，要经得住自然灾害的袭击，不至于在甘薯储藏期间发生塌窖和漏水；管理要方便。南北方由于气候差异及地形环境的不同，在窖（库）型上有所不同。目前全国使用较多的窖型有地窖、拱形窖（又叫无梁窖、永久窖）、井窖、屋窖、棚窖、崖头窖等（图4-5-1）。一般常用的方法有智能库储藏、甘薯高温窖（库）储藏、甘薯保鲜剂处理储藏等方法。

图 4-5-1　甘薯不同类型储藏窖（库）

2）甘薯储藏管理。甘薯储藏过程中容易受到病虫害的影响，一般虫害影响较小，常见的虫害有茎线虫病、甘薯蚁象和金针虫。病害主要是微生物病害，如甘薯软腐病、黑斑病、灰霉病、干腐病、绿霉病、紫纹羽病等。储藏期间微生物病害的发生主要与薯块本身带有病菌、薯块受损以及旧窖未经彻底消毒处理残留病菌等有关。当窖内的温湿度适于病菌生长时，易引发甘薯腐烂。

● 入窖（库）前消杀窖（库）。甘薯入窖（库）之前，应对窖（库）内进行消毒。在收获前半个月，打开窖（库）门通风，彻底清扫储藏场所，然后进行消毒。按库（窖）体积，可使用 1 g/m^3 或 0.1~0.2 g/m^3 的二氧化氯，或 6~10 g/m^3 的硫黄熏蒸 24 h，熏蒸完毕后通风换气，排尽残留的二氧化硫气体，并将燃烧余物打扫干净，防止污染。

● 甘薯入窖（库）前处理。甘薯收获时选择无风的晴天，做到当天收获，当天入窖（库），不要让薯块在地里过夜，做到精收、精选，可以概括为“四轻，五不要”，即轻刨、轻装、轻运、轻放，减少薯块的破伤和病害的感染机会；受霜冻的不要，带病斑的不要，严重断伤的不要，水浸薯块不要，收获后露地放置过久的不要。

小贴士

甘薯入窖（库）前进行物理和化学的保鲜处理措施，可起到防病保鲜的作用，大大降低甘薯储藏期间的腐烂率。

a. 物理保鲜防腐技术

常用的物理保鲜防腐措施有愈伤处理技术和热处理技术。甘薯储藏前的愈伤处理是国际上通用的标准采后处理技术，甘薯采收后直接运到现代化的愈伤库中进行愈伤处理，一般在温度 29 ℃、湿度 85%~90% 的条件下处理 3~5 d，在甘薯愈伤形成过程中，破损处的表面细胞层干燥、细胞壁变厚，在下层形成新的周皮，防止病菌侵入。热处理技术是用 50 ℃热水处理浸泡薯块 30 min，能使甘薯块根表面病原菌致死，显著抑制甘薯发芽期和储藏期的腐烂，且不会破坏甘薯的营养和后续储藏品质；用 55 ℃热水喷淋 45 s，可有效控制软腐病，对甘薯薯皮和薯肉均不会造成质量损失。

b. 化学保鲜防腐技术

化学保鲜防腐技术主要利用不同的化学药剂对入窖（库）前的甘薯进行杀菌处理，如多菌灵、次氯酸钠、臭氧、大蒜素等。利用化学方法对甘薯进行杀菌要注意的是，对于一些低毒低残留的化学药剂，要注意安全间隔期，用多菌灵浸泡处理后的甘薯约 30 d 后方可食用。

● 入窖（库）储藏前期通风降温散湿

入窖（库）时要轻拿轻放，减少薯块的破伤和病害的感染机会，窖（库）内不要装得太满，一般只装 1/2，最多不要超过 2/3，利于通风换气。

在不进行高温愈合处理的一般薯窖（库）中，由于薯块入窖（库）初期外界气温较高，薯块呼吸强度大，释放出大量的水汽、二氧化碳和热量，窖（库）温容易升高，湿度也大。在适宜病菌繁殖的高温、高湿条件下，易造成“烧窖”腐烂，薯块也容易发芽。这一阶段要注意通风、降温、排湿，使窖温稳定在 11~14℃，相对湿度控制在 90% 左右。

● 入窖（库）储藏中期保温防寒

入窖 20 多天到翌年立春前为储藏中期。此期经历的时间最长，且处于严冬寒冷季节，薯块呼吸作用已减弱，产生热量少，是薯块最易受冷害的时期。因此，管理上应以保温防寒为中心，要根据窖（库）内温度的变化情况，采取封闭门窗、气眼，窖（库）外培土保温、窖（库）内薯堆盖草保温等措施。如果这些措施均已采用，窖（库）温还是很低，则应适当加温，使窖（库）温保持在 11~14 ℃。有条件的地方可安装控温仪调节窖（库）温度。

● 入窖（库）储藏后期稳定窖（库）温，及时通风换气

立春至出窖（库）这段时间为储藏后期。立春后气温逐渐回升，但寒暖多变，且薯块经过长期储藏，呼吸强度微弱，对不良环境的抵御能力差，极易遭受软腐病危害。这一阶段管理上应以稳定窖（库）温、适当通风换气为主。根据天气寒暖变化，既要注意通气散热，又要注意保温防寒，使窖（库）温保持在 11~14 ℃。如果窖（库）温度偏高，湿度又大，可逐渐去除薯堆上的盖草，在晴天中午开启窖（库）门或气窗通气排湿降温，排除窖（库）内过多的二氧化碳，下午再关闭门窗。如遇寒流，应做好防寒保温工作，防止薯块受冷。

2. 薯干储藏

甘薯是有多种用途的工业原料，把鲜薯切片刨丝晒制成干，不仅便于收购贮运，还可以大大减少储藏鲜薯所需要的设备和管理技术，从而减少鲜薯的损耗。

（1）**薯干加工** 鲜薯的切晒方式因地而异。北方阴雨天气少，收获季节正值秋高气爽，阳光充足，大多采用切成片晒干的办法（图 4-5-2 左）。南方阴雨天较多，湿度大，切片不容易晒干，多采用刨丝的方法（图 4-5-2 右）。

准备切晒的甘薯，收获不能过晚，应在当地霜期到来以前选晴朗天气收获完毕。收获当天

切片

刨丝

图 4-5-2　甘薯薯干加工

抓紧切晒，防止阴雨影响薯干质量或发生霉烂。生长时期长的（如北方的春薯）薯块的淀粉含量高，晒出来的薯干洁白度比生长期短的（如夏、秋薯）高。薯片厚度以 6~7 mm 为好，晒干后能保持 5 mm 左右，过厚不容易晒干，过薄则干后容易破碎，增加损耗，降低商品价值。北方多在甘薯地上就地摊晒，不使薯片相互挤压，便于充分晒到阳光。晴天 2~3 d 就可晒干。南方的薯丝大多摊在竹箔上晾晒。

切晒时若遇雨，新切的薯片淋短时间小雨不会影响薯干质量，如遭遇大雨或连阴天气，则薯片很快霉变。有的地方为避免损失，采用挂晒的办法，在薯片中间，用刀切开 3/5，一片片用铁丝或细绳串起来挂晒，是防止霉烂的有效办法，但费工费时，不适合大量切晒。

切片晒干是收获季节繁重而紧张的工作，工作量大且时间紧。如果拖延时间，会明显影响薯片质量，出粉率降低。质量好的薯干，薯片厚薄均匀，颜色粉白，没有霉点，杂质少，味甜，用手掰开，声音清脆，有粉末散出，没有皮软感，薯肉颜色洁白；质量差的薯干，薯片大小厚薄不匀，杂质较多，颜色灰暗，有不正常气味，薯片上常带有绿色或黑色霉点，折断后里面呈青色，表面粗糙；遭过雨淋的薯片上常带有黑绿色小斑点或绿霉；没有充分晒干就收藏的薯片，表面色白，里面变黑；收获后没有马上切晒，放置一段时间再切晒的，由于部分淀粉糖化，薯片颜色发黄，粉少，味较甜。

（2）***保存薯干的方法***　新晒干的薯干，因晾晒时间短和薯片厚度不一，在室内堆积一段时间后要选晴天再进行通风摊晒，使水分减少到最低程度，才能长期存放。薯干的含水量不要超过 11%，否则易霉变，尤其夏天高温多湿，更易生霉变质。薯干主要含淀粉和糖，吸湿力强，空气湿度大时，能很快吸湿而发潮。薯片堆积在一起空隙大，占地多，每立方米只能堆 200~300 kg，仅相当于同样体积其他粮食的 1/4~1/3，故易受外界气候的影响。要根据薯干的特点，采取对策，做好存储。

薯干最好采用密闭储藏的方法。具体办法是：先将室内（或仓库）清理干净，做好防潮措施，用塑料薄膜把薯堆围裹盖严。遇到阴雨天，关闭门窗。平时注意不使堆温超过 30 ℃。一般不准备过夏的，最好用通风办法储存。储存量不多的，也可以把薯片磨成粉，储存在缸里，可经久不坏。

(二)甘薯物流

1. 甘薯贸易

甘薯作为一种传统农产品,早在16世纪时已经传入欧洲。然而,甘薯在国际贸易中的地位却相对较低。直到20世纪,随着全球人口的增长和粮食需求的增加,甘薯才逐渐成为一种重要的农产品。20世纪50年代末,随着亚洲国家的甘薯产量增加,甘薯的贸易量也开始逐渐增加。在21世纪初期,随着食品加工工业的兴起和消费者对健康食品的需求增加,各国开始逐渐重视甘薯的开发和利用,并开始增加甘薯的进口,甘薯进口国开始逐步向东南亚和非洲国家转移。

目前,世界上主要的甘薯出口国家有中国、越南、印度、尼日利亚、美国和加拿大等。其中,中国是全球最大的甘薯生产国和出口国。根据国际交易中心的数据,2019年,全球进口甘薯总量为148.4万t,进口金额为1.89亿美元。中国出口甘薯总量为47.2万t,占全球出口总量的31.74%。当前,中国甘薯进出口贸易企业主要分布在河南、江苏、山东、广东、江西、福建等省份,其中以江苏和山东最为集中,这两个省份2019年的出口量占中国出口量的50%以上。此外,中国甘薯出口国家主要是东南亚和非洲地区。据预测,未来数年,中国甘薯的进出口贸易将继续保持较快增长的趋势,其中对非洲地区的出口量有望进一步增加。

2. 甘薯物流

商品甘薯的运输和销售,是实现鲜甘薯价值的重要环节,也是提高甘薯效益的基本保证。

小贴士

商品甘薯从产地或储存地到加工地,都要经过一定的中转和运输,随着经济的发展和人民生活的不断提高,消费者对商品甘薯的品质要求日益严格。因此,如何将完好的商品薯安全运到销售地就显得极为重要。

甘薯运输的方式有公路运输和铁路运输,但因铁路运输比公路运输多了一次装、卸车转运的工序,有时还需在车站停留待运,中间环节多,容易使甘薯遭受冷害和机械损伤。近年来,我国公路建设很快,高速公路发展迅速,公路运输可减少许多中间环节,机动灵活,运输时间短,因此公路运输是我国商品甘薯运输的主要方式。

商品甘薯若在寒冷冬季用汽车实现安全运输,必须保证甘薯在运输途中不受冷害,还要最大限度地减少甘薯在途中因颠簸摩擦造成的机械损伤。在甘薯运输时,不仅要尽量注意选择晴暖天气,还要注意运输目的地的天气变化,以运到后当地气温在9 ℃以上,最低不低于6 ℃为好。在冬季和早春甘薯运输途中,要使甘薯环境温度不低于10 ℃几乎是不可能的,但短时间低于9 ℃对甘薯影响不大,1~3 d内最低温度不能低于6 ℃。一般情况下,只要采取保温措施,国内甘薯运输通过高速公路1~2 d基本可运到。

装车前,先用帆布篷衬或农膜在车底和车厢四周,再在车底及车厢四周衬上1~2层草苫,然后再装薯,若是袋装甘薯最好是每装2~3层再放一层草苫。每层要整齐排实,装满后表面再放1~2层草苫,草苫上再盖一层帆布篷,用绳固定好即可。用厢式货车运输比较理想,可省去帆布篷保护层，但必须加衬草苫保护层。经上述保护处理，既可保证运途中不致温度下降过低，还可减少汽车颠簸引起的振动摩擦。

甘薯运到目的地后，到鲜薯售出这一段时间，仍要加强对商品甘薯的安全保护。如果当地气温在 8 ℃以上，就可直接批发、销售，如果低于 6 ℃时，应将薯堆用草帘、帆布盖严，在 1~2 d 内批发完。二级经销商也要力争在 1~2 d 内售完。若直接零售，短时间内售不完，则需将甘薯放入室温 10~15 ℃的库房。

（三）甘薯加工

甘薯用途随着社会经济和膳食结构的发展而变化，一般经历“食用为主”“饲、食、加工并重”“加工为主、食饲兼用”3 个阶段。目前，我国已经转向以加工为主的阶段，淀粉薯所占比例最大，优质鲜薯食用发展较快，菜用薯市场正在开拓成长。甘薯在部分发展中国家作为粮食的功能并未衰退，非洲一些国家几乎将甘薯全部作为食用。发达国家和地区人均年消费仅 2~6 kg，多强调其保健功能和优质鲜食用途。

甘薯广泛应用于食品、医药、化工、造纸等 10 多个行业，加工成数百种工业产品和数百种食品（图 4–5–3）。在鲜薯加工中，用于淀粉加工的比例最大，淀粉再进一步加工成粉丝、粉条、粉皮等食品和其他制品，已成为一些甘薯主产区的主导产业（图 4–5–4）。在缺少水源而不能进行“三粉”加工的薯区，将鲜薯切片晒成薯干，作为工业原料。此外，甘薯还可以加工成变性淀粉、柠檬酸、乳酸、赖氨酸、酒精、曲酒、食醋、薯脯、饴糖、果脯、葡萄糖和高级点心等。在医药上甘薯也常被用来生产医药包装塑料、药片填充剂、青霉素、辅酶 A、细胞色素 C 及核苷类等药品。甘薯茎叶、淀粉加工后的薯渣、黄粉是家畜的优质饲料。甘薯也是重要的新型能源用块根作物，单位面积能量产量远高于马铃薯、大豆、水稻、木薯和玉米等作物，是生产燃料乙醇的理想原料。

图 4–5–3　甘薯加工

淀粉　　粉丝　　粉皮

图 4–5–4　甘薯加工品

1. 淀粉加工

甘薯淀粉加工，实际上就是利用人工或机械的方法，把薯块粉碎磨细，使淀粉粒从被破坏的细胞中解脱出来进行分离的过程（图 4–5–5）。淀粉与非淀粉物质的分离主要依据两个重要性质：一是淀粉不溶于冷水；二是淀粉的相对密度（比重）大于水，而且不同于其他非淀粉物质。根据淀粉加工原理，选用不同的加工机械，采用不同的加工方法，可生产出需要的淀粉。

新鲜甘薯 → 清洗 → 破碎 → 去渣 → 提纯 → 脱水 → 烘干 → 甘薯淀粉

图 4–5–5　甘薯淀粉制作流程

以甘薯淀粉为原料，可以制作粉丝、粉皮、粉条等传统食品（图 4–5–6）。淀粉不仅是食品加工的原料，而且还应用于其他工业，是 2 000 多种工业产品的原料，尤其是变性淀粉，不但物理性能优于原淀粉，有的产品还具有特殊性能，广泛应用于洗涤、造纸、纺织、食品、医药、化工、环保等领域。

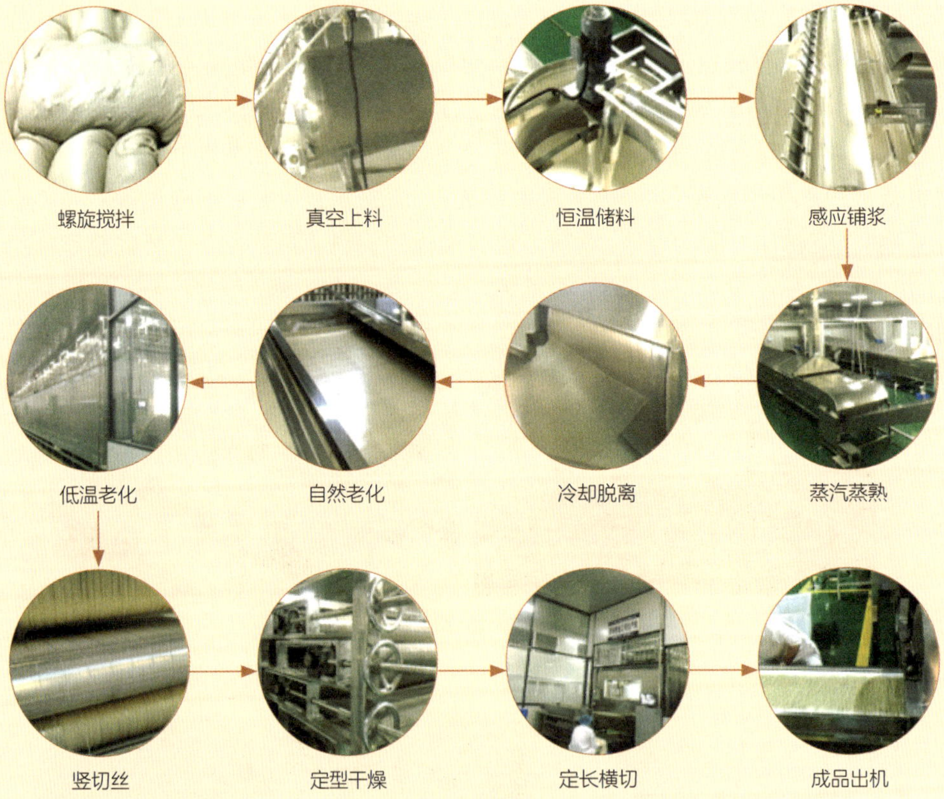

图 4–5–6　一种机械化生产粉丝工艺流程

2. 全粉加工

鲜甘薯含水量较高，长时间储藏保鲜困难较大，且储藏过程中养分消耗较大，病害损失严重。因此，为了延长甘薯供应时间，可以将其制作成细颗粒状、片屑状或粉末状的甘薯全粉。

甘薯全粉包含了新鲜甘薯中除薯皮外的淀粉、蛋白质、糖、脂肪、纤维、灰分、维生素、矿物质等全部干物质，能够最大限度地保留甘薯中原有的营养和功能性成分，使其丰富的营养和特异的功能得以表达。复水后的甘薯全粉具有新鲜甘薯的营养、风味和口感，其含水量较低（一般为 7%~8%），储藏期长，解决了甘薯储藏期间霉烂、储藏期短的问题，而且在加工过程中用水少、无废料，产品用途广，可直接用于生产油炸制品、焙烤制品、松饼、面类制品、馅饼、早餐食品、婴儿食品等，或者作为添加成分调节其他加工产品的颜色、风味、甜度、营养组成等，以满足甘薯餐桌化的需求。

3. 方便食品

除了方便粉丝，甘薯已被开发出甘薯泥、甘薯即食粥、紫薯面条、香脆薯饼、甘薯面包、甘薯蛋糕、甘薯曲奇饼干、脱水甘薯、盐渍甘薯、甘薯茎尖罐头、甘薯泡菜等方便食品（图 4-5-7）。

甘薯泥罐头

脱水甘薯粒

图 4-5-7　甘薯方便食品

4. 休闲食品

用甘薯制作休闲食品由来已久（图 4-5-8），由红心甘薯制成的连城地瓜干早在清朝时就作为贡品进贡皇宫，是宫廷宴席上的珍贵小点，也是著名的“闽西八大干”之首，美其名曰“金薯片”，连城也成为中外闻名的“红心地瓜干之乡”。随着经济的发展和消费水平的提高，作为快速消费品的休闲食品正在逐渐成为百姓日常的必需消费品，消费者对于休闲食品数量和品质的需求也不断提高，甘薯以其含有多种功能成分的优势，逐渐在休闲食品领域占据一席之地。目前利用甘薯开发出了许多休闲食品，如紫心薯干、甘薯枣、甘薯软糖、甘薯饴糖、甘薯果脯、甘薯膨化食品等。

地瓜干

甘薯果脯

图 4-5-8　甘薯休闲食品

5. 饮料及发酵制品

甘薯及甘薯茎叶均可制成饮料(图 4-5-9)。利用紫薯、红心薯等特色品种加工出不用任何添加剂的健康饮料,色泽鲜美,营养丰富,具有明显的抗氧化、消除自由基和活性氧、减轻肝脏机能障碍等功效。另外,甘薯还可经发酵制成甘薯果酒、甘薯烧酒、甘薯米酒、甘薯醋、甘薯乳、甘薯酸奶、甘薯茎尖汁等饮品,进一步丰富了甘薯饮品的市场。

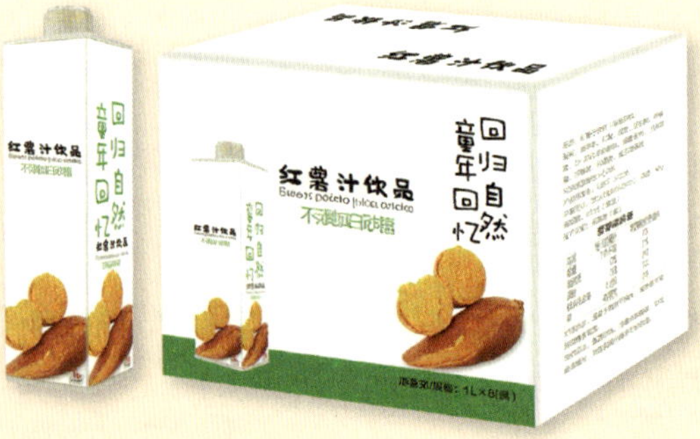

图 4-5-9 甘薯饮品

6. 燃料乙醇

随着世界各国对可再生能源研发和应用的重视,甘薯作为燃料乙醇生产原料的潜力已获得认可。世界燃料乙醇生产大国,如中国、美国、巴西等均对甘薯作为原料生产燃料乙醇进行了研究,认为甘薯来源丰富、价格便宜,是具有潜力的乙醇生产原料。

六、新型技术模式简介

(一)优质食用甘薯一年两季绿色高效生产技术

1. 技术概述

江西省农业科学院作物研究所和江西省农业技术推广中心经过多年的研究和实践,总结提炼了“优质食用甘薯一年两季绿色高效生产技术”,该技术从优良高效品种选择、健康种苗挑选、双膜覆盖越冬、大田冬耕晒垡、春季适期早栽、尽早采收上市、采蔓复种秋薯、秋蔓越冬繁苗等关键技术进行了集成。长江流域其他薯区可参考。

可以实现一年两季栽培食用甘薯,满足鲜食甘薯市场需求,提高甘薯种植效益。第一季甘薯于 3 月下旬至 4 月上旬栽插,6 月下旬至 7 月下旬收获,亩产 1 500~2 000 kg;7 月中下旬至 8 月中下旬栽插第二季甘薯,10 月上旬至 12 月上旬收获,亩产 1 800~3 000 kg。两季甘薯亩产 3 000 kg 以上,每亩产值可达 7 000~10 000 元。和传统的“一年一季”种植模式相比,该技术提高土地利用率,增加了复种指数,改善鲜薯外观品质和食用品质,提高了薯块产量和经济效益,亩增收节支 1 000 元以上。利用第一季甘薯健康藤蔓作为第二季种苗,利用第二季健康种苗作为越冬种苗繁育,充分利用了藤蔓,省去了种薯育苗环节。同时,冬前增施有机肥可以防止土壤板结,提高土壤水肥保持能力,减少化肥农药的施用,有利于保护环境。

2. 技术要点

（1）**选用优质高效品种** 选用市场上受欢迎的优质高效食用型甘薯品种。

（2）**严选健康种苗** 第一年9—10月，可从正规种薯种苗企业引进所需甘薯品种的脱毒种苗或健康大田苗。引进种苗，须严格剔除弱苗、差苗，并用药剂消毒处理。

（3）**双膜覆盖越冬** 选择背风向阳、土壤肥沃、靠近水源、管理方便的无病虫的大棚，棚膜外加盖一层60~80目的防虫网。棚内按沟宽40 cm、畦宽90 cm做好苗床。每畦栽插2行薯苗，行距60~70 cm，株距20~25 cm。当气温降至10 ℃以下时，在大棚内加盖一层薄膜，内外层薄膜间距不少于70 cm。

（4）**大田冬耕晒垡** 冬季对下年度种植甘薯的大田深耕晒垡，有条件的每亩大田增施腐熟有机肥1 000~2 000 kg。3月中下旬至4月上旬，每亩施入硫酸钾型复合肥30~50 kg、碳酸氢铵5~10 kg做基肥，然后旋耕起垄，垄距80~90 cm。

（5）**春季适期早栽** 3月下旬至4月上旬，当室外气温稳定在15 ℃以上时，从大棚内采集薯苗，苗长40~50 cm。沿垄顶开条沟，沟深约5 cm，将苗顶端露出垄面、各薯苗相连、平行埋入垄顶沟内，使薯苗顶端和叶片露出土面。每亩栽插薯苗数1 500~2 000条。

（6）**精细管理大田，尽早收获上市** 栽后3 d，全田喷施乙丙甲草胺预防杂草；栽后4~5 d，及时查苗、补苗；栽后10 d，对生长较慢的薯苗进行根外追肥，每株可浇施1%尿素溶液50~100 g，间隔5~7 d，视薯苗生长情况再酌情追施1~2次。生长中后期，视薯苗长势，叶面喷施0.2%的磷酸二氢钾水溶液。6月下旬至7月下旬，当亩产1 500~2 000 kg时，可分批收获上市。

（7）**采蔓复种秋薯** 第一季甘薯收获前，在大田内挑选生长健壮的茎端苗作为第二季种苗。第二季种苗于7月中下旬至8月中旬栽插，栽插方法同第一季。此期，易遇到高温干旱天气须及时浇水保苗。当发生地上害虫时，可采用黏虫板、性诱剂、黑光灯等方法诱杀成虫，或选用阿维菌素苯甲酸盐进行化学防治。10月上旬至12月上旬分批收获，一般亩产1 800~3 000 kg。

（8）**秋蔓越冬繁苗** 收获第二季甘薯前，采集健康种苗，栽插到大棚内，种苗长度25 cm左右，栽插与管理方法同双膜覆盖越冬中提及的。

3. 注意事项

1）本技术模式适宜江西全省甘薯产区，长江流域其他薯区可参照。

2）选择市场受欢迎的结薯早、产量高的甘薯品种。

3）选择脱毒苗或健康种苗。

4）越冬育苗要注意保暖防寒。

5）第一季甘薯易发生草害，应及时中耕或做好化学防草。

6）第二季甘薯栽插时易遇高温干旱，须及时抗旱保苗。

（二）优质草莓—甘薯轮作高效协同模式

1. 技术概述

草莓套种甘薯（红薯）是北京市农业技术推广站研发的一种高效套种模式。这种模式具有以下优势：一是能够充分利用设施空间，增加土地利用率，提高种植户收益，每亩增收 1.3 万元以上；二是提高资源利用率，通过甘薯吸收草莓土壤（基质）中过剩的营养元素，缓解草莓日光温室连年种植出现的肥料积累问题，改善土壤（基质）环境；三是达到甘薯提早上市的目的，套种甘薯的上市时间比大田生产早，可以填补夏季新鲜薯块销售的空白；四是采收甘薯叶食用，丰富市民菜篮子；五是日光温室内套种甘薯可为露地甘薯种植提供种苗，节省了露地购苗成本，达到一苗两用的效果。

2. 技术要点

（1）甘薯栽培要点

1）品种及种苗。选择熟食口感佳、薯块商品性好的优质鲜食型甘薯品种，种苗选用叶片肥厚、叶色深绿、节短茎粗、无气生根的壮苗。

2）定植。北京地区 4 月初采用人工移栽方式，将甘薯苗定植于草莓垄中间，株距 25~30 cm，密度一般 5 000 棵 / 亩左右。其他地区根据草莓拉秧计划时间，酌情考虑定植时间。

3）温度管理。生长适宜温度为 18~32℃，一般 5 月下旬揭除棚膜，露天生长。

4）肥水管理。前期主要吸收草莓栽培过程中土壤多余的养分，在块根膨大期利用草莓现有滴灌方式增施高钾水溶性肥。当沟垄薯蔓相平、节间明显伸长时，注意肥水调制植株长势。

5）病虫害防治。主要是软腐病、黑斑病、蛴螬、地老虎等病虫害。应贯彻“预防为主，综合防治”的植保方针，按照病虫害发生规律，采用科学、合理、安全的技术措施，减少各类病虫害所造成的损失。以农业防治、物理防治、生物防治、生态调控为主，高效低毒化学药剂为辅。农药使用按照《绿色食品农药使用准则》（NY/T 393—2020）执行。

6）收获。北京地区 7 月上旬采用人工或小型机械完成甘薯挖掘、起薯、清土、收集等作业。

（2）高温闷棚土壤修复

1）薯蔓粉碎处理。甘薯收获后，采用动力机械完成切蔓、粉碎薯蔓还田作业。

2）添加腐熟剂及有机质。添加腐熟剂 1~2 kg/ 亩，农家有机肥 2~3 t/ 亩，饼肥（菜饼或豆饼）150~200 kg/ 亩，硫酸钾 25 kg/ 亩，过磷酸钙 100 kg/ 亩，均匀撒施在棚内。

3）土壤处理。土壤深翻、灌水、旋耕，保持水面高出土表 1~2 cm，也可参照《草莓连作土壤管理技术规程》（DB 32/T 3426—2018）执行。

4）闷棚管理。注意及时补水，保持水位和闷棚状态 20 d 以上，至 8 月中旬准备起垄。

主要参考文献

[1] 张建祖, 王龙俊. 图说水稻[M]. 南京：江苏凤凰科学技术出版社, 2021.

[2] 凌启鸿. 稻种起源及中国稻作文化[M]. 北京：中国农业出版社, 2012.

[3] 丁颖. 中国水稻栽培学[M]. 北京：中国农业出版社, 1961.

[4] 张洪程, 胡雅杰, 杨建昌, 等. 中国特色水稻栽培学发展与展望[J]. 中国农业科学, 2021, 54(7)：1301–1321.

[5] 朱德峰, 张玉屏, 陈惠哲, 等. 中国水稻栽培技术发展与展望[J]. 中国稻米, 2021, 27(4)：45–49.

[6] 凌启鸿, 张洪程, 苏祖芳, 等. 稻作新理论——水稻叶龄模式[M]. 北京：科学出版社, 1994.

[7] 凌启鸿. 作物群体质量[M]. 上海：上海科学技术出版社, 2000.

[8] 凌启鸿. 水稻精确定量栽培理论与技术[M]. 北京：中国农业出版社, 2007.

[9] 凌启鸿. 浅谈“稻亦有道”[J]. 中国稻米, 2019, 25(3)：6–10, 25.

[10] 王绍华, 曹卫星, 王强盛, 等. 水稻叶色分布特点与氮素营养诊断[J]. 中国农业科学, 2002(12)：1461–1466.

[11] 李刚华, 丁艳锋, 薛利红, 等. 利用叶绿素计(SPAD–502)诊断水稻氮素营养和推荐追肥的研究进展[J]. 植物营养与肥料学报, 2005(3)：412–416.

[12] 丁艳锋, 李刚华, 李伟玮, 等. 水稻机插缓混一次施肥技术的研发与示范[J]. 中国稻米, 2020, 26(5)：11–15.

[13] 杨宝林, 史培华. 作物生产技术[M]. 北京：中国农业出版社, 2019.

[14] 金善宝. 中国小麦学[M]. 北京：中国农业出版社, 1996.

[15] 程顺和, 郭文善, 王龙俊. 中国南方小麦[M]. 南京：江苏科学技术出版社, 2012.

[16] 王龙俊, 丁艳锋, 郭文善, 等. 农事实用旬历手册(第3 版)[M]. 南京：江苏凤凰科学技术出版社, 2017.

[17] 王龙俊, 姜东. 图说小麦[M]. 南京：江苏凤凰科学技术出版社, 2018.

[18] 张翠梅, 张秋红, 张亚琴. 小麦病虫害防治与诊断彩色图谱[M]. 北京：中国农业科学技术出版社, 2018.

[19] 李涛. 小麦田杂草识别与绿色防控[M]. 上海：上海科学技术出版社, 2022.

[20] 刘锐, 刘晶晶, 张影全, 等. 中国小麦贸易与国际竞争力研究[M]. 北京：中国农业科学技术出版社, 2022.

[21] 胡志凤, 周英. 作物病虫害防治[M]. 北京：中国农业出版社, 2023.

[22] 陈国平, 杨国航, 赵明, 等. 玉米小面积超高产创建及配套栽培技术研究[J]. 玉米科学, 2008, 16(4): 1–4.
[23] 陈亚东. 图说玉米生长异常及诊治[M]. 北京: 中国农业出版社, 2016.
[24] 郭井菲, 静大鹏, 太红坤, 等. 草地贪夜蛾形态特征及与3种玉米田为害特征和形态相近鳞翅目昆虫的比较[J]. 植物保护, 2019, 45(2): 7–12.
[25] 李少昆, 石洁, 崔彦宏, 等. 黄淮海夏玉米田间种植手册[M]. 北京: 中国农业科学出版社, 2013.
[26] 李少昆, 王崇姚. 玉米高产潜力途径[M]. 北京: 科学出版社, 2010.
[27] 李少昆, 赵久然, 董树亭, 等. 中国玉米栽培研究进展与展望[J]. 中国农业科学, 2017, 50(11): 1941–1959.
[28] 卢月霞, 朱美霞. 二十世纪中国农业科技史——玉米病害防治研究史略 [J]. 农业与技术, 2001, 21(4): 13–16.
[29] 宋志伟, 王德利. 玉米科学施肥[M]. 北京: 机械工业出版社, 2010.
[30] 李少昆. 玉米抗逆减灾栽培[M]. 北京: 金盾出版社, 2010.
[31] 佟屏亚. 中国玉米编年史[J]. 玉米科学, 2001, 9(1): 98–107.
[32] 唐祈林, 荣廷昭. 玉米的起源与演化[J]. 玉米科学, 2007, 15(4): 1–5.
[33] 王龙俊, 郭文善. 图说农谚[M]. 南京: 江苏凤凰科学技术出版社, 2016.
[34] 王龙俊, 郭文善. 图说二十四节气 躬耕田园[M]. 南京: 江苏凤凰科学技术出版社, 2020.
[35] 姚风梅, 张佳华. 气候变化对中国粮食产量的影响和模拟[M]. 北京: 气象出版社, 2008.
[36] 杨文钰, 屠乃美. 作物栽培学各论. 南方本[M]. 北京: 中国农业出版社, 2003.
[37] 陆大雷, 王龙俊. 图说玉米[M]. 南京: 江苏凤凰科学技术出版社, 2021.
[38] 仇智灵, 祝小祥. 南方甘薯病虫害原色图谱[M]. 北京: 中国农业科学技术出版社, 2019.
[39] 张超凡. 甘薯栽培与加工新技术[M]. 湖南: 中南大学出版社, 2019.
[40] 李坤培, 张启堂. 甘薯生物学[M]. 重庆: 西南师范大学出版社, 2020.
[41] 马代夫, 刘庆昌, 张立明, 等. 中国甘薯[M]. 南京: 江苏凤凰科学技术出版社, 2021.